SENTIDOS INDISCIPLINADOS

ARQUEOLOGÍA, SENSORIALIDAD Y NARRATIVAS ALTERNATIVAS

José Roberto Pellini
Andrés Zarankin
Melisa A. Salerno

(Editores)

Los contenidos de este libro están protegidos por la Ley. Está prohibido reproducir cualquiera de los contenidos de este libro para uso comercial sin el consentimiento expreso de los depositarios de los derechos. En todo caso, se permite el uso de los materiales para uso educacional. Para otras cuestiones, pueden contactar con el editor en: www.jasarqueologia.es

Primera edición: diciembre de 2017

© Edición:
JAS Arqueología S.L.U.
Plaza de Mondariz 6, 28029 Madrid
www.jasarqueologia.es
Edición: Jaime Almansa Sánchez

© Textos: Los autores
© Imagen de tapa y contratapa: Marcia Norie Seo (2014)
© Imágenes de los capítulos: Especificado en el pie.

ISBN: 978-84-16725-10-6
Depósito Legal: M-34434-2017

Impreso por: Service Point
www.servicepoint.es

Impreso y hecho en España - *Printed and made in Spain*

ÍNDICE

Lista de ilustraciones — i

Agradecimientos — v

Introducción — 1
José Roberto Pellini, Andrés Zarankin y Melisa A. Salerno

Capítulo uno — 13
Se van los dedos; quedan los anillos. Las tasas de compensación y los sentidos en la Edad Media
José Roberto Pellini

Capítulo dos — 45
Atendiendo a la muerte. Experiencias intercorporales en la tradición Selk´nam
Melisa A. Salerno y Romina C. Rigone

Capítulo tres — 77
Si me da permiso, entro; si no me da, me voy: El ritual de apertura de las ruinas de la Chacrinha dos Pretos (Minas Gerais, Brasil)
Caroline Murta Lemos

Capítulo cuatro — 113
La alimentación sentida. Cocinando algunas reflexiones
María Jimena Cruz

Capítulo cinco — 157
Los muñecos colgados como componentes de un tipo de experiencia sensorial en la ciudad de La Paz, Bolivia
Ricardo Vasquez Rivera y Juan Villanueva Criales

Capítulo seis   183

Arqueología, piel y quebracho

M. Bernarda Marconetto, Guillermo Gardenal y Patricio Barría

Capítulo siete   221

Sobre el ronquido del hacha y otras cosas extrañas: Reflexiones sobre la arqueología y otros modos de conocimiento

Mariana Petry Cabral

Capítulo ocho   251

Sentidos de un pasado imaginado

Charles Garceau

Capítulo nueve   277

La flauta y el flautista: Sones, recuerdos y sentidos

Layra Blenda y José Roberto Pellini

Capítulo diez   307

Ontología, historia y la experiencia del arte rupestre en el centro-norte de Chile

Andrés Troncoso y Felipe Armstrong

Capítulo once   347

Arqueología contaminante: Narrativas y una crítica a la falacia del distanciamiento del arqueólogo y su objeto de estudio en la experiencia antártica

Andrés Zarankin y María Jimena Cruz

Capítulo doce   373

El ingrediente secreto: La memoria en el cocinar y el comer

María Marschoff

Lista de autores   407

LISTA DE ILUSTRACIONES

2-1. Martín Gusinde durante su trabajo de campo entre los Selk'nam de Tierra del Fuego.   56

2-2. Un *xon* o hechicero Selk'nam efectuando prácticas de sanación en un enfermo.   59

2-3. Representación de un grupo Selk'nam envolviendo el cuerpo de un fallecido con pieles de guanaco.   66

2-4. Hombre Selk'nam con tonsura y pintura facial de luto.   69

3-1. Casa-sede.   85

3-2. *Senzala*.   85

3-3. Iglesia con patio.   86

3-4. Mapa de ocupación antigua y actual de la Chacrinha dos Pretos.   89

3-5. Doña Rita finalizando el ritual de apertura de las ruinas.   91

3-6. Vano de entrada que une la Iglesia al patio.   99

4-1. Localización de las Islas Shetland del Sur.   138

4-2. Localización de la Península Byers.   141

4-3. Planta del sitio Punta Varadero.   143

4-4. Planta del sitio Cerro Negro. 145

5-1. Concentraciones de muñecos colgados en relación con el crecimiento y divisiones administrativas de La Paz. 165

5-2. Paisajes desde la ciudad colgante. 168

5-3. Ejemplos de muñecos colgados de La Paz. 172

5-4. Paisajes desde la ciudad plana. 176

6-1. Valle de Ambato, Provincia de Catamarca, Argentina. 188

6-2. Quebracho colorado chaqueño, quebracho colorado santiagueño, quebracho blanco. 189

6-3. Identificación de madera carbonizada recuperada en sitio El Altillo. 194

6-4. Identificación de madera carbonizada recuperada en estructuras del sitio Piedras Blancas. 195

6-5. Identificación de maderas empleadas en la construcción de Piedras Blancas e Iglesia de los Indios. 195

6-6. Planta Recinto H del Sitio Piedras Blancas. 197

6-7. Pozo 4, en el que se recuperó carbón de Quebracho colorado. 198

6-8. Sepultura de uno de los infantes junto al pozo 4. 198

7-1. Tierra Indígena Wajãpi, estado de Amapá, Brasil. 224

7-2. El hacha roncadora en la mano de un niño.	231
7-3. Visitantes Wajãpi en el depósito del IEPA.	239
8-1. El niño congelado del Cerro El Plomo.	268
10-1. Mapa del área de estudio.	313
10-2. Motivos presentes en las pinturas rupestres.	315
10-3. Sitios de arte rupestre con pinturas y piedras tacitas.	317
10-4. Distribución de rocas pintadas en los sitios de cazadores-recolectores.	318
10-5. Motivos presentes en petroglifos Diaguita.	323
10-6. Diagramas que muestran la organización lineal de los sitios de petroglifos.	324
10-7. Relaciones espaciales entre sitios habitacionales Diaguita y sitios de arte rupestre.	325
11-1. Foqueros preparando una comida.	362
11-2. Componentes de las historias contaminadas en Antártida.	364
11-3. Historias contaminadas.	366

AGRADECIMIENTOS

A los autores de los capítulos que integran este libro por su dedicación; a Jaime Almansa-Sánchez de JAS Arqueología por su paciencia y confiar en nosotros; a la Universidade Federal de Sergipe (Brasil), a la Universidade Federal de Minas Gerais (Brasil), al Conselho Nacional de Desenvolvimento Científico e Tecnológico (Brasil), al Consejo Nacional de Investigaciones Científicas y Técnicas (Argentina). Este libro fue resultado de las discusiones planteadas en dos simposios de la VII Reunión de Teoría Arqueológica de América del Sur (San Felipe, Chile, 2014), interesados por la sensorialidad y las narrativas alternativas en arqueología. Extendemos el agradecimiento a los comentaristas de dichos simposios (Alejandro Haber, Cristóbal Gnecco y José Alberione dos Reis) por compartir con nosotros sus valiosas reflexiones y críticas.

Introducción.
"Abre tus sentidos…"

José Roberto Pellini
Andrés Zarankin
Melisa A. Salerno

Ilustraciones: Iván Zigaran

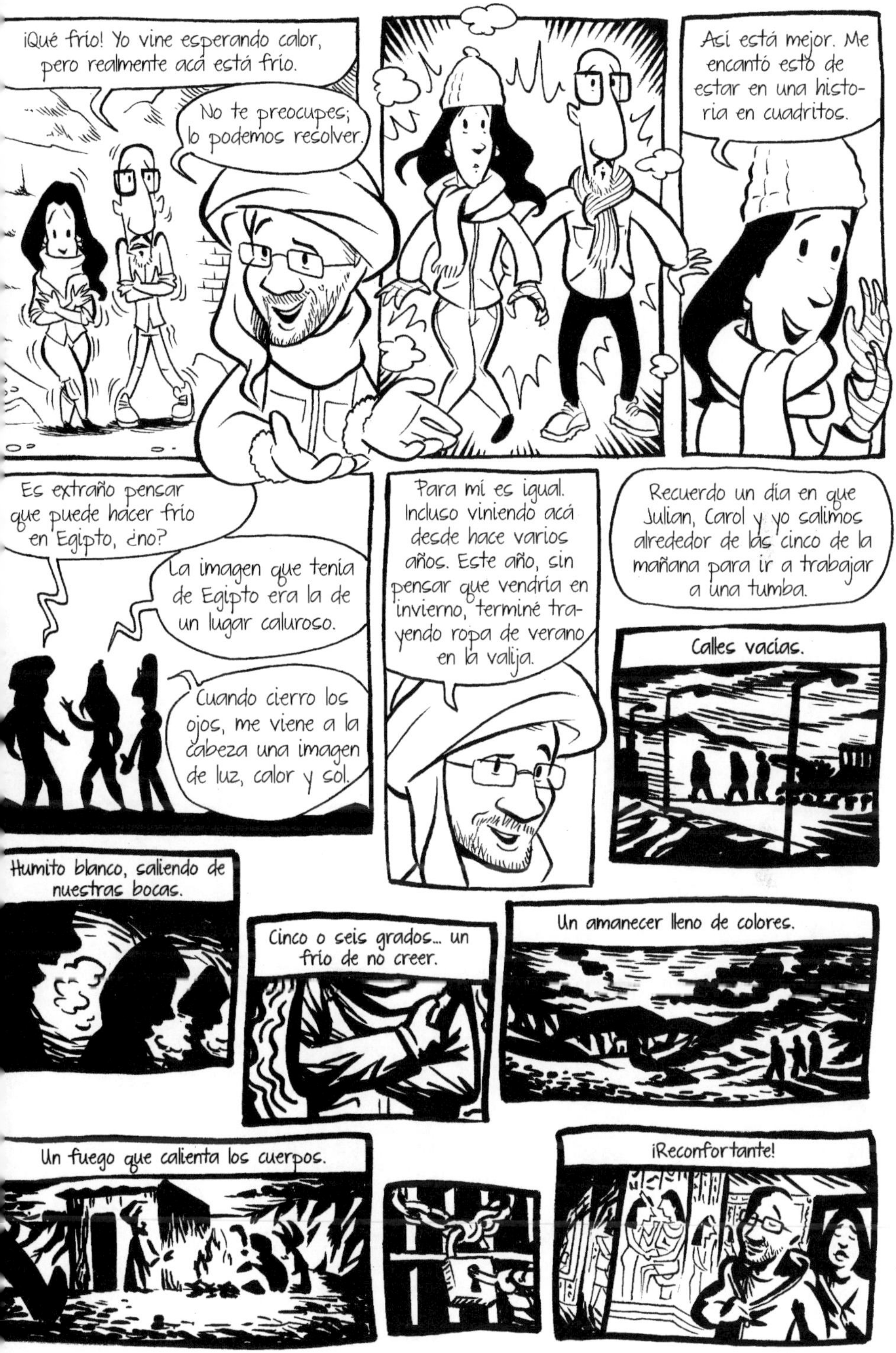

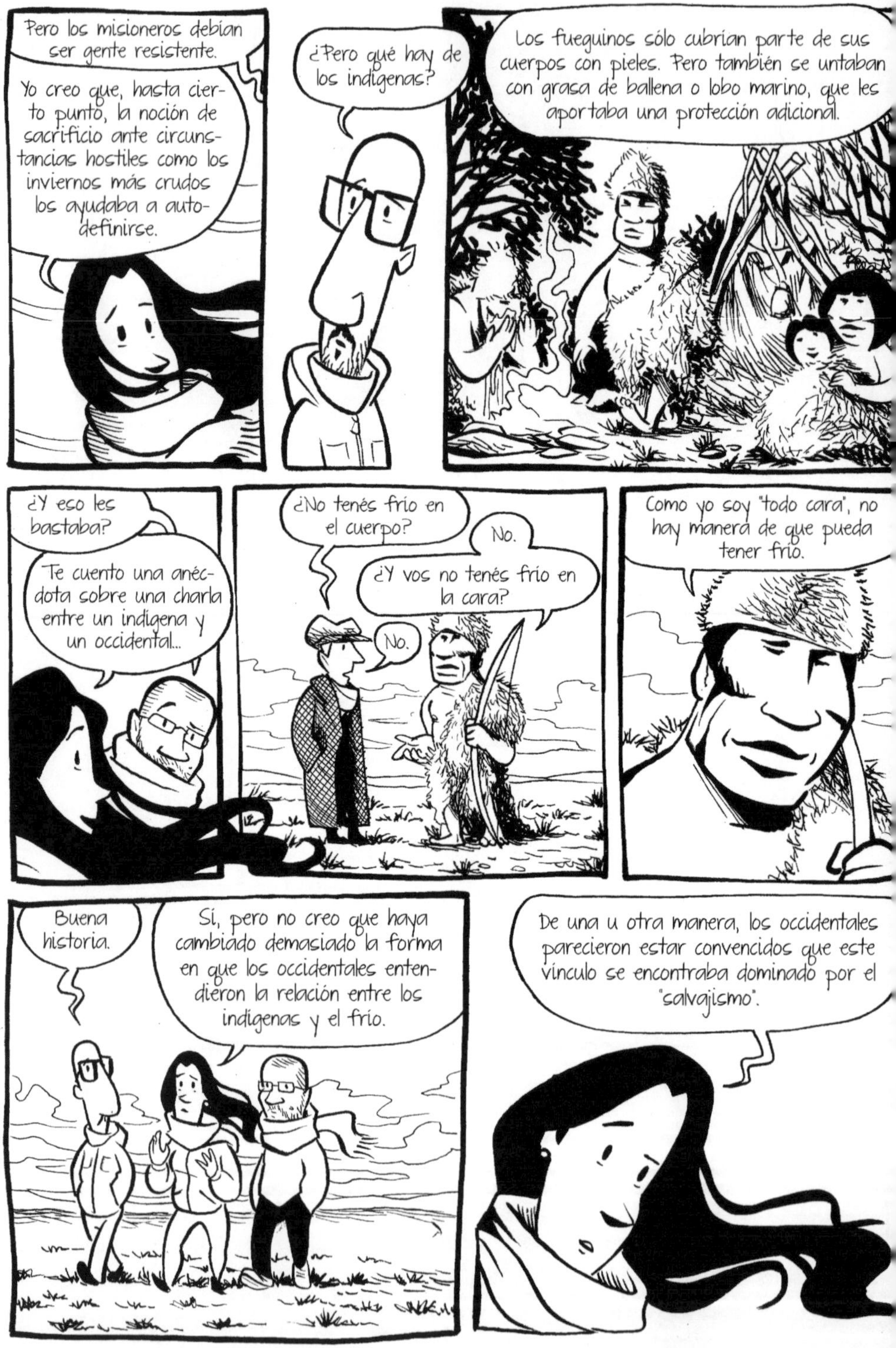

Capítulo Uno

Se van los dedos; quedan los anillos. Las tasas de compensación y los sentidos en la Edad Media

José Roberto Pellini

Una noche en la Taberna del Pony Saltador

Lindo final de tarde, pensaron Godrick y Wulfric. Finalmente, la lluvia dio una tregua y los rayos de sol todavía tímidos atravesaron los grandes robles para tocar el suelo resbaladizo y enlodado del camino. Los muérdagos rompieron la monotonía del bosque con sus colores brillantes. El olor a tierra húmeda, dulce y penetrante les recordó los años en que perseguían cervatillos. Muchos decían que el Gran Bosque de Robles estaba encantado, y que allí vivían brujas y espíritus ancestrales. Nada de ello molestaba a los hermanos, pues ambos habían sido criados en aquel paisaje.

Hacía tres días que montaban a caballo. Habían dejado el castillo para asistir a la coronación del rey en el pequeño pueblo de Avergrynn. Sus cuerpos ya sentían el peso de las armaduras; y, aunque estuvieran acostumbrados, el aroma a aceite de las cotas de malla, mezclado con el olor a cuero mojado, no les resultaba agradable. Quitarse la armadura no era una opción, pues andar por aquellas tierras sin protección era un tanto peligroso.

Wulfric, un normando alto y rubio, mientras pasaba por un pequeño círculo de piedras, quebró el silencio que duraba horas:

– Podrick me contó que Alarico quería ser coronado en el antiguo Círculo de Piedras.

– ¡Como si ello fuera posible! Columba lo mataría. Aun más ahora, que se siente importante por haber sido recibido por aquel Papa en Roma.

– Es verdad. Pero Columba no es un mal tipo. A fin de cuentas, él muestra cierto respeto por las antiguas tradiciones –en realidad, Columba, así como algunos otros sacerdotes, disfrazaban los antiguos rituales celtas con nuevos ropajes cristianos; de otra manera, el pueblo no podía realizar sus antiguos rituales de la siembra y la cosecha.

– A mí no me gusta. Para mí, es un tipo malhumorado.

– Pero, ¿qué esperás de un sacerdote, Godrick? ¿Alguien alegre y festivo, un aventurero que ande por el mundo coleccionando amores y cicatrices de guerra? –si bien era serio, Columba era amistoso y, en ciertas ocasiones, bastante divertido.

– El problema es que, para él, todo es pecado. No se puede comer en demasía; no se puede mirar a las mujeres; no se puede beber vino; no se puede tocar; no se puede oler; no se puede nada... –Columba había sido el preceptor de Godrick y Wulfric durante su infancia, y creía que los pecados entraban al cuerpo a través de los sentidos–. Pecado es dejar una jarra de buen vino llena, dejar que se enfríe un asado. Prefiero emborracharme con incienso, mirra, manjares y licores, con el dulce son del oboe, con los cálidos besos de mis amantes. Quiero ir con la corriente de lo que nunca termina, de la misma forma que lo hace el almizcle que arde en mi cama. Quiero vivir y recordar los tiempos desnudos, cuando Febo esculpía estatuas de luz, y los ligeros machos y hembras, fieles al sonido de la lira, jugaban sin angustia y sin mentiras. Quiero vivir esos valores que vienen de otros tiempos.

– Pero mirá, toda la educación que recibiste de Columba no sirvió de nada, porque terminaste transformándote en un pecador –sentenció, riendo, Wulfric.

– Si ese es el camino para el infierno, voy de buen gusto. Prefiero eso a tener un cuerpo flácido, delgado, viciado. Prefiero eso a seguir a un Dios frío y utilitario, a una virgen que nada sabe de los dolores de la vida. No estoy obligado a creer en un Dios que me dio sentidos y no me permite utilizarlos. ¿Cómo controlar los sentidos, y aún así querer encontrar al Creador? Si controlo mis sentidos, me muero, pues de ellos emanan mis verdades y las verdades del mundo. No hay nada en nuestra inteligencia que no haya pasado por los sentidos. Si mortifico mis sentidos, mortifico mi alma, mis emociones, mi inteligencia y todo aquello que me hace humano.

– Parecés un poeta pagano.

– ¿Por qué? ¿Porque vivo el más eterno y sensato desajuste de los sentidos? Rindo homenaje a mi juventud, a sus perfumes, cantos, sabores y dulces calores. Mis sentidos guían mi alma, me hacen encontrar a Dios. Pienso con los ojos y los oídos, con las manos y los pies, con la nariz y la boca. Pensar en una flor es verla, olerla; y comer una fruta permite comprender su sentido. Por eso, cuando en un día caluroso me acuesto sobre la hierba y cierro mis ojos calientes, siento mi cuerpo echado sobre la realidad; conozco la verdad y así soy feliz.

Ya había mucho movimiento en la puerta de la Catedral cuando ellos finalmente lograron descender de los caballos. Todo estaba organizado con especial atención. Los bancos de madera estaban adornados con flores blancas; el piso de mármol italiano tenía una gran alfombra roja; los vitrales, con el famoso vidrio azul francés, estaban impecablemente limpios. Como cabía a los nobles caballeros, Godrick y Wulfric se sentaron próximos a la nave central, junto a los miembros de la familia real y los otros caballeros. Al fondo de la Catedral, las mujeres y los niños se aglomeraban para ver la ceremonia. La entrada del cortejo fue la señal para que todos se quedasen en completo silencio. Al frente venía un joven que balanceaba un incensario. El aroma era absolutamente embriagador. Más atrás venía el padre Columba, ricamente vestido con tejidos de seda y lino, llevando la cruz cristiana. Finalmente seguían los obispos y los padres menores, todos en fila. Cuando comenzó la ceremonia de coronación, estando ya el rey en el centro de la nave, los órganos quebraron el silencio, sacudiendo el cuerpo de los que estaban presentes. Godrick y Wulfric, que nunca habían escuchado un órgano de aquel tamaño, quedaron boquiabiertos. La escena, como un todo, era impresionante: la luz trémula de las velas, el rechinar de los bancos de madera, el movimiento rítmico, casi corografiado de las personas, la coloración intensa de los mosaicos, el son vibrante del órgano, el ritmo marcado y enérgico del coro, la frialdad angustiante del mármol; todo impresionaba los sentidos. Incluso para alguien no demasiado religioso, como Godrick, era difícil negar que, allí, el Dios cristiano se hacía presente en cada canto. Tal vez –pensó él– Dios se encontraba en aquel lugar para bendecir al futuro rey.

Todavía extasiado por la ceremonia, el público comenzó a dejar lentamente la Catedral. Columba, orgulloso como si él mismo hubiese sido coronado, saludaba a todos. El ahora rey, Alarico, todavía contrariado por no haber sido coronado delante del antiguo Círculo de Piedras como deseaba, invitó a todos a beber y celebrar en la taberna del Pony Saltador, conocido local de bandidos y prostitutas. Era evidente que el padre Columba lo desaprobaba, pero era la manera en que el rey había decidido vengarse.

Comida, bebida, música, mujeres, griterío; todo, en abundancia, como lo quería el rey. Era la antítesis perfecta de lo que había ocurrido en la Catedral, pero a nadie parecía importarle. El aroma a jabalí asado le recordó a Wulfric que no comía desde hacía al menos doces horas y, así, antes de beber, probó la carne y el pan. Buscó a su hermano y lo encontró sobre el cuello de una mujer, con un vaso de hidromiel en la mano. Ya parecía un poco alterado, considerando el volumen de las carcajadas. Le pidió que dejara de beber y comiese un poco. Godrick sólo había ido a la coronación para poder festejar, y poco le importaban los consejos de su hermano.

Después del octavo vaso de hidromiel, el mundo se vuelve más peligroso –diría Wulfric–; y eso fue exactamente lo que aconteció. Ataúlfo, uno de los primos del rey, comenzó a provocar a Godrick deliberadamente. En el pasado, ellos habían tenido problemas. Ataúlfo era conocido por maltratar a los campesinos. Sacando provecho de su posición, actuaba en su propio interés, extorsionando y amenazando a los productores, incluso fuera de sus tierras. Cierta vez, Godrick salió en defensa de una familia, y los dos terminaron peleando. Esa fue una humillación que Ataúlfo nunca toleró, y esta era la hora de cobrar su venganza. Sabía que el joven normando era impetuoso, y decidió cuestionar la honra de su madre en público. Con la lengua aguzada de siempre, Godrick respondió, llamándolo "venado sin cuernos", en alusión a lo servil que era a su esposa. Fue la gota que colmó el vaso, y marcó el inicio de la contienda.

Indignado con las palabras de Godrick, Ataúlfo sacó una espada finamente trabajada, y desafió al normando a un duelo. Los ojos de Ataúlfo brillaban de alegría. Luego, se abrió un círculo y tuvo inicio un combate feroz. Godrick, si bien era un excelente espadachín, había bebido demasiado; y cuando finalmente logró percibirlo, su brazo había comenzado a perder sangre por los golpes de Ataúlfo, que veía su venganza concretada. Pero el joven normando era valiente, y bajo el efecto del alcohol, poco sintió la herida que manchaba el suelo de rojo. El sonido de las espadas golpeándose servía de combustible a la platea, que alentaba a los gritos a los combatientes.

Ataúlfo volvió a golpear al joven normando, cortándole tres dedos de la mano. Luego de sentir el golpe, Godrick fue golpeado en la pierna y en el pecho. El aroma a sangre invadió sus narinas y tambaleó. Las heridas eran profundas, y limitaban su respiración y movimiento. Jadeando y con el cuerpo arqueado, terminó siendo derrotado. El silencio se apoderó de la taberna. Todos parecían incrédulos. Ataúlfo caminó en torno del normando, mirándolo a los ojos y poniendo en palabras toda la ira que sentía desde joven. Godrick, astuto, intentó distraer la atención de su oponente. La estrategia funcionó, ya que mientras Ataúlfo, con una sonrisa arrogante efectuaba un movimiento descendente con la espada para dar por finalizada la lucha, Godrick lo desarmó con un gesto rápido. El normando se levantó con dificultad y tomó la espada de Ataúlfo, precisamente en el momento en que Wulfric y el rey llegaban apurados a concluir el combate. Ataúlfo, sorprendido y una vez más derrotado, amenazó a la familia de Godrick, pero fue silenciado por el rey, que montado en cólera acusó a Ataúlfo de romper la paz el día de su coronación, diciendo que sería juzgado por ello.

Pasaron cinco días, y la lucha todavía era el tema preferido de conversación. A pesar de que Godrick veía en las lesiones una prueba de su habilidad como caballero y de su coraje en la lucha (incluso cuando había resultado herido), era innegable que los daños eran graves; especialmente, en el caso de los tres dedos de la mano que habían sido cortados (justamente, los tres dedos que permitían hacer la señal de protección contra el mal). Todavía debilitado por la pérdida de sangre, el normando se levantó y preguntó a su hermano: – ¿Sabés dónde será el juicio?

– ¡En el Antiguo Círculo de Piedras! –respondió, compenetrado, Wulfric.

La elección del Círculo de Piedras como lugar donde se llevaría adelante el juicio indicaba la seriedad de la situación. Godrick sabía que solamente las ceremonias más importantes se realizaban en aquel lugar. Aunque ninguna persona del reino tuviese en su sangre descendencia celta, la antigüedad confería al Círculo de Piedras un aura de autoridad. Era como si la propia tierra ratificara las decisiones tomadas en aquel sitio. El Círculo quedaba en una colina elevada. Piedras azules, que se decía habían venido de las islas occidentales, estaban dispuestas en forma de círculo. Algunas se encontraban caídas, y no se sabía en verdad por qué nadie había tomado la decisión de volverlas a colocar en su lugar. Un musgo verdoso se extendía sobre la mayoría de los bloques e indicaba que eran realmente antiguos. En algunos podía verse e incluso tocarse lo que parecían ser inscripciones o códigos para montar las piedras. Toda el área estaba cubierta por pequeñas flores de pétalos blancos, que contrastaban con el color verde de los pastos bajos. Algunos decían que el Círculo era un lugar de observación de las estrellas; otros, que se trataba de un espacio para sacrificios humanos. Lo cierto es que el lugar poseía una energía diferente. Todos se movían con reverencia cuando estaban dentro del Círculo. El primero en llegar fue Ataúlfo, seguido por el padre Columba. Por último vinieron el rey, Godrick y su hermano Wulfric.

Habiendo dado comienzo al juicio, el rey cedió la palabra al oficial de justicia, que enseguida comenzó a interrogar a Ataúlfo.

– Sir Ataúlfo, consta que el señor, el día de la coronación de nuestro rey, dio inicio a un duelo en la Taberna del Pony Saltador. ¿El señor sabe que está prohibido cualquier tipo de lucha en días como ése? ¿El señor sabe que iniciar una disputa en un día especial genera una multa de una *wergeld*? –*wergeld* era el valor que cada individuo tenía de acuerdo con su estatus social.

– Señor oficial, sí soy consciente, en cuanto formo parte de esta Corte. Yo no inicié la contienda. Fui provocado y apenas reaccioné.

¿El señor tiene algún testigo de este hecho?

– No. Creo que mi palabra es suficiente delante de esta Corte.

– Sir Godrick –interpeló el oficial de justicia–, ¿el señor sabe que las agresiones verbales son punidas con el valor de media *wergeld*?

– Sí, mi señor. Pero preciso decir que no fui yo el que comenzó las agresiones y mucho menos la lucha. Traigo conmigo seis testigos que pueden jurar en mi nombre, delante del rey –en ese momento, los testigos hacen el juramento de verdad.

– ¡Blasfemia! Estos hombres mienten –gritó Ataúlfo.

– Sir Ataúlfo, si el señor encuentra que los juramentos de estos caballeros son falsos, ¿estaría dispuesto a jurar su inocencia ante el aceite hirviendo? –se creía que si un hombre o mujer colocaba su mano en agua o aceite hirviendo y salía sin ninguna herida, estaba diciendo la verdad.

– No necesito hacer eso para probar mi inocencia; eso es un absurdo –gruñó Ataúlfo, cuando fue definitivamente silenciado por el oficial de justicia.

– Sir Godrick, ¿el señor tiene alguna petición?

– Sí, quiero ser compensado según la ley por los daños que me causaron.

– Entonces será designado un médico para evaluar las lesiones referidas y la gravedad de cada una de ellas.

Durante tres horas, el médico del rey analizó las lesiones de Godrick. Abrió, limpió y volvió a coser los cortes. Midió cada una de las heridas, apuntando su gravedad. Al final del examen fue llamado por el oficial de justicia para prestar declaración.

– ¿Qué es lo que el señor puede decir de las lesiones? ¿Son reales? ¿Son recientes? ¿Dan prueba del combate armado? –preguntó el oficial.

– Sí, señor. Son heridas recientes; muchas de ellas aún no han recibido el tratamiento adecuado. Todas ellas fueron hechas por una espada larga. La más grave resultó en la pérdida de tres dedos de la mano izquierda, imposibilitando al paciente hacer la señal de protección. Las heridas en la pierna y en la espalda presentan cierta gravedad, en tanto van a dejar cicatrices gruesas y visibles. La lesión del brazo no representa mayor problema, pero hizo que la sangre brotara y tocara el suelo.

– Gracias, doctor. Frente a las evidencias –el oficial se dirigió al rey– parece claro que Sir Godrick tiene derecho a una compensación.

– Que venga, entonces, el oficial lector –proclamó el rey. El oficial lector era el hombre que conocía los pormenores de las leyes, tanto escritas como no escritas, siendo responsable, en estos casos, de definir el valor de las multas.

– Señor, mi rey. Por la pérdida de dos dedos de la mano izquierda, el valor es el mismo que el estipulado por la pérdida de una mano completa; o sea, la mitad de una *wergeld*. La ley dice que por la lesión en la pierna, la restitución es de 40 *solidis* –*solidis* era la moneda vigente entre los pueblos francos durante la Edad Media–. Por la lesión en el brazo, la multa es igual a la establecida por las lesiones en la pierna, siendo también de 40 *solidis*. Por la lesión en la espalda, la multa es de 20 *solidis*. Todavía queda la multa por haber tocado la sangre el suelo, por un valor de 30 *solidis*. Hay que considerar también que la contienda tuvo lugar durante la *Pax* –período en que las luchas estaban prohibidas, como los días santos y conmemorativos–, siendo la penalidad el doble del valor ya estipulado. Como la *wergeld* de un caballero está estimada en 100 *solidis*, la multa final por los daños causados es de 360.

– ¿Alguna otra cosa? –preguntó el rey.

– Sí. El acusado debe pagar los servicios médicos y una tasa de 30 *solidis* al señor, mi rey, por haber promovido la violencia.

Dirigiéndose a Ataúlfo, que ya se encontraba cabizbajo y desanimado, el rey preguntó: –Sir Ataúlfo, ¿cómo pretende pagar las multas?

– Señor, mi rey, como define la ley, pagaré un quinto del valor en este momento, y lo restante dentro de 40 días, una vez que recolecte entre mis familiares la debida suma –según la ley, parte del pago debía ser efectuado por el clan del culpable, a fin de evitar que parientes próximos continuaran con la violencia.

– Cierto, confiamos en su palabra. Que se ponga fin a esta disputa.

¿Y vos cuánto valés?

No sé bien por qué, pero tengo una verdadera fascinación por el período medieval. Romances de caballería, películas de capa y espada, castillos, armaduras; todos ellos forman parte de mi imaginario desde que era pequeño. Lo que más me atrae del período son las prendas y armaduras. Las largas túnicas coloridas, el aspecto protector y casi invencible de las armaduras, el brillo de la hoja de las espadas, los escudos y yelmos... Ay, cómo querría vestirme cotidianamente así y cabalgar entre verdes colinas, portando mi armadura, blandiendo mi espada reluciente, enfrentando a mi enemigo hasta que, llegado el final del día, pudiera entrar como héroe en una taberna y tomar un sorbo de cerveza para regresar a mi castillo. Tardó un poco, pero hoy tengo mi propia cota de malla, mi colección de espadas, mi capa; y no es raro que escriba mis artículos o prepare la cena vestido como si estuviese en el siglo XII, saboreando un cáliz de hidromiel de Cornualles. Vestirme así me torna psicológicamente más confiado, fuerte, un ser casi sagrado, y me habilita a enfrentar mis peores enemigos; o sea, las letras, las palabras y las frases inconexas.

Hace tiempo quería escribir un artículo sobre los sentidos en el período medieval. Esta certeza aumentó después de vestir por primera vez mi armadura. El peso de las argollas de metal cubriendo mi cuerpo, encajándose con perfección en cada curva; la espada sujeta a la cintura, entorpeciendo mis acciones en mi departamento de pasillos angostos; los protectores de los antebrazos y los guantes de cuero, impidiendo mis movimientos más leves, me hicieron pensar que la relación que los caballeros mantenían con su propio cuerpo y los sentidos era bastante diferente a la que tenemos hoy en día. Basta pensar en la cuestión del peso y el calor. El peso de la armadura, con túnica y todo, más la espada, es cercano a los 25 kilos. Es diferente andar con 25 kilos de más. El cuerpo y los movimientos se vuelven lentos, por lo que terminás prestando atención a movimientos simples que antes eran naturales. Con tanto tejido y metal ceñido al cuerpo, el calor se vuelve terrible; especialmente, en una ciudad calurosa como Aracaju, en el nordeste brasileño. El olor del aceite que impide que la armadura se oxide es notorio; el aspecto general es llamativo y permite que uno sea identificado en el medio de una multitud; el tacto siente cada argolla, cada gramo, cada textura de la vestimenta. Pero en pocas horas te terminás acostumbrando, y sólo sentís la diferencia después de perder 20 minutos en sacarte todo eso de encima. El cuerpo parece más ligero que antes, y vos te sentís relativamente aliviado.

Motivado como siempre, y ahora apropiadamente vestido, comencé a investigar la temática de los sentidos en el período medieval. La primera cosa que me llamó la atención fue que, entre las tribus germánicas, el cuerpo y el individuo tenían un valor predeterminado. Ese valor, denominado *wergeld* o valor de la vida, era la suma en dinero que debía ser restituida a la familia de una víctima en caso de homicidio. Según Frotscher (2013), había una sensación de que los crímenes, sobre todo aquéllos que eran perpetrados contra el cuerpo de alguien, generaban una deuda entre las partes comprometidas. Esta "deuda de justicia", como la llama la autora, debía ser pagada por el agresor y su clan a la víctima, con el fin de restablecer el equilibrio social quebrantado por el crimen cometido.

El valor de una *wergeld* variaba según la posición que el individuo ocupaba en la escala social (Miller 1983). Entre los lombardos, por ejemplo, la *wergeld* de un hombre libre era de 200 *solidis;* y la de un noble, de 600 *(Lex Lombardorum)*. Entre los irlandeses, el *lóg-m-enede* o el precio de la honra, establecía que el valor de las mujeres era la mitad del valor de su responsable legal; o sea, de su padre antes del casamiento o de su marido después del matrimonio (Tracy 2013).

La *wergeld* no sólo servía para establecer el valor de la vida de un individuo; también era la base del cálculo para las tasas relativas a las lesiones corporales que no resultaban en muerte (Nidjam 2013). Por lo general, las multas por lesiones corporales eran presentadas en los códigos legales siguiendo un orden relativamente estricto, que se iniciaba con las lesiones sufridas en la cabeza, pasaba por aquéllas sufridas en el torso y los miembros superiores, seguía con las lesiones de los miembros inferiores, y terminaba con los pies o las falanges de los dedos. El grado de detalle en las lesiones descritas por las listas de compensación es absolutamente increíble, incluyendo desde simples fracturas hasta la perforación del intestino; la mutilación de la nariz, las orejas, la lengua; la extirpación de los ojos; la amputación de los miembros superiores e inferiores, los dedos, las falanges, etc. El detalle llega al punto de adjudicar multas por la pérdida del líquido sinovial que lubrica las articulaciones, o multas para casos de mutilación donde el miembro extirpado queda ligado al cuerpo por medio de los tendones. Además de un gran conocimiento fisiológico y mecánico del cuerpo, las listas de compensación muestran las formas en que el cuerpo y los sentidos eran valorados, ya que resulta posible pensar que cuanto mayor era la multa, mayor era la importancia del órgano o el miembro lesionado.

El valor de los sentidos en las listas de compensación

Lex Salica –Encargada por Clovis I, la *Lex Salica* fue el mayor código legal entre los francos, habiendo influenciado la mayor parte de las leyes germánicas medievales. La *wergeld* normal para casos de homicidio era de 200 *solidis*. La lista de lesiones presente en la *Lex Salica* incluía desde golpes con vara que provocaban sangrado, hasta varios tipos de perforaciones e, incluso, el secuestro. La lesión que suponía mayor compensación era la castración del pene, representando 100% de una *wergeld* normal; o sea, el valor de la vida de un individuo. La extracción de los ojos, las orejas, la nariz, las manos, los pies y la lengua (cuando esta última implicaba la pérdida de la capacidad del habla) suponía una compensación del 50% del valor total de la *wergeld*.

Laws of Æthelberht. Las leyes de Æthelberht, rey anglosajón de Kent, fueron promulgadas entre los años 602 y 603. Con una *wergeld* estipulada en 100 *shillings*, los daños a los órganos genitales masculinos eran tasados en tres veces el valor de una *wergeld* normal. La amputación de los pies, al igual que la extracción de los ojos, generaba una multa mayor que la relativa a la sordera. La pérdida del pulgar y una mandíbula quebrada suponían una compensación mayor que la de un ojo dañado, siempre que el mismo se mantuviera en la cavidad ocular. Las lesiones que demandaban resguardo o que necesitaban cuidados médicos tenían una tarifa especial, siendo más valoradas que los daños en los ojos o la amputación de los pulgares. Existían otros daños de menor valor, como la extracción de los caninos, los molares y premolares (siendo más caros los caninos); la perforación de las orejas y del abdomen; los golpes con la mano en la nariz; las heridas en el muslo con cicatrices de una, dos o tres pulgadas que pudiesen ser cubiertas con la ropa.

Lex Ribuaria (623). Fue una actualización de la *Lex Salica*, impuesta por los reyes merovingios para la región de Ribuaria. La *wergeld* era de 200 *solidis* y la mayor multa, de forma semejante a la *Lex Salica*, era para la castración, correspondiendo con una *wergeld* entera o 200 *solidis*. La extracción de los ojos, de las orejas resultante en sordera, de la nariz al punto de perder la mucosa nasal (pérdida de olfato), así como la amputación de las manos, generaban una compensación de 100 *solidis* o 50% de la *wergeld* normal. El daño en los ojos resultante en ceguera, en las orejas sin pérdida de audición, en la nariz sin pérdida de mucosa nasal, y la extracción de los pies, los pulgares o daños en las manos generaban tarifas de 50 *solidis*. La amputación de los pies era comparada con la pérdida de la visión; pero no con la ceguera resultante de la extracción de los ojos, y sí con la ceguera donde los ojos se mantenían en la cavidad ocular. Si en la *Lex Salica* la pérdida de los pies era igualada a la sordera y a la pérdida del olfato, aquí lo que se equiparaba era la pérdida del sentido de movimiento a los daños en las orejas que no resultaban en sordera y a los daños en la nariz que no generaban pérdida de mucosa nasal. La extracción de los pulgares suponía la misma tarifa que la solicitada por la mutilación de las manos y las lesiones en los sentidos de la visión, la audición y el olfato.

Edictus Rothary. La ley de los lombardos, pueblo que vivía en la región del valle del Danubio, se componía de dos códices. La parte más antigua fue conocida como *Edictus Rothary*, por ser de autoría de Rotario en 643. La *wergeld* normal era de 200 *solidis*, y extirpar el ojo de alguien que sólo tenía uno generaba una multa de 66 *solidis*, siendo la mayor tarifa por lesiones del *Edictus*. La extracción de los ojos, así como la extracción de la nariz, las manos y los pies resultaban valoradas de igual manera. Aún se destacaban la pérdida del labio, la exposición de los dientes y las cicatrices. También se enumeraban tarifas por la pérdida de los dedos de las manos y los pies, así como tarifas por perforaciones y golpes. En lo que refería a los sentidos, los ojos, la nariz, las manos y los pies eran equivalentes. Las cicatrices ligadas al tacto tenían menor valoración, y no existía referencia al habla.

Lex Alamannorum (s. VII). Compilación de leyes de los alamanes, pueblo que vivía entre el río Reno y el Leach, en la región de Alsacia y en el sur de la actual Suecia. La *wergeld* normal era de 200 *solidis,* y las multas más costosas estaban destinadas a la amputación de los brazos a la altura del hombro, y las piernas. La extracción de los ojos, las orejas, la lengua y la nariz eran equiparables, y tenían un valor similar a la pérdida de los brazos cuando eran cortados a la altura del codo. La falta de erección era comparada con los daños en los ojos cuando éstos permanecían en la cavidad ocular, y con la pérdida de la mitad de la lengua cuando el habla no se hallaba comprometida. Había una serie de multas relacionadas con la visibilidad de la injuria, incluyendo la exposición de los dientes delanteros, la perforación de la nariz, la fractura de las orejas y la imposibilidad de cerrar los párpados. La pérdida del labio inferior era singular, pues con la pérdida del mismo la boca también perdía la capacidad de contener la saliva. Curiosamente, existía una cláusula que imponía la compensación por la extracción de los dientes caninos. El tacto (asociado con las manos y los pies) resultaba el sentido más valorado, seguido por la visión, la audición, el olfato y el habla.

Leges Bauvariorum (s. VII). Código legal de los bávaros, pueblo germánico que vivía en la región de Bohemia. En casos de homicidio, la *wergeld* era de 200 *solidis*. Pies, manos, ojos y orejas eran igualados en valor en caso de extracción, ceguera o sordera, resultando en el pago de 40 *solidis*. Los pulgares eran más valorados que los restantes dedos, tanto en el caso de las manos como de los pies. Se destacaban los daños que provocaban la perforación o el corte de la piel; además, el código contenía un ítem relativo a la extracción de los caninos. Los daños en los brazos eran igualados a la pérdida del labio resultante en la incapacidad de contener la saliva, la perforación de las narinas y las orejas. La ceguera, la sordera y la pérdida del tacto (manos y pies) eran también equiparables, y constituían los sentidos más valorados.

Lex Saxonum. Con una *wergeld* de 1440 *solidis*, la *Lex Saxonum* establecía que las multas correspondientes a la extracción de ambos ojos, ambas manos, ambos pies, ambas orejas y ambos testículos eran las de mayor valor, representando el 100% de la *wergeld*. Extirpar un solo ojo, mano, pie, oreja o testículo resultaba en el pago de la mitad de la *wergeld*. Los daños que suponían la amputación de los pies, las manos, las orejas, la nariz o los ojos resultaban en el pago de un cuarto de la *wergeld* normal. La perforación de los brazos, la desfiguración del rostro y la extracción de los dedos meñiques resultaban en el pago de 240 *solidis*. Existía una cláusula específica para la amputación de la segunda falange del dedo meñique, que generaba una multa de 180 *solidis*.

Lex Thuringorum. La *Lex Thuringorum* establecía una *wergeld* para nobles de 600 *solidis*, y para hombres comunes y libres de 200. Las multas con mayor valor incluían la castración del pene, la extirpación de los ojos, los testículos, las orejas, la nariz o la lengua. El valor a ser pagado en estos casos era de 100 *solidis*, la mitad de la *wergeld* para los hombres libres. La pérdida de los dedos de la mano implicaba un pago de 22 *solidis*; desfigurar la cara demandaba 50. Si el daño resultaba en la pérdida del pulgar del pie, el pago era de 30 *solidis*. En cualquier caso, si se derramaba sangre se pagaba una multa de 10.

Laws of Ælfred. Las leyes promulgadas por el rey Ælfred de Wessex, que gobernó entre 890 y 901, establecían una *wergeld* de 200 *shillings*. Cualquier daño que resultaba en invalidez permanente implicaba el pago de la mitad de una *wergeld*. La amputación de las manos, de los brazos a la altura del codo, de las piernas debajo de la rodilla, así como el daño a los testículos, suponían el pago de una multa de 80 *shillings*. Extirpar la lengua, las manos, los pies o los ojos generaban una multa de 66,6. Arrancar la nariz o cortar el cabello al estilo de los sacerdotes representaba el pago de 60 *shillings*.

Lex Frisionum. La llamada ley de los frisios, pueblo de origen germánico que vivía en la costa actual de Holanda, en parte de la costa alemana y en el sur de Dinamarca, fue compilada a partir del año 745 durante el reinado de Carlomagno. Fue el conjunto de leyes más complejo en lo que refería a las compensaciones por lesiones. Por su gran nivel de detalle, con 100 tipos de lesiones diferentes, la *Lex Frisionum* ha sido objeto de estudio, tanto desde el punto de vista médico (por mostrar un gran conocimiento de la fisiología humana), como de la numismática y la economía (por sus referencias a valores y correspondencias monetarias). La *wergeld* básica, para el frisio libre, tenía un valor de 100 *solidis*. La extracción del pene o de ambos testículos resultaba en el pago de una *wergeld* completa. En la secuencia había multas por la extracción de las piernas y los brazos, siendo las primeras más valoradas que los segundos. La extracción de los ojos era equiparada a la de los testículos. La amputación de los dedos de la mano implicaba una multa mayor que la amputación de los pies; y la amputación de la nariz era equiparada con la sordera, generando una multa mayor que la ceguera, siempre que los ojos se mantuvieran en la cavidad ocular.

El sentido de los sentidos

Podemos resumir las listas de compensación en, al menos, seis elementos: 1) daños en el sistema reproductor; 2) daños en el sistema visual; 3) daños en el sistema auditivo; 4) daños en el sistema de tacto/movimiento; 5) daños en la nariz; 6) daños en el habla.

En todas las fuentes analizadas (14 en total), existieron multas para los daños en la visión y el tacto/movimiento. Los daños en la audición conllevaron multas en 8 casos; en el olfato, en 6; en el habla, en 5; y en el sistema reproductor, en 4. La mayor variabilidad de las lesiones se asoció con el sistema tacto/movimiento, con amputaciones totales, amputaciones parciales donde el tendón quedaba atrapado en el cuerpo; perforaciones de todos los tipos, cortes y arañazos. En por lo menos la mitad de las fuentes, los daños generados en la visión, la audición y el tacto fueron equivalentes.

Procreación –Según Tracy (2013), lo que en estos casos estaba siendo compensado no era necesariamente la lesión o la honra, sino las futuras vidas perdidas. En la *Lex Salica,* el asesinato de una mujer que todavía era fértil generaba una multa tres veces superior al valor de una *wergeld* normal. Si ella ya había entrado en la menopausia, la multa era de apenas una *wergeld*. En el caso de la castración o del asesinato de mujeres fértiles, lo que se estaba valorando no era solamente el cuerpo lesionado o el cadáver, sino un cuerpo que no podía efectuar más una tarea social. La valoración de la fertilidad demostraba una preocupación por el mantenimiento del núcleo familiar.

Visión –En varios de los códigos, la ceguera resultante de la extracción de los ojos era valorada de forma diferente a la ceguera que no resultaba en el vaciamiento de la cavidad ocular, lo que haría pensar que la extracción de los ojos era un factor agravante, al dejar una marca visible de la lesión. Lo mismo podría ser dicho sobre la pérdida del olfato o la audición, pues en la mayor parte de los casos la sordera resultante de la mutilación de las orejas era más valorada que la sordera resultante, por ejemplo, de un golpe. Según Meltzer (2013), en las leyes germánicas existía una serie de restricciones contra los que eran considerados inválidos. Las personas con sordera, mudez o ceguera eran excluidas de determinadas actividades sociales; sobre todo, de aquéllas que implicaban la presencia en un jurado. Sus transacciones financieras e inmobiliarias eran consideradas ilegales y sin validez jurídica. Por lo general, las personas con deficiencias sensoriales no podían ser responsables legales de menores u otros que fuesen considerados legalmente incapaces.

Audición –Los daños en las orejas destacaron en la mayoría de las fuentes, siendo comúnmente asociados con la pérdida de la visión y la extracción de los ojos. En los casos donde se comprometía la audición, parece claro que existía una valoración del sentido; pero en los casos de mutilación, parece que lo que se tenía en cuenta era el efecto estético de la lesión.

Olfato –No se identificaron referencias directas al olfato, pero sí a la nariz. La extracción del aparato nasal se encuentra comúnmente acompañada de la extracción de la mucosa; de esta manera, se puede inferir que las mayor parte de los códigos valoraba el olfato. Algunas fuentes diferenciaron la extracción del aparato nasal resultante en la imposibilidad de retener el moco, de aquellas lesiones donde esto no sucedía. Probablemente, en estos casos, la pérdida del olfato se veía agravada por el aspecto estético.

Tacto/Movimiento –En relación al tacto, así como sucede con el olfato, no existía una referencia directa; lo que resulta comprensible, en cuanto el tacto probablemente sea el más complejo de todos los sentidos aristotélicos. Si la visión tiene a los ojos como soporte, la audición a las orejas, el paladar a la boca y la lengua, y el olfato a la nariz, el tacto no tiene ningún órgano específico que pueda ser indistintamente asociado al mismo. Para Aristóteles, el tacto era la más fundamental, inmediata e íntima de todas las sensaciones, siendo la de mayor relevancia en la estructuración del conocimiento, el espacio, y la interpretación de las relaciones entre las personas, y entre estas últimas y el espacio (Claasen 2001). Es importante recordar que el tacto es mucho más que el toque de las manos y los pies, pues incluye toda la superficie de la piel. No sólo involucra las sensaciones táctiles más obvias, como las de forma, presión, temperatura y textura; también comprende aquellas sensaciones que suponen el cuerpo como un todo, como el sentido del equilibrio y el movimiento. De esta manera, es posible señalar que entre todos los sentidos que fueron considerados por las fuentes, el tacto fue el más complejo, al incluir la sensación de movimiento (pies), la sensación de prensión (manos), y las señas visibles como cicatrices y marcas de azote.

Los daños sufridos en manos y pies recibieron especial atención, y fueron mencionados por todas las fuentes. En el caso de la *Lex Frisionum,* por ejemplo, los daños en manos y pies produjeron una multa mayor a la estipulada por la pérdida de la visión. Por lo general, en las *Leges* se observaba una diferencia de valor entre la amputación, la mutilación o la simple inutilización. La diferencia entre la compensación resultante de una mano cercenada y una mano mutilada no sólo estaba asociada a la cuestión de funcionalidad, sino particularmente a la visibilidad. Los daños que dejaban marcas públicas tenían mayor compensación. La importancia de las manos podía ser observada en la preocupación de establecer multas no sólo por su pérdida, sino también por la pérdida de los dedos y las falanges. En relación a los dedos de la mano, el pulgar valía más que el conjunto de los otros cuatro dedos. Al mismo tiempo, los dedos índice, medio y anular valían más que el meñique. No sucedía lo mismo con los pies, donde sólo había multas para las lesiones que tenían lugar en el pulgar. Es interesante notar que, cuando la amputación de un brazo o de una pierna tenía una multa equivalente a la totalidad de la *wergeld,* la pérdida de ese brazo o pierna equivalía a la vida. Como sugiere Crawford (1993), cuando una lesión igualaba o incluso traspasaba el valor de una *wergeld* normal, se consideraba que el individuo perdía su utilidad.

Paladar –No existían referencias directas o indirectas al paladar, en cuanto las multas resultantes por los daños a la lengua eran explícitamente asociadas con el habla. Incluso en los casos de daños en la boca, la preocupación estaba puesta en la visibilidad de la lesión, y no en el compromiso del paladar.

Habla –A nosotros quizás nos parezca extraño referir al habla como un sentido, pero en la Edad Medida había quienes la consideraban de tal modo. En 1215, después de la institución de la confesión como forma de controlar las actividades pecaminosas de los fieles, se escribieron tratados con el propósito de mapear los pecados a través de los sentidos y auxiliar al padre confesor en la identificación del mal. En muchos de esos tratados, el habla aparecía directa o indirectamente asociada con la lengua y la boca. En un tratado escrito por Henry de Lancaster, el autor incluyó la audición, la visión, el olfato y el habla al enumerar los sentidos. En el período medieval existía la sensación de que el habla era una marca de la esencia humana por su rol en la transmisión de conocimientos. Un ejemplo de esto puede ser visto en el caso del granjero de Maplas, que en 1499 había perdido su capacidad de hablar. Antes de recuperar el don por la "milagrosa intervención de Enrique VI", se decía que el granjero no había sido creado como un hombre sino como animal (Woolgar 2006: 11). En el siglo XVII, Tomkins elaboró la pieza *Lingua, or, The Combat of the Tongue, and the Five Senses for Superiority. A Pleasant Comedy,* manifestando el deseo del habla de tornarse un sentido. En el escrito, el pleito fue elevado al Sentido Común, quien finalmente lo llevó a la Corte. El Sentido Común decretó que la visión era la autora de las invenciones; la audición, la reina de la inteligencia; y el olfato, el sacerdote del microcosmos. Al mismo tiempo, la Corte decidió que los sentidos debían ser cinco para encontrar correspondencia con los elementos y la sustancia pura de los cielos, quedando sin efecto el pleito de la lengua.

El cuadro que emergió del análisis de las fuentes, en lo que respecta al modelo aristotélico de los sentidos, mostró a la visión y al tacto como los sentidos más importantes, seguidos por la audición y el olfato. El paladar no apareció de manera explícita; y aunque se pueda pensar a la lengua como vehículo del paladar, la pérdida de la lengua en los documentos estuvo directamente asociada con las ideas de comunicación y habla.

Sentidos Morales

Para Miller (1983), en las listas de injurias se pueden discernir dos principios fundamentales que ayudan a determinar el precio del daño: el principio utilitario y el principio simbólico. En el principio utilitario, se tenía en cuenta la funcionalidad del cuerpo y los sentidos; o sea, la pérdida de la visión estaba relacionada con la incapacidad de juzgar las distancias, leer documentos, ver el mundo; la pérdida de los pies y las manos, con la incapacidad para el combate y los trabajos de campo, entre otras cosas. Según este autor, el ojo valía más que el dedo meñique, ya que era más difícil vivir sin un ojo que sin un dedo; o sea, tenía más sentido que las manos, los ojos, los pies o el poder del habla y la audición fueran los elementos corporales más valorizados. El principal problema con esta idea es que no sólo reduce el cuerpo a una dimensión funcionalista; también toma el ideal de cuerpo moderno, occidental y burgués como norma. Si las listas de compensación pensaron el cuerpo mediante un criterio funcional, entonces ¿por qué la amputación de la pierna a la altura de la rodilla resultaba en una multa mayor que la amputación de la pierna a la altura de la cadera? ¿No sería lógico pensar que la amputación de la pierna a la altura de la cadera, por ser incluso más difícil y peligrosa, además de dificultar el caminar, resultaría en una multa mayor? Según la lógica moderna y occidental, sí. Encuentro complicado afirmar categóricamente que vivir sin un ojo es más difícil que vivir sin un dedo, o que vivir sin una pierna genera más problemas que vivir sin nariz. ¿Hasta qué punto una persona incapacitada de sus funciones visuales, auditivas o de movimiento deja de ser un individuo funcional? ¿Será que un agricultor deja de plantar si pierde la visión o una pierna? Evidentemente, en una sociedad que privilegia la visión, perder un ojo puede incluso transformar al individuo en un exiliado social, pero pensar en las deficiencias físicas como un factor que invalida y limita al ser es, por lo menos, generalizante y capitalista.

De acuerdo a Miller (1983), el principio simbólico estaba centrado en la honra, y por eso valorizaba la visibilidad de la lesión; o sea, cuanto más visible era una lesión, mayor era la multa aplicada. Aquí también existe una complicación, pues no siempre una cicatriz o lesión visible era señal de deshonra. Al mismo tiempo, valorizar los aspectos visuales de la lesión tan sólo resalta la importancia de lo visual en la comprensión de las injurias.

Entiendo que antes de pensar en los aspectos funcionales del cuerpo y el juego de la honra, es importante comprender las listas como reflejo de la significación del cuerpo y los sentidos; incluso porque, como nos recuerda Smith (2007), los sentidos durante el período medieval dejaron el ámbito funcional y práctico para adentrarse en la arena moral. El teólogo sirio Ephrem (306-373), por ejemplo, entendía que el conocimiento de Dios debía ser adquirido a través de los sentidos (Smith 2007). Para Ephrem, el Dios cristiano era un dios revelado y, por ello, se presentaba en todos los lugares a través de los sentidos. Los sonidos, las visiones y las fragancias eran considerados como medios para alcanzar a Dios.

Los sentidos en el período medieval estaban tan imbricados con la vida y el pensamiento religioso que las alegorías del bien y del mal, de Dios y del demonio, del amor y del odio, eran presentadas por medio de metáforas sensoriales (Caseau 2014).

Por lo general, la cristiandad medieval consideraba a los sentidos como puertas para el pecado. Para San Agustín (1993), los órganos sensoriales no eran malos por naturaleza, pero se tornaban malos y propensos al pecado cuando el sentido interno (*sensus interioris*) fallaba en controlarlos. Si en la doctrina aristotélica la razón comanda a los deseos; en la doctrina cristiana de los sentidos, el deseo comanda a la razón. La relación entre razón y deseo condujo al repudio generalizado de los sentidos en la cristiandad occidental. Los ejercicios espirituales de San Ignacio de Loyola, así como el desarrollo de las prácticas ascéticas, fueron el ejemplo más claro de esta política de contención y control de los sentidos (Smith 2007).

La relación entre los sentidos y el pecado en la Edad Media puede ser ejemplificada por la práctica de la extremaunción. Instituida como parte del canon en 1551, durante el Concilio de Trento, la extremaunción tiene como finalidad purificar y purgar el cuerpo y los sentidos de los pecados, antes de la muerte. El *Zedler's Universal Lexicon* de 1740 (en Jutte 2005: 14, traducción del autor) daba la siguiente descripción de la ceremonia:

> "Las siete partes del cuerpo son ungidas y estas partes son: los ojos, los oídos, la nariz, la boca, las manos, comprendiendo los cinco sentidos, y el riñón, que es el lugar de los deseos pecaminosos y por fin los pies, que andan el camino del mal".

Incluso en la ausencia de un sentido o un miembro, su unción continuaba siendo necesaria a fin de librar al alma del pecado.

Para San Agustín, entre todos los sentidos, el más peligroso era el tacto, ya que afectaba al cuerpo como un todo. El toque del cuerpo de una mujer contra el cuerpo de un hombre era considerado la forma de sensibilidad más avasalladora y peligrosa para un hombre.

Incluso la visión, que para San Agustín era el principal sentido, despertaba desconfianza. Según Kramer y Sprenger (2007 [1486]: 24, traducción del autor), inquisidores y autores de *Malleus Malleficarum*, era a través de la mirada que las brujas ejercían su influencia maligna: "determinada fascinación puede ejercerse por medio de la mirada, sobre otra persona, y puede ser pernicioso y malo… la influencia que se ejerce sobre el otro procede con frecuencia de los ojos, porque en ellos se puede concentrar cierta influencia sutil… puede ser que estas miradas sean, muchas veces, inspiradas por la malicia del demonio, con quien las viejas brujas establecieron algún contacto secreto". Pedro Ciruelo (1628: 115), preceptor de Felipe II, rey de España entre 1556 y 1598, también asociaba la práctica del mal de ojo a las brujas y al demonio: "… para le hazer caer en alguna grande enfermedad: y a este propósito vienelo que comúnmente dizen que unos aojan a otros: quieren dezir que los dañan con el ojo quando de hito los miran…". En ambos casos, mirar era considerado una herramienta para la práctica del mal; bastaba una mirada seductora para que hasta el más santo de los hombres fuese enredado en las artimañas del mal. Así, mirar directamente a los ojos de una persona era una actitud social que despertaba sospecha.

El paladar era otro de los sentidos que despertaba desconfianza entre los cristianos medievales. Hill (2007) demostró cómo la gula funcionaba en el período medieval como un marcador de la deficiencia moral y espiritual. Según la autora, la gula como pecado se basaba en la idea de que las acciones corporales contribuían directamente a la salud espiritual, tanto del individuo como de la comunidad. En este sentido, la falta de control sobre el paladar era visto como una falla moral. Según Santo Tomás de Aquino, Adán y Eva fueron expulsados del paraíso en función de la incontinencia del estómago, y justamente por esto la gula era, para él, el peor de los pecados.

Pero había algo práctico en el pensamiento religioso de los sentidos, en cuanto ellos también servían para la identificación del mal y la protección contra el mismo. Por ejemplo, en la Edad Media existía la creencia de que los santos exudaban un aroma dulce, mientras el demonio –en contrapartida– exudaba olores fuertes como el azufre (Smith 2007). Siendo así, si al pasar por una calle un individuo sentía olor a azufre, tenía tiempo para huir y buscar protección.

Las hagiografías monásticas medievales también exaltaban el papel de los sentidos en el reconocimiento del mal, recordando constantemente a los devotos las habilidades del demonio para manipular las apariencias con el propósito de instigarlos al pecado (Newhauser y Ridyard 2012). Fue así que el demonio colocó una copa de plata en el desierto, delante de Antonio de Egipto, para que cometiese el pecado de avaricia; o que se disfrazó de Cristo para llevar a Martín de Tours a cometer pecado de orgullo (Newhauser y Ridyard 2012).

Permitiendo reconocer el peligro, y constituyendo la puerta de los pecados, surge la necesidad de probar si lo percibido era resultado de aspiraciones divinas, trucos de la mente o posesión demoníaca. La creencia de que el demonio podía engañar los sentidos, y llevar a los monjes y devotos al pecado duró hasta el inicio de la modernidad, cuando los sentidos pasaron a ser asunto de las ciencias y perdieron su connotación moral y espiritual.

Como apunta Caseau (2014), las celebraciones religiosas cristianas, judaicas e islámicas durante la Edad Media eran experiencias sensoriales intensas. La liturgia cristiana, por ejemplo, exaltaba la participación de los sentidos, tanto de manera pasiva como activa. Oler, tocar, sentir los aromas sagrados y saborear lo divino formaban parte de las actividades rituales, públicas y privadas.

En este contexto, el tacto desempeñó un papel central, en tanto los devotos eran invitados a tocar y besar las imágenes sagradas, hacer la señal de la cruz, arrodillarse durante la misa, etc.

Estos ejemplos muestran que los sentidos no pueden ser únicamente pensados a partir de un criterio funcional. ¿Sería simple coincidencia que la visión, la audición, el olfato, el habla, el tacto y la procreación, que aparecieron como los órganos más valorados por las listas de compensación, fueran justamente aquéllos que resultaban citados por las prácticas medievales de la extremaunción? Creo que no. El hecho de que los sentidos más valorizados en las *Leges* aparecieran en los discursos cristianos asociados con el control del pecado, las prácticas de identificación del mal en la tierra, y las formas de conocer el mundo, muestran la influencia del discurso religioso cristiano en la valoración de los sentidos en la mayor parte de las listas, como destaca, en todos los casos analizados, la valoración simbólica del cuerpo y los sentidos.

Bibliografía

Baudelaire, C. *As Flores do Mal*. San Pablo: Martin Claret, 2002.

Caseau, B. "The Senses in Religion: Liturgy, Devotion, and Deprivation". En *A Cultural History of the Senses in the Middle Ages*, editado por R. Newhauser, 89-110. London: Bloomsbury, 2014.

Ciruelo, P. *Tratado en el qual se Repruevan todas las Supersticiones y Hechizerías: Muy Util y Necesario a Todos los Buenos Cristianos Zelosos de su Salvacion*. Barcelona: Sebastián Cormellas, 1628.

Classen, C. "The Senses". En *Encyclopedia of European Social History from 1350 to 2000*, editado por P. Stearns, vol. 4, 355-364. New York: Charles Scribner's Sons, 2001.

Crawford, S. *Anglo-Saxon Influence on Western Christendom 600-800*. Oxford: Oxford University Press, 1993.

Law-code of Athelberht. The Beginnings of English Law, traducido por L. Oliver. Toronto: Toronto Medieval Textsand Translations, 2002.

Leges Alamannorum. MGH LL nat. Germ. V 1, traducido por K. Eckhardt, Hannover, 1966.

Leges Baiwariorum. MGH LL nat. Germ. V 2, editado por E. VonSchwind. Hannover, 1926.

Leges Langobardorum. MGH LL IV, editado por F. Bluhme. Hannover, 1868.

Leges Saxonum und Lex Thuringorum. MGH Fontes iuris IV, editado por C. Von Schwerin. Hannover-Leipzig, 1918.

Lex Frisionum. MGH Fontes iuris XII, traducido por K. Eckhardt y A. Eckhardt. Hannover, 1982.

Lex Ribuaria. MGH LL nat. Germ. III 2, editado por F. Beyerle y R. Buchner. Hannover, 1954.

Frotscher, A. "Treasure and Violence: Mapping a Conceptual Metaphor in Medieval Heroic Literature". *Neophilologus* 97 (2013): 753–774.

Hill, S. "'The Ooze of Gluttony': Attitudes towards Food, Eating and Excess in the Middle Ages". En *The Seven Deadly Sins: From Communities to Individuals*, editado por R. Newhauser, 57–72. Leiden/Boston: E.J. Brill, 2007.

Jutte, R. *A History of the Senses: From Antiquity to Cyberspace*. Cambridge: Polity Press, 2005.

Kramer, H.; Sprenger, J. *Malleus Malleficarun*. Trad. ALEX H. S. 2007.

Meltzer, I. "Reflections on Disability in Medieval Legal Texts: Exclusion, Protection, Compensation". En D*isability and Medieval Law: History, Literature, Society*, editado por C. Rushton, 19–54. Cambridge: Cambridge Scholars Publishing, 2013.

Miller, W. "Choosing the Avenger: Some Aspects of the Blood feud in Medieval Iceland and England". *Law and History Review* 1, no. 2 (1983): 159–204.

Newhauser, R. y S. Ridyard. *Sin in Medieval na Early Modern Culture. The Tradition of Seven Deadly Sins*. New York: York Medieval Press, 2012.

Nidjam, H. "Embodied Honour and Shame in Medieval Frisia". En *Shame between Punishment and Penance*, editado por B. Sere y J. Wettlaufer, 65–88. Firenze: Sismel, 2013.

Pactus Legis Salicae. MGH LL nat. Germ. IV 1, traducido por K. Hannover, 1962.

San Agustín. *The Works of St. Augustine: Translation for the 21st Century*. Hyde Park: New York City Press, 1993.

Smith, M. *Sensing the Past. Seeing, Hearing, Smelling, Tasting and Touching in History*. Berkley: University of California Press, 2007.

Tomkis, T. *Lingua, or, The combat of the tongue, and the five senses for superiority a pleasant comody*. London: Simon Miller, 1657.

Tracy, L. *Castration and Culture in Middle Ages*. London: Boydell and Brewwer, 2013.

Turk, M. The Legal Code of Ælfred the Great. Halle: Printer,1890

Woolgar, C. The Senses in Late Medieval England. New Haven: Yale University Press, 2006.

Capítulo Dos

Atendiendo a la muerte: Experiencias intercorporales en la tradición Selk'nam

Melisa A. Salerno
Romina C. Rigone

En este capítulo proponemos analizar –desde una posición interesada por la materialidad– las experiencias asociadas al proceso que involucró la muerte en el marco de la tradición indígena Selk'nam de Tierra del Fuego. Específicamente, intentamos aproximarnos a las formas en que las diversas instancias que conformaron dicho proceso pusieron en juego "modos somáticos de atención" culturalmente específicos, que entrelazaron intercorporalmente –mediante la sensorialidad y la afectividad– a los moribundos-fallecidos y a los circunstantes-supérstites en contextos donde también se hicieron co-presentes otros elementos materiales. Para ello analizamos un conjunto de referencias brindadas por Martín Gusinde en el desarrollo de su labor etnográfica entre los Selk'nam. Los resultados obtenidos nos permiten reflexionar sobre los sentidos que los indígenas pudieron asociar a la materialidad de la muerte, y a la memoria y el olvido de los difuntos.

Introducción

Este trabajo analiza –desde una mirada arqueológica, comprometida con la materialidad– las experiencias asociadas al proceso que involucró la muerte en el marco de la tradición indígena Selk'nam. Para comenzar, creemos importante referirnos al derrotero que nos llevó a interesarnos por este problema de investigación. Desde hace algunos años, formamos parte de un equipo de trabajo dirigido por Ricardo A. Guichón, que discute diferentes aspectos de las interacciones entre indígenas y ocidentales en Tierra del Fuego (Casali 2013; García Laborde *et al.* 2010; Guichón *et al.* 2006, 2017; Salerno y Guichón 2017). El proyecto toma como principal caso de estudio lo sucedido en Nuestra Señora de La Candelaria: una misión de la Congregación Salesiana, que funcionó en Río Grande (costa occidental de Tierra del Fuego, Argentina), entre finales del siglo XIX y la primera mitad del siglo XX. La Candelaria tuvo el objetivo explícito de "evangelizar" y "civilizar" a los Selk'am (Nicoletti 2004), albergando a los que acudían voluntariamente a la institución (en busca de refugio y comida), o resultaban trasladados por la fuerza por estancieros y policías (quienes los consideraban un estorbo para el desarrollo de la región).

Las primeras investigaciones realizadas por el equipo tuvieron un enfoque bioarqueológico, y se preocuparon por la salud y la demografía en la misión. Con ese objetivo, y contando con el interés de diversos grupos locales (incluyendo miembros de pueblos originarios, representantes de la Congregación Salesiana y descencientes de colonos), se analizaron documentos misionales, se relevó superficialmente el cementerio de La Candelaria, y se efectuaron exhumaciones en un sector acotado del predio (Casali 2013; García Laborde et al. 2010; Guichón et al. 2006, 2017). Los resultados obtenidos por el equipo permitieron señalar que, entre finales del siglo XIX y mediados del siglo XX, más de 300 personas fueron enterradas en el lugar. Aproximadamente tres cuartos de las mismas pudieron corresponder con Selk'nam que habitaban la misión (Salerno et al. 2016; Salerno y Guichón 2017). En el marco de profundos cambios en sus formas de vida (incluyendo la dieta, las condiciones de habitación, etc.), la principal causa de muerte en la población indígena de La Candelaria fueron enfermedades infecto-contagiosas como la tuberculosis. Durante los períodos de "epidemia", era frecuente que una o más personas murieran por día (Casali 2013). Los decesos y la decisión de evitar la misión por parte de numerosos indígenas contribuyeron a su gradual despoblamiento.

En el transcurso de las investigaciones sobre salud y demografía, quedó claro que los grupos locales (especialmente, los miembros de pueblos originarios) estaban interesados en conocer las formas en que habían sido tratados los cuerpos de sus antepasados. De esta manera, el equipo decidió inaugurar una nueva línea de estudios, preocupada por las prácticas mortuorias y las identidades en el contexto de la misión. Los trabajos estuvieron coordinados por Melisa A. Salerno, e incluyeron nuevas preguntas orientadas por debates en arqueología histórica y teoría social. Inicialmente, decidimos analizar las formas materiales que pudo cobrar la preparación y disposición de los cuerpos muertos en el cementerio (Salerno *et al.* 2016, 2017; Salerno y Guichón 2017), atendiendo a las características que presentaban la demarcación de los enterratorios, la vestimenta, los objetos religiosos, entre otros. En particular, buscamos evaluar el grado de homogeneidad/heterogeneidad en el tratamiento brindado a los Selk'nam y a los occidentales a lo largo de la historia del camposanto. La interpretación tuvo en cuenta las dinámicas de identidad y poder que pudieron operar en el contexto de interacciones culturales de la misión.

Para identificar posibles cambios y continuidades en las prácticas indígenas, decidimos reunir información etnohistórica sobre las particularidades de la muerte en el marco de la tradición Selk'nam (Salerno *et al.* 2016; Guichón y Salerno 2017). Si bien consultamos diversas referencias, la obra de Martín Gusinde –un sacerdote que desarrolló una importante labor etnográfica durante principios del siglo XX en Tierra del Fuego– se volvió fundamental. En el Volumen II del Tomo Primero de *Los Indios de Tierra del Fuego,* Gusinde (1982 [1939]) ofrece una descripción pormenorizada de los momentos previos al deceso, la muerte propiamente dicha, la preparación del cuerpo muerto, el enterratorio, el luto y lo que nosotras denominamos la integración del fallecido al mundo de los antepasados. Habiendo sido testigo presencial de dichas circunstancias, y contando con una sensibilidad especial para registrar las prácticas de otras culturas, Gusinde construye un relato altamente fenomenológico de los vínculos entre los moribundos-fallecidos y los circunstantes-supérstites. Su trabajo desborda de referencias sobre los flujos sensoriales y afectivos que comprometieron a los participantes, sin dejar de hacer mención a sus propias experiencias.

Siguiendo nuestra agenda de trabajo, en un principio nos limitamos a considerar algunos pasajes de Gusinde sobre las formas tradicionales en que los Selk'nam preparaban y enterraban a los difuntos (Salerno y Guichón 2017). Las referencias sobre otras instancias del proceso de la muerte, y los sentidos y afectos culturalmente movilizados, fueron dejados a un lado. Sin embargo, la obra del sacerdote dejó en nosotras una impresión difícil de borrar. De esta manera, poco tiempo después comenzamos a comprender que la riqueza de sus notas etnográficas ofrecía la posibilidad de interpretar la muerte en la tradición indígena desde perspectivas poco exploradas hasta el momento. Finalmente, llegamos a esbozar el objetivo de analizar –desde una perspectiva arqueológica– las experiencias asociadas al proceso de la muerte entre los Selk'nam. Sin lugar a dudas, esto aportaría información relevante para repensar y profundizar las investigaciones en el contexto de interacciones de la misión. Este capítulo constituye un primer paso en esta empresa, por lo que dejamos la comparación con el escenario de La Candelaria para un futuro trabajo.

Leyendo y releyendo el texto de Gusinde, nos detuvimos en un concepto que inicialmente nos pasó inadvertido. En algunos fragmentos, el sacerdote señala que los circunstantes no dirigían al moribundo una "atención" evidente (Gusinde 1982 [1939]: 518). Esta idea nos hizo pensar que el concepto de "modos somáticos de atención", asociado al paradigma del *embodiment* de Thomas Csordas (1993), podía resultar de utilidad en el estudio. En particular, en este capítulo proponemos analizar las formas en que las diversas instancias del proceso de la muerte en la tradición Selk'nam pusieron en juego modos somáticos de atención específicos. A partir de ello, esperamos discutir cómo los moribundos-fallecidos y los circunstantes-supérstites se relacionaron intercorporalmente (mediante la sensorialidad y la afectividad) en contextos donde también se hicieron co-presentes otros elementos materiales. En tanto los modos somáticos de atención suponen un entendimiento práctico del mundo, analizarlos de manera pormenorizada nos ofrece la posibilidad de interpretar algunos de los sentidos culturales que los Selk'nam asociaron a la materialidad de la muerte, y a la memoria y el olvido de los difuntos.

Algunas aclaraciones conceptuales

Tradicionalmente, la biología entendió el deceso como el cese de las funciones vitales del organismo (asociadas a la ausencia de respiración y latido cardíaco). Sin embargo, actualmente parece difícil que todos nos pongamos de acuerdo sobre cuál es el comienzo y el final de la muerte. La propia medicina ha mantenido discusiones al respecto (incluyendo, por ejemplo, la definición de muerte encefálica o cerebral –Derringer y Wijdicks 2001). Asimismo, desde hace ya bastante tiempo, las ciencias sociales reconocen que la muerte es un proceso dinámico que resulta comprendido de diversas maneras por diferentes grupos (Durkheim 1995 [1915]); Hertz 1960 [1907]; van Gennep 1960 [1909]). El tipo y la duración de las instancias que componen el proceso de la muerte son culturalmente específicos, y suelen encontrarse pautados por diferentes rituales. En algunos casos, las instancias previas al deceso incluyen la identificación de señales sobre la inminencia de la muerte y la agonía del moribundo. Por su parte, las instancias posteriores pueden comprender la preparación y disposición del cuerpo del fallecido, el luto, entre otros. Ocasionalmente, el deceso como resultado de enfermedad, accidente, asesinato u otras circunstancias puede implicar variaciones en las formas que adquiere el proceso (Martínez 2013).

En ciencias sociales, los investigadores suelen centrar la atención en instancias particulares del proceso de la muerte con el propósito de profundizar su análisis. Si bien esto constituye una decisión metodológica válida, lo cierto es que comúnmente ha dificultado explorar las múltiples conexiones que existen entre los diversos momentos que componen la muerte. Entre los arqueólogos, es frecuente que los trabajos consideren aquellas instancias que dejan huellas registrables a nivel arqueológico, como la preparación y disposición del cuerpo del fallecido (Chapman *et al.* 1981; Pearson 2000; Tarlow y Stutz 2013). Esto generalmente se fundamenta en la dificultad de recuperar evidencia material sobre otros momentos, como las señales de la muerte inminente, la agonía del moribundo, etc. Si bien estas limitaciones pueden ser palpables en algunos contextos, en algunos otros es posible discutir la materialidad del proceso de la muerte a través de diversos registros. Por ejemplo, en el ámbito de la arqueología histórica, los investigadores habitualmente pueden recurrir a la lectura y análisis de documentos escritos, fotográficos, fílmicos, entre otros. En nuestro caso, el registro etnohistórico elaborado por Martín Gusinde ofrece información valiosa que puede ser abordada desde una perspectiva interesada por la materialidad.

Para Maurice Merleau-Ponty (1993 [1945]), la única forma que tenemos de "ser-en-el-mundo" es a través de la materialidad de nuestro propio cuerpo. Retomando ideas de la fenomenología, Csordas (1990, 1994, 1999) sostiene que la experiencia corporizada puede ser un punto de partida relevante para analizar la participación en el mundo cultural. Ello se debe a que las formas en que percibimos, actuamos y comprendemos a través del cuerpo son culturalmente específicas; es decir, resultan aprehendidas a través de nuestra inmersión corporal en un mundo material, plagado de sentidos (Warnier 2001). En tanto no somos entes aislados, la experiencia se desarrolla en un contexto intercorporal donde se hacen co-presentes los cuerpos de los otros. A partir de ello, podemos sostener que el proceso de la muerte supone experiencias intercorporales, donde se vuelve necesario considerar los vínculos entre la materialidad encarnada de los moribundos (que finalmente devendrán fallecidos) y los circunstantes (que, a su turno, devendrán supérstites) en entornos donde también se hacen presentes objetos, estructuras, etc.

De acuerdo a Csordas (1993), la intercorporalidad que suponen diferentes prácticas pone en juego modos de atención específicos. Los modos somáticos de atención son formas culturalmente elaboradas de atender con el cuerpo a la propia materialidad encarnada y la de los demás. En este sentido, el proceso de la muerte supone las formas en que el moribundo atiende con el cuerpo a su propio cuerpo en agonía y el de los circunstantes, así como las formas en que los circunstantes-supérstites atienden con el cuerpo a su propio cuerpo y el de los otros (incluyendo el cuerpo del moribundo-fallecido). Si bien el cuerpo muerto pierde su fuerza vital, ello no implica que no pueda desempeñar un rol activo en los vínculos intercorporales. Específicamente, Merleau-Ponty (1993 [1945]) nos recuerda que no sólo prestamos atención al mundo, sino que también el mundo requiere nuestra atención en el marco de vínculos que se caracterizan por la reversibilidad de sus flujos. En este sentido, e incluso desde otras propuestas, algunos trabajos refieren a la agencia que poseen los cuerpos de los fallecidos en el mundo cultural (Robb 2013; Williams 2004).

Merleau-Ponty (1977 [1960]) considera que es a través de la atención que los cuerpos se orientan hacia ciertas figuras que pasan a destacar sobre un horizonte con fronteras difusas. En esta dinámica, atendemos a nuestro propio cuerpo y el de los demás a través de la sensorialidad, la afectividad y la memoria (Hamilakis 2014). La sensorialidad supone experiencias sinestésicas que pueden exceder aquéllas proporcionadas por los cinco sentidos aislados del espectro aristotélico (incorporando, además de la visión, el olfato, el tacto, el gusto y la audición, sentidos como el movimiento, el balance, la propiocepción, la intuición o lo que los occidentales llamamos el "sexto sentido") (Howes 2006). Mientras tanto, la afectividad supone la posibilidad de sentirse "afectado" por aquello que resulta percibido. La inmersión en el mundo cultural permite valorar diferencialmente formas específicas de experimentar sensorial y afectivamente lo que nos rodea. Como resultado de ello, la sensorialidad y la afectividad movilizan memorias que comprometen principios culturales aprendidos. Estos principios, hechos carne de manera práctica, permiten ordenar y dar sentido a lo vivido (Bourdieu 1999, 2007 [1980]).

En las instancias que componen el proceso de la muerte, las formas en que los participantes atienden con el cuerpo a su propio cuerpo y el de los demás comprometen ciertas formas de sensorialidad y afectividad que se consideran apropiadas para tales circunstancias. Desde nuestra perspectiva, analizar dichos compromisos sensoriales y afectivos ofrece una vía interesante para aproximarnos a los sentidos culturales que definen la muerte. A partir de los resultados obtenidos por el trabajo, nuestro propósito es interpretar las formas en que los Selk'nam procuraron lidiar con la materialidad de la muerte, y la memoria y el olvido de los difuntos. De esta manera, nos interesa comprender –por ejemplo– si en el marco de la tradición indígena la materialidad de la muerte sólo involucró el cuerpo del moribundo-difunto o se extendió más allá del mismo hasta incluir otros elementos que formaban parte de su vida; si el vínculo de los circunstantes-supérstites con la materialidad de la muerte suponía prácticas de evitación o contacto directo; si tales prácticas de evitación o contacto directo desempeñaban roles específicos en la memoria y el olvido de los difuntos.

El relato etnográfico de Martín Gusinde

Como ya señalamos, para abordar el proceso de la muerte y los modos somáticos de atención en la tradición Selk'nam proponemos considerar la obra de Martín Gusinde: un sacerdote austríaco de la Congregación del

Verbo Divino que, teniendo formación en etnología/etnografía, desarrolló una intensa labor entre los pueblos de Tierra del Fuego entre 1918 y 1924 (Orellana 2003 [1968]). Hacia principios del siglo XX, los occidentales reconocían el impacto del creciente contacto sobre los fueguinos y anunciaban su inminente extinción. En este contexto, Gusinde decidió efectuar un registro pormenorizado de diferentes grupos que –si bien interactuaban con los occidentales– aún mantenían ciertos aspectos de su vida "tradicional". Para la ciencia de la época, el abordaje de culturas consideradas "primitivas" permitía discutir el supuesto origen de ciertas ideas ampliamente difundidas en la humanidad (Schmidt 1925). Parte de la labor de Gusinde se centró en los Selk'nam: cazadores-recolectores nómades que habitaban la Isla Grande de Tierra del Fuego (Fig. 2–1). Entre otras prácticas, el sacerdote prestó especial atención a las características que presentó el morir y la muerte entre ellos.

La Cuarta Parte del Tomo Primero (Volumen II) de *Los Indios de Tierra del Fuego* –intitulada "La vida espiritual de los Selk'nam"– aporta información al respecto. Desde un principio, Gusinde reconoce la importancia de la experiencia en el trabajo de campo y la vida de los pueblos. De esta manera, se siente insipirado por las palabras de Fausto: "¡Si no lo sentís, no lo tendréis jamás!" (Gusinde 1982 [1939]: 457). En cuanto al proceso de la muerte en la tradición Selk'nam, el sacerdote señala que es capaz de ofrecer una descripción extensa y promenorizada porque parte de "[sus] propias observaciones, porque –al menos que [él] sepa– ninguno de los informes anteriores ha surgido de la experiencia propia de sus autores" (Gusinde 1982 [1939]: 518). Diversos investigadores consideran que Gusinde empleó conceptos de la escuela histórico-cultural en el desarrollo de sus estudios (especialmente, del Círculo de Viena). Sin embargo, el sacerdote también recurrió a las metodologías de otras escuelas, como la observación-participante (Palma Behnke 2010). Si bien fue explícitamente presentada por Bronislaw Malinowski (1922) durante

Fig. 2–1: Martín Gusinde (primero a la izquierda) durante su trabajo de campo entre los Selk'nam de Tierra del Fuego (Gusinde 1951: 128).

el período, la observación-participante también contó con antecedentes más antiguos.

La observación-participante supone que el investigador viva en el contexto de estudio por un período de tiempo considerable, que participe en actividades rutinarias y extraordinarias junto a los miembros de la comunidad, y que efectúe un registro sistemático de lo observado en el campo (De Walt y De Walt 2001). Tradicionalmente, la observación participante pretendía que el antropólogo hiciera al margen su propia subjetividad con el propósito de aproximarse objetivamente a las prácticas de los otros culturales. De esta manera, y tal como lo señalaba su propia definición, la metodología destacaba la relevancia de la visión como sentido capaz de otorgar una cierta distancia objetiva. Finalmente, la observación-participante no siempre consideraba el impacto que la presencia del propio investigador podía tener en el desarrollo de las prácticas del grupo estudiado, en tanto comprendía que su larga estadía y esfuerzos por ser objetivo neutralizaban parte importante de los "riesgos" que el contacto involucraba. Sí, en cambio, los antropólogos debían trabajar con grupos que se mantenían relativamente al margen del contacto con otros occidentales, identificados como verdaderos portadores del cambio.

Actualmente, la metodología tradicional de observación participante ha sido extensamente criticada. Así se reconoce que siempre involucra la subjetividad del investigador, que inevitablemente compromete la percepción multisensorial y afectiva, y que posee diversos tipos de impacto en el desarrollo de las prácticas del otro (Pink 2013). En algunos aspectos, la etnografía de Gusinde responde a los ideales de su época, aunque en algunos otros parece rebasarlos. Si bien el relato del sacerdote tiene especialmente en cuenta la visión, sus descripciones entrelazan imágenes con sonidos, movimientos e impresiones. A partir de ello, no sólo tenemos acceso a algunas de las formas en que los Selk'nam atendieron con su propio cuerpo a sí mismos y a los demás. También podemos conocer cómo el propio Gusinde atendió con su propio cuerpo a la presencia de los Selk'nam. A pesar de sus intentos por "deshacer[se] totalmente de la forma de pensar europea, de los juicios valorativos modernos y del sentir personal" (Gusinde 1982 [1939]: 457), su asombro frente a ciertas prácticas indígenas nos informa sobre sus propios regímenes experienciales. Lamentablemente, la narrativa del sacerdote no nos ofrece demasiadas pistas sobre las formas en que los Selk'nam atendieron a la presencia encarnada del investigador.

A lo largo de su estudio, Gusinde refiere a las particularidades que cobra el proceso de la muerte en diversas circunstancias, incluyendo la muerte natural, la muerte por enfermedad (*kwáke*) causada por la influencia de un *xon* o hechicero malintencionado, la muerte por un accidente fatal (ahogamiento, caída de un peñasco, etc.), la muerte por guerra o asesinato. Con el objetivo de simplificar el análisis, aquí consideramos las experiencias que rodean los casos de muerte natural. En líneas generales, las mismas suelen contener gran parte de los elementos presentes en otras muertes. En este sentido, y tan sólo por dar un ejemplo, es interesante señalar que –de acuerdo a Gusinde– una vez que un *xon* hacía todo lo posible por expulsar el *kwáke* de una persona (Fig. 2–2), el proceso de la muerte seguía aproximadamente los mismos pasos que aquéllos descritos para la muerte natural. Asimismo, resulta importante recordar que "[t]anto en época antigua como más reciente, la muerte natural era lo corriente", y que "[e]l verdadero morir natural era por senilidad" (Gusinde 1982 [1939]: 518).

Finalmente, no queremos dejar de mencionar que el trabajo de Gusinde también discute de manera extensa las ideas religiosas que los Selk'nam supuestamente tenían en torno a la muerte; especialmente, la intervención de una deidad suprema y la posibilidad de una vida en el más allá. Su aproximación estaba fundada en la hipótesis del monoteísmo primitivo de algunos representantes de la escuela histórico-cultural, reforzando la idea de que los pueblos originarios presentaban ciertos rudimentos de vida espiritual que potencialmente podrían desarrollarse con el conocimiento del cristianismo. En tanto exceden los objetivos propuestos por este trabajo, nuestra intención no es profundizar en este tipo de referencias o sus implicancias.

El proceso de la muerte entre los Selk'nam

Para analizar los modos somáticos de atención movilizados por los moribundos-fallecidos y los circunstantes-supérstites en la tradición Selk'nam, a continuación nos centramos en tres instancias del proceso

Figura 2-2: Un *xon* o hechicero Selk'nam efectuando prácticas de sanación en un enfermo (De Agostini *ca.* 1923).

de la muerte distinguidas por el propio Gusinde (aunque con términos ligeramente diferentes): la inminencia del fallecimiento, la muerte propiamente dicha y la disposición del cuerpo del difunto, y el luto. Para cada una de ellas, discutimos los compromisos sensoriales y afectivos puestos en juego.

Inminencia de la muerte

En los momentos previos al deceso por muerte natural, los síntomas que presagian la muerte usualmente sustraen al cuerpo de sus acciones cotidianas. Los estudios en antropología del cuerpo sostienen que la identificación de síntomas constituye una forma particular de atender con el cuerpo a la propia materialidad encarnada, comprometiendo de manera directa la propiocepción. A pesar de involucrar lo que la modernidad denomina la biología del cuerpo, el reconocimiento de diversos síntomas y la comprensión práctica de los mismos se encuentra culturalmente informada (Le Breton 2002). De acuerdo a Gusinde, en la tradición Selk'nam el moribundo identificaba de manera efectiva y expedita su condición. Por este motivo, "sentía repentinamente la decadencia de sus fuerzas y buscaba su lecho, para permanecer en él" (Gusinde1982 [1939]: 518). Asimismo, "[q]uien a media mañana se acostaba –cansado de vivir y con presentimientos de muerte– por lo general ya era cadáver al anochecer" (Gusinde 1982 [1939]: 519). Al destacar estas circunstancias, el sacerdote parece mostrar cierto grado de asombro frente a la eficacia del "diagnóstico y pronóstico" del propio moribundo (quizás en comparación con la diversidad de situaciones que al respecto se presentaban en Occidente). De cualquier manera, vale la pena mencionar que este tipo de cuadros han sido descritos por diferentes etnógrafos para diversos pueblos originarios.

De acuerdo a Gusinde, cuando el moribundo lograba identificar las señales que presagiaban su muerte, sus facultades mentales cesaban casi de inmediato. No sabemos exactamente qué intentó sugerir el sacerdote con estas palabras. Sin embargo, lo que sí buscó explicitar fue que "el Selk'nam espera[ba] su destino con total serenidad y completa impasibilidad", y que –siguiendo a Gallardo– "el ona [tenía] en presencia de la muerte [un estoicismo] que nos admira[ba]" (Gusinde 1982 [1939]: 518). En consonancia con estas expresiones, Gusinde (1982 [1939]: 518) refirió que "ningún indicio permit[ía] saber si su partida de este mundo produc[ía] al moribundo] algún tipo de pesar". En otras palabras, manifestaba "total indiferencia respecto de su suerte" y "nunca se deja[ba] atemorizar", por lo que "se entrega[ba] sin quejas" (Gusinde 1982 [1939]: 520). Gusinde percibió que los indígenas reconocían la inevitabilidad de la muerte. En su narrativa, el uso de los conceptos de "impasibilidad" y "estoicismo" no resulta casual. Para una persona con una profunda formación religiosa y filosófica, dichos términos pudieron tener un significado especial.

Tal como sugiere el Catecismo del Santo Concilio de Trento (1833 [1761]: 120), la impasibilidad es una de las cualidades que definen a los cuerpos gloriosos o resucitados. La misma consiste en "una gracia y un dote, el cual hará que [los cuerpos] no puedan padecer molestia ni sentir dolor ni quebranto ninguno. Y así ni podrá dañarlos el rigor del frío, ni el ardor del fuego, ni el furor de las aguas". Esto sería resultado del dominio absoluto del alma sobre el cuerpo. Y si bien no implicaría la negación de la percepción, lo que impediría sería la transformación material de los cuerpos a partir de los sentidos (Aquino 1980 [1265-1274]). Mientras tanto, el estoicismo remite a las ideas de la escuela filosófica griega, según la cual la virtud reside en evitar las pasiones mediante el ejercicio de la razón, y la impasibilidad implica aceptar que todo ocurre dentro de un proyecto cósmico. Lo que aquí queremos destacar, haciendo referencia a los conceptos de impasibilidad y estoicismo en Gusinde, no es la implícita contraposición y jerarquización de los términos "cuerpo" y "mente", sino el intento del sacerdote por describir formas culturalmente específicas en que los moribundos atendían a su propio cuerpo y el de los demás.

Gusinde sugiere que, una vez que identificaban la inminencia de la muerte, los moribundos Selk'nam se volvían sensorial y afectivamente indiferentes. Su relato no sólo describe la "apatía" de los moribundos frente a los circunstantes, sino también las formas en que ese supuesto distanciamiento lograba extremarse a medida que se acercaba el desenlace. El sacerdote considera que una de las primeras acciones desarrolladas por los moribundos era buscar el lecho. Si bien no ahonda en este punto, es probable que estas circunstancias estuvieran acompañadas por una disminución general del movimiento. Gusinde también refiere a ciertas limitaciones del habla y los sonidos emitidos. De esta forma, indica que "durante las largas horas de vigilia apenas se escapaba de [los] labios [del moribundo] un débil gemido" (Gusinde 1982 [1939]: 519). Si se consideran las nociones de impasibilidad y estoicismo anteriormente presentadas, quizás sea posible interpretar que los moribundos simplemente dejaban de atender con el cuerpo a su propia materialidad encarnada y la de los demás. Sin embargo, teniendo en cuenta las mismas ideas también es posible interpretar que los moribundos Selk'nam recurrían a modos somáticos de atención, especialmente mediados por formas elaboradas de autocontrol. En este sentido, la actitud de los moribundos podía resultar hasta cierto punto equivalente con las formas en que los circunstantes se vinculaban con ellos.

Los circunstantes incluían a los parientes, amigos o vecinos que formaban parte del grupo habitual de convivencia (sin que se solicitara la presencia de otros allegados que vivieran más distantes). De acuerdo a Gusinde, dichas personas reconocían casi inmediatamente los cambios experimentados por el moribundo. Por este motivo, desde que buscaba su lecho, "ya no cabía pensar en trasladar la choza o continuar la migración" (Gusinde 1982 [1939]: 518). El sacerdote sugiere que los circunstantes parecían dejar librado el moribundo a sí mismo. "De ninguna manera rodeaban [su lecho], sino se ponían en cuclillas alrededor del fuego [que se ubicaba en el interior del toldo] [...] Nadie se sentía impulsado a brindarle una posición más cómoda o a consolarlo [...] Si expresaba algún deseo, éste le era satisfecho, por cierto, gustosamente" (Gusinde 1982 [1939]: 519). Si bien este cuadro podría interpretarse como falta de atención, algunos pasajes parecen sugerir formas de atención "veladas"; es decir, sutiles y controladas. "A intervalos cortos, éste o aquél echa una mirada fugaz al moribundo" (Gusinde 1982 [1939]: 519). La reducción en el compromiso visual directo no sólo pudo ser parcial, sino que también pudo ser complementada por una mayor atención a otras formas sensoriales como la escucha. Por este motivo, "sólo después de pausas prolongadas, alguien dice con suavidad, como para sí: 'Respira con mucha dificultad, ¡pronto estará muerto!'"(Gusinde 1982 [1939]: 519).

El reconocimiento de las diferentes etapas que atravesaba el moribundo estaba acompañado por transformaciones en los modos en que cada uno de los circunstantes atendía a su propio cuerpo, así como al del resto de los circunstantes. En un marco de intercorporalidad, la percepción sensorial y afectiva de los demás predisponía a cada uno de los circunstantes a actuar en sintonía con los otros. En las primeras etapas, los circunstantes restringían el habla. Por este motivo, "[e]n la choza reina[ba] un silencio general" y "[s]e omit[ían] las conversaciones" (Gusinde 1982 [1939]: 519). Si se considera que las personas que llegaban de las cercanías "se [acurrucaban] junto al fuego", quizás sea posible interpretar una disminución general del movimiento. Para las etapas posteriores, Gusinde describe un cuadro contrastante: "Ora más rápido, ora más lento se [cristalizaba] un irregular aullar y sollozar, un entrar y salir de la choza, un ponerse de pie y sentarse [...] Este movimiento excitado no sólo se mant[enía] por horas, sino que se [iba] incrementando a medida que se acerca[ba] el momento del desenlace" (Gusinde 1982 [1939]: 520-521). Los gritos y las expresiones de dolor presentaban diferencias entre los géneros, en tanto las mujeres se manifestaban de forma más desconsolada y los hombres expresaban "más raramente sus quejas a viva voz" (Gusinde 1982 [1939]: 519). Asimismo, antes que se produjera el deceso, algunos circunstantes atendían a su propio cuerpo mediante la aplicación de carbón sobre sus rostros, pechos y brazos mediate trazos irregulares –de forma semejante a la realización de las posteriores señales de luto (ver más adelante).

A pesar de los cambios en las acciones de los circunstantes, a lo largo del proceso de agonía los mismos mantenían un cierto distanciamiento respecto del cuerpo de los moribundos: "Primero com[enzaba] una persona, que est[aba] sentada junto al fuego. Esta persona se incorpora[ba] brevemente, y a través de la entrada a la choza mira[ba] hacia afuera, dando la espalda al moribundo. A veces sal[ía] de la choza y se [sentaba] en el suelo, con la cara en dirección opuesta a la choza" (Gusinde 1982 [1939]: 519). De la misma manera, algunas mujeres estaban "paradas en la choza y lanza[ban] gritos a toda voz hacia el exterior, en tanto las lágrimas les corr[ían] por las mejillas" (Gusinde 1982 [1939]: 519). En líneas generales, las miradas y las voces no se dirigían directamente a los padecientes, más allá de que los mismos pudieran percibirlas o no. Finalmente, a medida que se acercaba el desenlace, el aumento en las expresiones de dolor, los gritos y el movimiento de los circunstantes no hacían más que incrementar la brecha que los separaba de la actitud general del moribundo (caracterizada por la quietud, el silencio y la resignación frente a la muerte).

Gusinde otorga algunas referencias sobre las nociones de vida, muerte, cuerpo y alma entre los Selk'nam. Hasta el momento, desconocemos si este entendimiento presentó rasgos de dualidad, dualismo u otro tipo. Lo que aquí nos interesa señalar es el rol que –de acuerdo al sacerdote– los indígenas pudieron otorgar tradicionalmente a la sensorialidad; en particular, a la visibilidad, el habla y el movimiento. Esto será relevante para nuestras conclusiones. Gusinde dice que para los Selk'nam, el cuerpo era visible y se descomponía con la muerte; mientras que "¡al *ka'spi* [el alma] no se le [podía] ver!". Cuando se encontraban unidos en vida, "[era] en realidad el *ka´spi* el que habla[ba] desde el interior (del cuerpo); apenas se [iba] aquél, el ser humano ya no [podía] hablar" (Gusinde 1982 [1939]: 513). Algo similar ocurría con el movimiento. Por este motivo, el cuerpo muerto perdía sus posibilidades de acción y comunicación; y el alma, sus medios expresivos. Gusinde señala que si bien los Selk'nam concebían la supervivencia del alma más allá de la muerte, no encontraban mayores motivos para reflexionar sobre el tema.

Muerte y disposición del cuerpo

Los circunstantes reconocían el deceso por la falta absoluta de respiración y movilidad del cuerpo. Los ahora supérstites mantenían su distanciamiento respecto del difunto: "Por breves instantes todos mira[ban] fijamente al muerto, pero pronto [volvían] a quitar la mirada y se abandona[ban] totalmente a las explosiones desacostumbradas de su dolor" (Gusinde 1982 [1939]: 522). El sacerdote precisa que la preparación del cuerpo comenzaba algunas horas después del deceso, cuando la agitación general comenzaba a disminuir un poco. En dicha preparación participaban especialmente los hombres, exceptuando unos pocos casos. La manipulación del cuerpo se reducía a unas pocas acciones. El cuerpo no se lavaba, pintaba ni se acompañaba con objetos. Simplemente se extendía sobre el piso la piel de guanaco que el difunto vestía en vida, aunque esta vez la lana se colocaba hacia arriba (a la inversa del modo corriente de usarla). El cuerpo se disponía extendido, con la cara mirando hacia arriba, y junto a él se colocaban algunas ramas que permitían mantenerlo rígido, de forma de facilitar su transporte. Como última medida, se lo envolvía con la piel, y se ataba el conjunto con correas de cuero de pies a cabeza (Fig. 2–3).

Posteriormente, un grupo también usualmente compuesto por hombres llevaba el cuerpo al lugar de sepultura. En cuanto el difunto traspasaba la puerta de la choza, los supérstites retomaban sus manifestaciones de dolor con llantos, gritos y cortes en el cuerpo. Los hombres llevaban el cuerpo a una cierta distancia del campamento. Los enterratorios se efectuaban de forma individual, y no en cementerios (lo cual era comprensible dentro de un estilo de vida altamente nómade). Los sentidos del habla y la visión se ponían en juego; especialmente, en forma de silencio e invisibilidad (Gusinde 1982 [1939]: 525-526]. Quienes efectuaban el entierro no podían revelar a nadie más su localización. Asimismo, debían hacer todo lo posible por borrar su huella material. En el norte, donde predomina la estepa, la

Fig. 2-3: Representación de un grupo Selk'nam envolviendo el cuerpo de un fallecido con pieles de guanaco (Gallardo 1910: 319).

fosa era más profunda y se cuidaba que los sedimentos no formaran un montículo. Por su parte, en el bosque, la fosa podía ser menos profunda, y el entierro podía ser disimulado con ramas, piedras y otros elementos. Gusinde señala que incluso era frecuente que se intentaran borrar las propias huellas del paso de quienes actuaban como sepultureros. Al tiempo, estas personas solían regresar al lugar del entierro para constatar que permanecía oculto. El sacerdote señala –además– que los Selk'nam mostraban horror frente a los huesos humanos, y que quien se topaba con ellos sentía la urgencia de reenterrarlos y asearse inmediatamente. De la misma manera, de acuerdo a Gallardo (1910: 321), los indígenas sentían "repugnancia" por la carne en estado de putrefacción, a la que asociaban con el color verde.

Luto

El silencio y la invisibilidad se imponían en algunas otras circunstancias que tenían lugar después del deceso y durante el subsiguiente período de luto. El relato de Gusinde señala que los Selk'nam no consideraban "agradable" hablar de los fallecidos. Así, cuando por diversos motivos se veían obligados a referir a alguno de ellos, evitaban mencionar su nombre mediante el uso de circunloquios. De forma semejante, mientras los encargados de enterrar el cuerpo se alejaban del campamento para llevar adelante su tarea, quienes permanecían en el lugar se dedicaban a quemar los objetos que habían formado parte de la vida cotidiana del difunto. No sólo se prendían fuego artículos de uso personal, sino también otros ítems compartidos por la familia, incluyendo el toldo. Gusinde (1982 [1939]: 527) señala que la quema iba "acompañada del fuerte llanto y del grito de los circunstantes". Finalmente, se abandonaba el lugar donde se había producido el deceso (el campamento) para continuar con el circuito de movilidad. El sacerdote destaca que a los sobrevivientes les "resulta[ba] muy deseable que desapare[cieran] de su vista [aquellos] objetos [que] desperta[ban] demasiado a menudo los recuerdos del ser fallecido" (Gusinde 1982 [1939]: 527).

Gusinde señala que la comunidad se esforzaba por evitar que los familiares directos se sometieran a la evocación constante del difunto. Las actitudes de silencio e invisibilización frente al cuerpo del fallecido (la sepultura) y los objetos que alguna vez lo rodearon mantenían vínculos con el entendimiento del duelo como un proceso angustioso. Las formas culturalmente elaboradas del luto demandaban que los supérstites atendieran a su cuerpo de formas específicas. Primero, los deudos pintaban sus cuerpos con colores y diseños determinados (en negro, y especialmente en rojo). Segundo, cortaban su cabello generando una tonsura, al estilo de los antiguos frailes franciscanos (Fig. 2-4). Tercero, los familiares del fallecido participaban de lamentaciones, alcanzando el estado de ánimo adecuado mediante cantos y expresando sus llantos a viva voz. Cuarto, durante las lamentaciones, estas personas se efectuaban cortes más o menos profundos con piedras afiladas o valvas, y ocasionalmente dibujaban con su propia sangre motivos sobre la parte del cuerpo afectada (Gusinde 1982 [1939]).

De acuerdo al sacerdote, en los momentos inmediatamente posteriores al deceso, los miembros de la comunidad acompañaban a los familiares directos en sus manifestaciones de dolor. Para ello participaban en reuniones, donde –si bien cada uno parecía "[comportarse] como si estuviera solo" (Gusinde 1982 [1939]: 538)– todos mantenían una atención "velada", de modo que los cuerpos lograban sincronizarse en las erupciones de llantos. En estas ocasiones, los familiares directos no solían efectuarse cortes. A medida que transcurría el tiempo, estas personas pasaban a efectuar sus lamentaciones de manera solitaria. Gusinde deja traslucir que los deudos dejaban percibir mediante el oído y la visión sus llantos y heridas. Sin embargo, el resto del campamento parecía disimular este hecho: "nadie fijaría en [los cortes] su mirada con curiosidad; sólo fugazmente se echaría una mirada, y se evitaría todo lo que pudiera incomodar [al supéstite] en sus sentimientos" (Gusinde 1982 [1939]: 532). Las lamentaciones y los cortes ofrecían diferencias entre los géneros, en tanto las mujeres eran más persistentes en los llantos, y los hombres más severos y tenaces en la producción de las heridas. Gusinde (1982 [1939]: 531) no puede evitar describir estas prácticas desde su óptica cultural, señalando que los llantos de las mujeres le recordaban el "prolongado aullido lloroso de un perro", y que "sus explosiones de sentimiento se desarolla[ban] sin ningún freno, [...] como si hubieran perdido la razón".

Fig. 2–4: Hombre Selk'nam con tonsura y pintura facial de luto (Gallardo 1910: 318).

Palabras finales

En el trabajo consideramos tres instancias de la muerte en la tradición Selk'nam, siguiendo las distinciones efectuadas por Gusinde. Si bien esta decisión permitió ordenar y simplificar el análisis, dichas instancias formaron parte de un proceso extenso que necesita ser reintegrado. Tal como planteamos, los modos somáticos de atención que entrelazaron intercorporalmente a los moribundos-fallecidos y a los circunstantes-supérstites movilizaron experiencias sensoriales y afectivas culturalmente informadas. Estas experiencias ofrecen datos relevantes a la hora de interpretar las formas en que los Selk'nam se aproximaron a la materialidad de la muerte, así como a la memoria y el olvido de los difuntos. Desde nuestra posición, el proceso de la muerte –como un todo– se encontró orientado a disminuir de manera gradual el contacto con la materialidad de la muerte, acudiendo a una reducción en el compromiso visual, táctil y lingüístico. Si tenemos en cuenta las referencias de Gusinde sobre los cambios que experimentaba la persona con la muerte, quizás sea posible asociar estas circunstancias con la mencionada intangibilidad del *ka'spi* una vez que se separaba del cuerpo.

La evitación frente a la materialidad de la muerte se iniciaba durante la agonía, y tenía como epicentro al cuerpo del moribundo. Si bien aún no estaba fallecido, el padeciente y los circunstantes comenzaban a desarrollar ciertas actitudes que anticipaban el deceso. Esto permitía que la separación de un miembro del resto de la comunidad se insinuara gradualmente, como preparación para el inminente duelo. Los modos somáticos de atención puestos en juego por los moribundos los transformaban en entes circunspectos, caracterizados por la quietud y el silencio (asimilables al cuerpo muerto en el que finalmente devendrían). Mientras tanto, los modos de atención movilizados por los circunstantes cobraban formas veladas, a partir de las cuales se pretendía disminuir el contacto directo con el moribundo. Si bien en las primeras etapas de la agonía, los moribundos y los circunstantes mantenían ciertas actitudes semejantes (como la relativa quietud y el silencio), a medida que se acercaba el desenlace final, ambos grupos adquirían rasgos contrapuestos. Mientras los moribundos-fallecidos se volvían inmóviles y mudos, los circustantes-supérstites se manifestaban a través de los gritos y la agitación de sus cuerpos, enfatizando la distinción entre sus posicionamientos (la vida y la muerte).

Durante el deceso y los momentos inmediatamente subsiguientes, la evitación de la materialidad de la muerte no sólo incluía al cuerpo del fallecido, sino también a otros objetos que pudieron haber formado parte de su persona extendida (*sensu* Fowler 2004; Salerno 2011). El ocultamiento visual y discursivo del enterratorio, así como la quema de los artículos fabricados y empleados por el difunto procuraba remover su presencia física de la vida cotidiana de la comunidad. Así como el *ka´spi*, la materialidad de la muerte debía comenzar a volverse intangible. En última instancia, la dimensión material de la muerte lograba persistir, ya no en el cuerpo del fallecido o sus objetos, sino en la propia encarnación de los deudos: en sus pinturas corporales, cortes de cabello, lamentaciones y heridas auto-provocadas. Si bien en un principio la comunidad acompañaba a los familiares en las manifestaciones de luto, a medida que transcurría el tiempo las mismas terminaban transformándose en una empresa individual para los más allegados. Así, frente a sus persistentes expresiones de dolor, la comunidad sólo pasaba a mantener una atención velada (como aquélla manifestada frente a otras instancias de la muerte).

Finalmente, es importante señalar que la evitación de la materialidad de la muerte mantenía estrechos vínculos con las dinámicas de la memoria y el olvido de los difuntos. Desde la comprensión práctica, los Selk´nam reconocían que el mundo material tenía el potencial de catalizar la evocación y, por intermedio de ésta, los afectos. Como señala Gusinde, los indígenas entendían el duelo como un proceso angustioso, fácilmente perceptible en el cuerpo de los supérstites. Reducir el compromiso sensorial con la materialidad de la muerte buscaba –por ende– limitar la evocación y el consecuente sufrimiento por la pérdida de un miembro de la comunidad. A pesar del ocultamiento visual y discursivo que rodeaba el enterratorio y la quema de los objetos del fallecido, los deudos hacían lo posible por reactivar el potencial de evocación de la materialidad a través de diversas prácticas que tenían como eje a sus propios cuerpos. De cualquier modo, en algún momento el duelo era concluido. Y con el correr de los años, e incluso la muerte de los propios deudos, la invisibilización de la materialidad asociada a los difuntos, llevaba a su olvido como actores singulares y a su entrada en el colectivo de los antepasados.

Bibliografía

Aquino, Santo T. *Compendio de Teología*. Madrid: Ediciones Rialp, 1980 [1265-1274].

Bourdieu, P. *Meditaciones Pascalianas*. Barcelona: Anagrama, 1999.

—. *El Sentido Práctico*. Buenos Aires: Siglo Veintiuno, 2007 [1980].

Casali, R. *Conquistando el Fin del Mundo. La Misión La Candelaria y la Salud de la Población Selk'nam (Tierra del Fuego, 1895-1931)*. Rosario: Prohistoria, 2013.

Chapman, R., I. Kinnes y K. Randsborg (eds.). *The Archaeology of Death*. Cambridge: Cambridge University Press, 1981.

Csordas, T. "Embodiment as a paradigm for anthropology." *Ethos* 18, no. 1 (1990), 5–47.

—. "Somatic modes of attention". *Cultural Anthropology* 8, no. 2 (1993), 135–156.

—. *Embodiment and Experience: The Existential Ground of Culture and Self.* Cambridge: Cambridge University Press, 1994.

—. "Embodiment and cultural phenomenology". En *Perspectives on Embodiment: The Intersections of Nature and Culture,* editado por G. Wess y H. Fern Haber, 143-162. New York: Routledge, 1999.

Derringer M. N. y E. F. Wijdicks. "Brain death in historical perspective". En *Brain Death,* editado por E. F. Wijdicks, 5–27. Filadelfia: Lippincott Williams & Wilkins, 2001.

De Walt, K. y B. De Walt. *Participant Observation: A Guide for Fieldworkers.* Plymouth: AltaMira Press, 2011.

Durkheim, E. *The Elementary Forms of Religious Life.* New York: The Free Press, 1995 [1912].

Fowler, C. *The Archaeology of Personhood: An Anthropological Approach.* Londres y New York: Routledge, 2004.

Gallardo, C. *Los Onas.* Buenos Aires: Cabaut y Cía., 1910.

García Laborde, P., J. Suby, R. Guichón y R. Casali. "El antiguo cementerio de la misión de Río Grande, Tierra del Fuego. Primeros resultados sobre patologías nutricionales-metabólicas e infecciosas". *Revista Argentina de Antropología Biológica* 12, no. 1 (2010), 57–69.

Guichón, R., J. Suby, R. Casali y M. Fugassa. "Health at the time of native-european contact in southern Patagonia. First steps, results and prospects." *Memoria Instituto Oswaldo Cruz* 101, no. 2 (2006), 97–105.

Guichón, R., R. Casali, P. G. Laborde, M. Salerno y R. Guichón. "Double coloniality in Tierra del Fuego, Argentina: A bioarchaeological and historiographical approach to Selk'nam demographics and health (La Candelaria mission, late 19th and early 20th centuries)". En *Colonized*

Bodies, Worlds Transformed: Toward a Global Bioarchaeology of Contact and Colonialism, editado por M. Murphy y H. Klauss, 197–225. Gainesville: University Press of Florida, 2017.

Gusinde, M. *Fueguinos. Hombres Primitivos en la Tierra del Fuego*. Sevilla: Escuela de Estudios Hispano-Americanos de Sevilla, 1951.

—. *Los Indios de Tierra del Fuego*, Volumen II, Tomo Primero. Buenos Aires: Centro Argentino de etnología Americana, Consejo Nacional de Investigaciones Científicas y Técnicas, 1982 [1939].

Hamilakis, Y. *Archaeology and the Senses: Human Experience, Memory, and Affect*. New York: Cambridge University Press, 2014.

Hertz, R. *A Contribution to the Study of the Collective Representation of Death*. Glencoe: The Free Press, 1960 [1907].

Howes, D. "Scent, sound and synesthesia. Intersensoriality and material culture theory". En *Handbook of Material Culture*, editado por C. Tilley, W. Keane, S. Küchler, M. Rowlands y P. Syper, 161–172. Trowbridge: Sage, 2006.

Le Breton, D. *Antropología del Cuerpo y Modernidad*. Buenos Aires: Nueva Visión, 2002.

Malinowski, B. *Argonauts of the Western Pacific*. Londres: Routledge, 1922.

Martínez, B. "La muerte como proceso: Una perspectiva antropológica". *Ciência & Saúde Coletiva* 18, no. 9 (2013): 2681–2689.

Merleau-Ponty, M. *Fenomenología de la Percepción*. Buenos Aires: Planeta Agostini, 1993 [1945].

—. *El Ojo y el Espíritu*. Buenos Aires: Paidós, 1977 [1960].

Nicoletti, M. "La congregación salesiana en la Patagonia: "civilizar", educar y evangelizar a los indígenas (1880-1934)". *Estudios Interdisciplinarios de América Latina y el Caribe* 15, no. 2 (2004). http://eial.tau.ac.il/index.php/eial/article/view/894/943 Acceso 05/10/2016.

Orellana, M. *La Personalidad Científica y Humanística de Martín Gusinde*. Santiago de Chile: Editorial Universitaria, 2003 [1968].

Palma Behnke, M. *Fotografías de Martín Gusinde en Tierra del Fuego (1919-1924). La Imagen Material y Receptiva*. Santiago de Chile: Ediciones Universidad Alberto Hurtado, 2013.

Pearson, M. *The Archaeology of Death and Burial*. Texas: Texas A&M University Press, 2000.

Pink, S. *Doing Sensory Ethnography*. Los Angeles: Sage, 2013.

Robb, J. "Creating death: An archaeology of dying". En *The Oxford Handbook of the Archaeology of Death and Burial*, editado por S. Tarlow y N. Stutz, 441-457. Oxford: Oxford University Press, 2013.

Salerno, M. "Persona y Cuerpo-Vestido en la Modernidad: Un enfoque Arqueológico". Tesis de doctorado, Universidad de Buenos Aires, 2011. Ms.

Salerno, M. y R. Guichón. "Sobre la memoria y el olvido: Los difuntos selk'nam y el cementerio de la misión salesiana Nuestra Señora de La Candelaria (Río Grande, Tierra del Fuego)". *Magallania* (2017). En prensa.

Salerno, M., P. García Laborde, R. Guichón, D. Hereñú y M. Segura. "Prácticas mortuorias, dinámicas de poder e identidad en el cementerio de la misión salesiana Nuestra Señora de la Candelaria (Río Grande, Tierra del Fuego)". En *Actas de las IV Jornadas Multidisciplinarias*, editado por V. Aldazábal, L. Amor, M. Díaz, R. Flammini, N. Franco y B. Matossian, 305-318. Buenos Aires: Consejo Nacional de Investigaciones Científicas y Técnicas, 2016.

Salerno, M., D. Hereñú, R. Rigone y R. Guichón. "Modelado 3D del cementerio de la misión salesiana Nuestra Señora de La Candelaria (Río Grande, Tierra del Fuego, Argentina)". *Virtual Archaeology Review* 8, no. 17 (2017), 84–94.

Santo Concilio de Trento. *Catolicismo del Santo Concilio de Trento para Párrocos Traducido en Lengua Castellana*. Barcelona: Imprenta de Sierra y Marti, 1833 [1761].

Schhmidt, W. "Unter feuerland indianern. Eine forschungsreise zu den sudlichesten bewohnern der erde mit M. Gusinde". *Anthropos* 20 (1925), 803–805.

Tarlow, S. y N. Stutz (eds.). *The Oxford Handbook of the Archaeology of Death and Burial*. Oxford: Oxford University Press, 2013.

Van Gennep, A. *The Rites of Passage*. Chicago: University of Chicago Press, 1960 [1909].

Warnier, J. "A praxeological approach to subjectivation in a material world". *Journal of Material Culture* 6, no. 1 (2001): 5–24.

Williams, H. "Death warmed up: The agency of bodies and bones in early Anglo-Saxon cremation rites". *Journal of Material Culture* 9, no. 3 (2004): 263–291.

Capítulo Tres

Si me da permiso, entro; si no me da, me voy: El ritual de apertura de las ruinas de la Chacrinha dos Pretos (Minas Gerais, Brasil)

Caroline Murta Lemos

Saliendo de la gran ciudad de Belo Horizonte, con su aire contaminado y un tránsito caótico y ruidoso, la BR-040[1] abre camino a otro escenario. El paisaje se transforma; construcciones que antes dominaban el horizonte dan espacio a los colores de la naturaleza; y los pájaros anuncian cantando la llegada a la Serra da Moeda, que encuadra con las sinuosas curvas de sus montañas el relieve de las tierras del interior de Minas Gerais. Aquí se hacen presentes los encantos de una vida más simple y tranquila, donde todos se conocen. Nunca falta tiempo para aquel café de la tarde, que ofrece abrigo y confort, acompañado de *broa*[2], torta, queso blanco y, claro, muchos *causos*[3]. Los *causos*, cotidianos o fantásticos, que componen historias de tiempos pasados, son parte de estas tierras y sus habitantes. Y en la Chacrinha dos Pretos, comunidad quilombola que vive al pie de la sierra, en un valle esculpido por las fuertes y tempestuosas aguas del río Paraopeba, eso no es diferente.

Hoy en la Chacrinha, al comienzo de una tarde de invierno, decenas de personas se reúnen en la entrada de las ruinas de una antigua iglesia, esperando que las mujeres de la comunidad abran el camino. Son ellas las que abren las ruinas a los invitados, y para celebrar la identidad quilombola de la comunidad. Las ruinas, constituidas por bloques de roca inmensos y rugosos que dan forma a las altas y espesas paredes, impresionan por su belleza, a pesar de las plantas que insisten en infiltrarse y crecer entre los bloques de piedra que les fueron robados a lo largo del tiempo. La suntuosidad de las ruinas contrasta con las pequeñas casas de los habitantes de la Chacrinha, y recuerda a todos los presentes el tiempo de riqueza y sufrimiento. Por eso, este es un momento de ansiedad que resulta amplificado por el clima caluroso. En esta región, el calor –aun en invierno– reina durante el día, despidiéndose apenas con la puesta del sol, que trae la noche y el frío. En este momento no sé cuántos grados está haciendo, pero la sensación es de mucho calor, principalmente después de comer la *feijoada*[4] servida por la comunidad a sus invitados durante el almuerzo. Sopla muy poco viento y el fuerte olor del musgo de las ruinas impregna el lugar. Muchas cámaras están a la búsqueda de una buena imagen de lo que está por venir. Los adultos, atentos a cualquier señal de la llegada de las mujeres de la comunidad, tratan de disminuir en vano la ansiedad de la espera al conversar con sus compañeros; mientras tanto, los niños se distraen corriendo y jugando, un lujo que sólo la infancia puede dar. De repente, la espera llega a su fin cuando escuchamos a lo lejos el canto alegre de las mujeres:

> "Yo soy negro, sí
> Como Dios [me] creó
> Sé luchar por la vida
> Cantar [por la] libertad
> Gustar de este color
> Nací libre y fui feliz
> Allí en el África querida
> Compartiendo los dones con Dios
> Festejando el Dios de la Vida
> Poderosos arrancaron
> De la madre tierra a mi gente
> Resistí, morí de melancolía
> Fui esclavo
> Yo soy negro, sí"[5]

Las 5 mujeres aparecen en la calle, todas con una sonrisa en su rostro. Doña Rita, la más vieja, es quien "dirige" los versos y canta más alto. Su voz ronca, fuerte y grave se destaca naturalmente. Ella viene sola al frente, con un rosario entre las manos; además de eso, es la única que usa vestido. Enseguida detrás de ella, las otras 4 mujeres vienen en duplas. Todas, con ojotas, arrastran los pies sobre el piso de tierra en un único compás, levantando polvo y provocando un sonido muy característico, al mismo tiempo que balancean sus largas polleras con las manos. Sólo una está de blanco; todas las otras optaron por polleras coloridas, como Doña Rita, que –destacándose– usa un vestido largo de varios colores. El ritmo constante de la canción y la danza de las mujeres contagia a la multitud, que canta y baila, marcando el ritmo y batiendo palmas. Sin embargo, esa alegría se disipa rápidamente cuando las mujeres paran frente a las ruinas y las sonrisas desaparecen de sus rostros. En señal de respeto por la memoria de los "antiguos" y por los espíritus que cuidan el lugar, levantan las manos hacia el cielo y cantan:

> "Señor, me da permiso
> Para entrar aquí ahora
> Si me da permiso, entro
> Si no me da, me voy
> Señor, me da permiso
> Para estar aquí ahora
> Si me da permiso, entro
> Si no me da, me voy
> Señor, me da permiso
> Para cantar aquí ahora
> Si me da permiso, entro
> Si no me da, me voy"[6]

Sin parar de cantar, las mujeres comienzan a andar con paso rítmico, pasando por el corredor formado por el público. Es difícil verlas por la gran cantidad de personas, aunque todos las escuchan muy bien. A pesar del movimiento de la multitud, que busca los mejores puntos para ver, todos permanecen callados en señal de respeto. Si antes el clima era descontracturado y de alegría, en este momento la seriedad y en cierto modo la melancolía se hacen presentes en la expresión de las mujeres; principalmente, de Doña Rita y de gran parte del público. Al aproximarse al vano de entrada de las ruinas, que da a un patio, las mujeres dan la espalda; y con el mismo ritmo de paso y canto, entran. Todos las siguen y el gran portal de entrada, que antes parecía tan ancho, de repente parece muy estrecho. Al final, son muchas las personas que intentan atravesarlo. Es allí donde ocurrirá la rueda de *capoeira* en esta fiesta que valoriza la identidad y cultura quilombola de la Chacrinha dos Pretos.

El patio que se encuentra dentro de las ruinas coincide con el de la casa de uno de los habitantes de la comunidad, Vicente José Dias. Debido a los árboles y bambúes que lo abrigan, y por causa de las paredes de las ruinas, este espacio es uno de los lugares más frescos de la localidad. Debajo de un gran árbol de mango y al lado de una de las paredes, algunos pedazos de madera apoyados en los bloques de roca forman dos bancos que sirven cotidianamente para el descanso de los habitantes; principalmente, de los niños que van al lugar a comer algún mango, jugar o tomar clases de *capoeira*. Sin embargo, hoy las personas suben al banco que está al lado de la pared para ver mejor lo que ocurre, mientras el banco debajo del árbol de mango es ocupado por los capoeiristas con sus instrumentos musicales, los tambores y *berimbaus*[7]. El banco se posiciona estratégicamente en los bordes del círculo marcado con tiza en el centro del patio, que define el lugar donde se realizan las ruedas de *capoeira*. Como todo patio que se precie de tal, diversos objetos del Sr. Vicente, como ollas viejas y tejas, encuentran lugar. El suelo es más compacto y oscuro que el de las calles de la comunidad; por eso, aun con todo el movimiento, aquí no se levanta mucho polvo.

Cuando llegan al patio, las mujeres comienzan a cantar nuevamente la canción "Yo soy negro, sí", acompañadas por los invitados y el sonido metálico, casi hipnótico, de los *berimbaus*. La sonrisa vuelve a sus rostros;

deshacen la formación en que estaban; y sin parar de cantar o bailar, abren espacio a Doña Rita, que –en el centro del patio– baila con el rosario entre sus manos. Ahora, con todos formando un círculo, es más fácil verla. Ella termina la canción y el baile; y con los aplausos de la multitud, sale del centro del patio, abriendo espacio para el grupo de *capoeira*. Las ruinas están abiertas para aquéllos que vinieron a celebrar la identidad quilombola y el pasado esclavo de la Chacrinha dos Pretos.

Pero, ¿cuál es el pasado esclavo de la Chacrinha y cuál es su relación con las ruinas?

Las historias de las ruinas y de la Chacrinha dos Pretos

La comunidad quilombola de la Chacrinha dos Pretos vive en las márgenes del río Paraopeba, en la zona rural del municipio de Belo Vale, en Minas Gerais. La comunidad está formada por 30 familias (Araújo 2007; Leal 2013); y en el medio de sus tierras se encuentran las ruinas de una antigua hacienda colonial, que –según sus habitantes– fue fundada a mitad del siglo XVIII[8]. Hasta fines de la década de 1990 y comienzos de la siguiente, los habitantes de la Chacrinha dos Pretos aprovecharon los materiales de las ruinas, como piedras y tejas, para la construcción de sus casas. En esa época, la comunidad aún no se reconocía como descendiente de esclavos y únicamente consideraba las ruinas como restos de una antigua hacienda. Sin embargo, con el comienzo del proceso de auto-reconocimiento de la Chacrinha como comunidad quilombola, las ruinas pasaron a ser apropiadas como íconos del pasado esclavo de la comunidad y su identidad. Esa antigua hacienda comenzó a ser vista como el lugar en que los antepasados de la Chacrinha dos Pretos, los "antiguos", sufrieron la esclavitud y resistieron.

El vínculo construido entre la comunidad y las ruinas se refleja actualmente en la utilización de las mismas como escenario para presentaciones teatrales y musicales. Uno de esos eventos es la fiesta anual *Encontro Cultural do Ponto de Cultura Quilombo da Chacrinha*, organizada por la comunidad junto a la ONG APHAA-BV (*Associação do Patrimônio Histórico e Artístico de Belo Vale*), donde presencié en 2012 y 2013 el ritual de apertura de las ruinas (lo relatado por mí al comienzo de este capítulo fue realizado en la segunda edición de la fiesta en 2012). En tales circunstancias, la comunidad recibe a los habitantes de Belo Vale, de las comunidades rurales de la región, autoridades (representantes del poder público municipal, del consejo tutelar, de la policía militar, etc.) y visitantes diversos, para celebrar sus raíces quilombolas con música, teatro, danzas y bautismos de *capoeira*, que son resultado de las actividades realizadas en el *Ponto de Cultura do Quilombo da Chacrinha*[9]. Las presentaciones realizadas en las ruinas son una forma en que la comunidad recuerda y, en cierta forma, revive su historia esclava, inspirándose en el conocimiento que la "Abuela Domingas"[10], uno de los miembros más antiguos de la Chacrinha dos Pretos, pasó principalmente a sus familiares antes de fallecer, pocos años atrás, en un accidente automovilístico.

Todo el conjunto de ruinas de la antigua hacienda de la Chacrinha dos Pretos se encuentra en las tierras de la comunidad, próxima a diversas casas; e incluye, según la tradición oral de la Chacrinha, la casa-sede, *senzala*[11] y la Iglesia de la hacienda (Fig. 3-1 a 3-3). De acuerdo con los habitantes, la hacienda fue construida en el siglo XVIII por el Barón José de Paula Peixoto: portugués que –conocido como el Barón del Millón y Medio– se enriqueció sacando oro del río Paraopeba y plantando para el abastecimiento de la capitanía. Como no tenía herederos, la hacienda quedó en manos de una esclava que había tomado como esposa. Ella finalmente liberó a todos los esclavos y los hizo dueños de las tierras que ya ocupaban, tierras que estaban debajo del antiguo muro de la hacienda.

Capítulo tres; *C. Murta Lemos* - 85

Fig. 3–1: Casa-sede.

Fig. 3–2: *Senzala*.

86 - *Sentidos indisciplinados. Arqueología, sensorialidad y narrativas alternativas*

Fig. 3-3: Iglesia con patio.

En otra versión de la historia contada por la comunidad, se agrega un nuevo personaje: el Padre José Nogueira Penido. De acuerdo con Guimarães (2013), el padre fue sumado a la tradición oral de la Chacrinha cuando la comunidad tuvo acceso al documento de su testamento en 2003. En esa nueva versión, cuando la esclava muere, deja la hacienda al padre, quien a su vez, en su testamento, da a los esclavos aquellas porciones de tierra de la hacienda que ya ocupaban y utilizaban para plantar.

> "Porque, lo que pasa, es que el dueño murió, el Zé de Paula Peixoto [el Barón del Millón y Medio], dejó todo a la esclava. Ahora, no sé cuál era la relación con el padre, ¡¿no?! La esclava murió, quedó el padre... unos hasta dicen que ellos vivían juntos, pero no sé, no puedo afirmarlo... Ahí el padre se quedó con todo. El padre dejó una herramienta para fulano, otra para otro y pidió que se

continuase dejando vivir a los esclavos; el que tenía su propio cubículo, [el mismo pasó a ser] de él. Entonces, cada uno que vivía [en el lugar], por ejemplo [decía], viv[o] aquí, [esto] es mío... debe ser lo que pasó porque del muro para abajo quedó para los negros. Porque por lo que veo la Chacrinha era muy grande [la hacienda de la Chacrinha] y dicen que tenía aproximadamente más de 1200 esclavos" (Maria Aparecida Dias, relato oral, 18/04/2012, traducción de la autora)[12].

Sin embargo, como señala Guimarães (2013), ese testamento no especifica el nombre de las tierras del padre; sólo afirma que las mismas pertenecían a la parroquia de São Gonçalo da Ponte (actual municipio de Belo Vale en Minas Gerais). Así, sus tierras podrían referir a varias localidades diferentes a la de Chacrinha dos Pretos. Además de ese testamento, aún no fue encontrado ningún otro documento histórico que pueda apoyar la historia de la hacienda contada por los moradores. De cualquier modo, según Guimarães (2013), debido a las características de las ruinas, es posible afirmar que su construcción remite a la época mencionada por la historia, el "Ciclo del Oro" (desde finales del siglo XVII hasta finales del siglo XVIII). En ese entonces, la región de la Serra da Moeda, donde se encuentran la comunidad y las ruinas, comenzó a ser poblada por su potencial para la minería del oro, sus recursos forestales, manantiales y suelos fértiles (Campos 2011; Lemos y Paiva 2010). Varios poblados fueron fundados; entre ellos, el de São Gonçalo da Ponte en el siglo XVIII. Además, se instalaron grandes haciendas, que no sólo se dedicaron a la minería sino también a la agricultura y la ganadería, ayudando al abastecimiento de la capitanía. El comercio fue muy importante para la manutención de la economía minera de la época, habiéndose construido una compleja red vial en la región (Campos 2011; Guimarães 2013; Lemos y Paiva 2010). Actualmente, esos núcleos urbanos, esas rutas y grandes haciendas componen el conjunto patrimonial de la Serra da Moeda, que incluye la hacienda de la Chacrinha dos Pretos, actualmente en ruinas.

Lo que debe ser resaltado es que tanto la historia que involucra al Barón del Millón y Medio y su riqueza, como la versión que agrega al padre, terminan con esclavos libertos y dueños de las tierras debajo del muro de la hacienda. Según Lima y colaboradores (2013), esa es la historia de una emancipación victoriosa donde no hay herederos del señor de la Chacra; sólo descendientes de los esclavos. De esta manera, además de representar un pasado sufrido, las ruinas también representan un ejemplo de superación donde los esclavos se tornan señores –lo que, a su vez, puede ayudar a validar las luchas políticas de la comunidad, principalmente por el territorio. Los habitantes afirman que el espacio de tierra donde se encuentran las ruinas, entre el antiguo muro de la hacienda y el río Paraopeba (Fig. 3–4), siempre fue ocupado por la comunidad, pasando de generación en generación. Sin embargo, a lo largo del tiempo, la comunidad terminó perdiendo buena parte de ese territorio. El mismo fue reclamado junto al INCRA (*Instituto Nacional de Colonização e Reforma Agraria*) por la *Associação Comunitária da Chacrinha* (ACC) en 2007, aunque hasta la fecha la comunidad no obtuvo respuesta. Según Leal (2013), la disminución del territorio comenzó hace 30-40 años atrás:

> "... muchas de las familias que antiguamente eran parte de la comunidad se vieron obligadas a dejar el local [la Chacrinha], o porque sus áreas de habitación fueron reclamadas por los agricultores, o porque se vieron desprovistas de los medios de producción necesarios para la manutención de sus vidas allí" (Leal 2013: 68, traducción de la autora)[13].

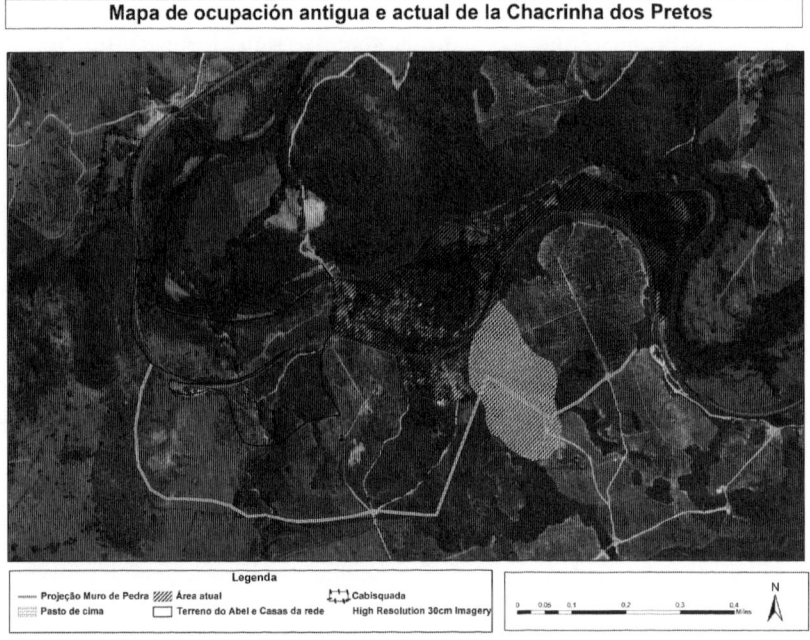

Fig. 3-4: Mapa de ocupación antigua y actual de la Chacrinha dos Pretos. Tomado de Souza y Leal (2013).

Sin embargo, es bueno recordar que independientemente de la "validez" de la historia de la Chacrinha y las ruinas, "…hay reconocimiento suficiente en Belo Vale y proximidades de que la Chacrinha es *dos Pretos*, con o sin la historia de la esclavitud" (Lima *et al.* 2013: 33, traducción de la autora). Es decir, "[l]a asociación de habitantes de la Chacrinha con las ruinas y la esclavitud no es necesaria para que, si así lo desean, tengan su tierra demarcada como territorio quilombola" (Lima *et al.* 2013: 33, traducción de la autora). A pesar de que la historia de la comunidad y las ruinas no resulta legalmente decisiva en las luchas trabadas por la Chacrinha, ella fue y es, sin ninguna duda, esencial para el auto-reconocimiento de la comunidad como quilombola, funcionando como legitimadora de tal identidad a los ojos de los propios habitantes. Para ellos, son quilombolas porque son descendientes de esclavos, de esclavos de la hacienda en ruinas, de la hacienda del Barón del Millón y Medio. Las ruinas son el símbolo de su identidad quilombola, valorizada y legitimada en diversos eventos por medio de, por ejemplo, el ritual[14] de apertura de las ruinas.

Ya presentadas las ruinas de la Chacrinha dos Pretos y su historia, formulo aquí algunas preguntas respecto del ritual de apertura de las ruinas. Por ser una comunidad quilombola, se esperaba que las ruinas de la *senzala* fueran tratadas como el conjunto que mejor representaba la identidad de la comunidad. Sin embargo, es en las ruinas de la Iglesia y del patio anexo a la misma (Fig. 3-5) que se realiza el ritual y las presentaciones artísticas de la Chacrinha. Pero, si la Iglesia Católica fue una de las instituciones opresoras en el sistema esclavista, ¿por qué los habitantes de la comunidad escogieron la Iglesia y el patio en vez de la *senzala*? ¿De qué forma la cultura material (en este caso, las ruinas) por medio de la experiencia sensorial colectiva (el ritual de apertura), ayuda a (re)construir/(re)afirmar la identidad quilombola de la comunidad, valorizándola y legitimándola?

Fig. 3-5: Doña Rita finalizando el ritual de apertura de las ruinas en el patio de la Iglesia, en el III *Encontro Cultural do Ponto de Cultura Quilombo* da *Chacrinha*, en 2013.

Viajando en el tiempo y el espacio: El ritual de apertura de las ruinas como una experiencia sensorial

Para responder las preguntas planteadas anteriormente, un abordaje sensorial del ritual se hace imprescindible, pues como Classen (1997) señala, la experiencia humana es corporal y la percepción sensorial no es un simple aspecto de esa experiencia, sino su fundamento. Según el autor, percibimos el mundo y nuestro cuerpo por medio de nuestros sentidos; en otras palabras, la percepción cultural, construida culturalmente, condiciona en un nivel elemental nuestra experiencia y entendimiento. Puede afirmarse entonces que discutir los sentidos es discutir la esencia de la percepción humana del mundo, y que discutir el lugar del sujeto es discutir la interpretación y creación de ese mundo (Van Ede 2009). Siendo así, es por medio del estudio de los sentidos que podemos develar los códigos simbólicos por medio de los cuales las sociedades ordenan e integran su mundo (Classen 1997). Teniendo estas ideas en cuenta, sería imposible entender o intentar entender el papel simbólico que las ruinas desempeñan en la (re)construcción/(re)afirmación de la identidad quilombola de la Chacrinha dos Pretos, por medio del ritual de apertura de las ruinas, sin considerar la experiencia sensorial. Según Hamilakis (2011), este es uno de los objetivos de las arqueologías sensoriales: entender cómo las personas producen su subjetividad, su propia historia e identidad por medio de la experiencia sensorial de la materia, de la cultura material:

> "... las arqueologías de los sentidos son intentos de reconciliarse con la realidad-material, completamente corporal y experiencial del pasado; de entender cómo la gente produce su subjetividad, su identidad colectiva y experiencialmente fundada, cómo vive sus rutinas cotidianas y construye sus propias historias, a través de la experiencia sensual y sensorial de la materia, de otros seres animados e inanimados, humanos, animales, plantas u otros. En otras palabras, son intentos de reconciliarse con la piel y la carne del mundo" (Hamilakis 2011: 208, traducción de la autora).

Si pensamos que los sentidos nos ponen en contacto con el mundo por medio de *performances,* experiencias y vivencias en lugares específicos, queda claro que, al mismo tiempo que toda experiencia es sensorial, toda experiencia también está localizada en un tiempo y espacio definido (Pellini 2014). De este modo, se torna necesario discutir espacio y paisaje; y en lo que a esto respecta, pienso que las primeras discusiones de Tilley (1994) sobre espacio, lugar y paisaje pueden ser de gran ayuda.

Para Tilley (1994), el espacio no es meramente un escenario neutral para la actividad humana; se encuentra socialmente construido a través de la praxis cotidiana de diferentes individuos y grupos, siendo reproducido y modificado a través de las acciones que en el mismo se realizan. Siendo así, es imposible disociar el espacio de la actividad humana. No existe un espacio único y fijo, independiente de las experiencias simbólicamente construidas por los actores sociales; existen varios espacios que implican dimensiones subjetivas y contextuales. El espacio no tiene una esencia sustancial; es diferencialmente entendido y experimentado, siendo un medio contradictorio y conflictivo a través del cual los individuos actúan y sufren con la acción. Al mismo tiempo, la experiencia del espacio está siempre permeada por temporalidades; los espacios son siempre creados, reproducidos y transformados a partir de espacios previamente construidos en el pasado. Ellos están íntimamente relacionados con la formación de biografías y relaciones sociales (Tilley 1994).

Concordando con Tilley (1994), cuando el espacio se torna centro de la significación humana, manifestada y expresada en las experiencias cotidianas y en la consciencia particular de las personas, se produce la creación de lugares. El significado de los lugares es el resultado de la consciencia existencial sobre los mismos; es decir, los límites de los lugares están en la mente humana, ligados a la experiencia y la memoria de dicha experiencia. El paisaje es el medio físico, social y cognitivo donde los lugares se sitúan en una relación dialéctica con los significados creados y transformados (Tilley 1994).

En el caso de la Chacrinha dos Pretos, el paisaje experimentado, vivido, significado por los habitantes está compuesto por diversos lugares con nombres específicos: la "*cachoeira*" (cascada), la "*lajinha*" (lajas de piedra natural), las "*ruinas*", las "*prainhas*" (playitas), el "*Pacal*", etc. Por más que la mayoría de los nombres de esos lugares tenga una relación directa con la naturaleza física del lugar –como la *lajinha*– esos lugares no se limitan a sus características físicas. Cada lugar identificado por la comunidad, como Tilley (1994) sostiene, tiene su propia biografía relacionada con las experiencias que los pobladores vivieron allí, siendo parte, al mismo tiempo, de la biografía de cada habitante y de la comunidad como un todo. La *lajinha* y las *prainhas*, por ejemplo, son lugares de recreación de la comunidad. Los moradores pueden contar docenas de historias que tuvieron lugar en las *prainhas*, los juegos, los noviazgos, etc.

> "Había una playita aquí, ahora se acabó, cerca de la casa de Neco, allí... entre las dos cascadas, la del puente y la de arriba... ahí después nació un árbol, muchos árboles en la playa, ahí se acabó la playa. Pero nosotros íbamos ahí, los niños iban a jugar a la pelota, nosotros íbamos a jugar quemado, el que tenía novio iba ahí ¿no? [Risas]. Ahí se juntaba todo el mundo... [nos] reunía[mos], 'eh, hoy vamos a la playita', ahí llevábamos la radio, escuchábamos música, era así." (Marlene de Fátima Dias, relato oral, 29/09/2013, traducción de la autora)[15].

Las historias vividas por los habitantes en diversos lugares a lo largo del tiempo fueron construyendo y modificando la visión que cada individuo y la comunidad tenían de esos lugares. Sin embargo, esos lugares no sólo existen en el mundo cognitivo de los pobladores; las características físicas de cada lugar, experimentadas a través de la percepción física y cognitiva de cada individuo también tuvieron un papel importante en la construcción de esas historias. Esa construcción mutua de los lugares y las personas a través de la experiencia queda clara en la relación que la comunidad tiene con las ruinas. El ritual de entrada a las ruinas de la Chacrinha dos Pretos realizado por la comunidad en las fiestas es una herencia que fue transmitida a Doña Rita y a otras mujeres por la Abuela Domingas. Debido a su edad, la Abuela Domingas era guardiana de los cantos, los bailes y los modos de vestirse; en definitiva, era guardiana de las costumbres de los antepasados de la Chacrinha. Fue la Abuela Domingas quien, contando los *causos* de los "antiguos", enseñó a sus descendientes el "Canto de Permiso" para poder entrar en ese lugar que es símbolo del pasado esclavo y de la identidad quilombola para la comunidad. Fue ella quien contó a los moradores las historias sobre los habitantes más antiguos de la Chacrinha, sobre los esclavos. Siendo así, los significados de las ruinas para los pobladores actuales están íntimamente relacionados con los significados que tenían para la propia Abuela Domingas debido a sus experiencias en esos lugares.

La Abuela Domingas contaba que durante su infancia, en la primera mitad del siglo XX, ella fue muchas veces a jugar a la "hacienda" (a las ruinas) (Lima *et al.* 2013). Como argumentan Lima y colaboradores (2013), la religión católica estaba relacionada con las experiencias de Domingas en las ruinas.

> "Yo jugaba mucho en la hacienda. Yo... jugaba mucho... con una persona que trabajaba ahí... llamada Jacinta... y su marido se llamaba Beijo. En aquel tiempo ella nos enseñaba a rezar... Cuando se hacían las cinco horas íbamos todos ahí. Pasaba por la hacienda primero ¡mi abuela Chaga trabajaba aquí! Ella trabajaba con algodón... algodón para hacer ropa; y yo, ¡yo venía a rezar! Cuando llegaba, mi abuela se iba y yo me quedaba aquí en la casa de Jacinta y Beijo para que [Jacinta] me enseñe a rezar... Yo me quedaba cantando y me quedaba en su casa. A partir de las cinco horas ella se sentaba en la puerta y nosotros nos quedábamos todos de rodilla en el piso, y ella nos enseñaba a rezar" (Abuela Domingas, video del *Ponto de Cultura* en Lima *et al.* 2013: 26, traducción de la autora)[16].

El conjunto de las ruinas más valorizado por Domingas, la Iglesia, pasó a ser el conjunto más valorizado por la comunidad, transformándose en el símbolo del pasado de la Chacrinha y su identidad quilombola. Por ello, las fiestas de la Chacrina ocurren en la Iglesia. Además, gran parte de la comunidad es católica, con pocas familias evangélicas. Como afirman Filho y colaboradores (2013), el primer miércoles de cada mes el párroco de São Gonçalo de Amarante o de Ponte de Belo Vale celebra una misa en la comunidad, en la Capilla de Nossa Sra. Do Bom Parto y São Sebastião; y todos los domingos, los ministros de eucaristía de la propia comunidad (Marlene Dias, Maria José, Amilton Dias, Joaquina Dias da Silva y José Eustáquio) realizan celebraciones en la capilla. La comunidad también posee el Salão Vicentino, donde semanalmente se realiza la reunión de los pobladores que pertenecen a la Sociedad de São Vicente de Paula. Para completar, todos los años, en el mes de agosto, los habitantes realizan la Fiesta dos Padroeiros (Nossa Sra. do Bom Parto y São Sebastião) en la comunidad, y en el mes de julio participan de la Fiesta de São Gonçalo en la parroquia de Belo Vale (Filho *et al.* 2013).

Tal vez sea por ese vínculo tan fuerte entre las ruinas, las historias de la Chacrinha y el catolicismo que los moradores evangélicos de la comunidad no participan del ritual, de las fiestas, etc. Se puede decir que aquellas ruinas, que para los católicos de la comunidad son símbolo de orgullo y respeto, no son las mismas para los habitantes evangélicos que reniegan de la identidad quilombola y su relación con el pasado esclavo, incluyendo las prácticas "macumberas" (Filho *et al.* 2013). Para los pobladores evangélicos, las ruinas probablemente sean un lugar de amenaza y peligro, así como cualquier práctica de la comunidad que involucra la valorización de la identidad quilombola, como los talleres y las fiestas del *Ponto de Cultura*.

De esta forma, concuerdo con Tilley (1994), quien afirma que las actividades de los seres humanos orientan la aprehensión del paisaje; humanizan el paisaje, haciendo que el espacio sea existencial, al mismo tiempo que la existencia humana sea espacial. Siendo así, el abordaje del espacio debe estar a mitad de camino entre el objetivismo empirista, que transforma el sujeto en objeto, y el idealismo cognitivo, que reduce la percepción del objeto a una proyección mental (Tilley 1994).

¿Pero cuál es el papel del cuerpo y los sentidos en ese espacio existencial de la Iglesia y el patio donde se realizan las presentaciones? ¿Cuál es el papel del cuerpo y los sentidos en el ritual de apertura de las ruinas de la Chacrinha?

Apoyándose en preceptos fenomenológicos, Tilley (1994, 2008) y Bender y colaboradores (2007) sostienen que el cuerpo humano es el punto de mediación fundamental entre el pensamiento y el mundo. Para estos autores, es a través del cuerpo que nos relacionamos con el mundo, que estamos en el mundo, que lo percibimos y comprendemos cognitiva y corporalmente. Pero el cuerpo no es simplemente un puente entre el sujeto y el mundo; el cuerpo es el sujeto y el mundo. Desde esta perspectiva, el mundo y el sujeto fluyen entre sí a través del cuerpo. Nociones como "objeto" y "sujeto", "naturaleza" y "consciencia" no son dicotómicas; están dialécticamente relacionadas con una totalidad que es constituida a través del estar en el mundo.

Merleau-Ponty (1945) critica las dicotomías sujeto/objeto; cuerpo/mente; representación/acción. Para dicho autor, no poseemos un cuerpo ni el cuerpo es un objeto exterior a nosotros; nosotros somos el cuerpo y la mente. De esta forma, no existe separación entre dichos términos. Al mismo tiempo, nos relacionamos con el mundo a través de la percepción. Esta percepción no es únicamente física e individual; también es significativa, cultural y cognitiva. En la medida que el cuerpo es sujeto y percibe el objeto, también funciona como objeto que puede ser percibido. Además, el cuerpo tiene una intencionalidad que une el sujeto al objeto a través de la acción, tornándose indivisible. Siendo así, no existe una seaparción entre el mundo exterior e interior, entre el sujeto y el objeto.

De acuerdo a Merleau-Ponty (1945: 153), como no existe una división entre el mundo y el cuerpo, este último participa de un horizonte con fronteras difusas: "… el espacio y el tiempo que yo habito tienen siempre, de una y otra parte, horizontes indeterminados que encierran otros puntos de vista. La síntesis del tiempo, como la del espacio, hay siempre que reiniciarla". Se puede afirmar, entonces, que la síntesis del cuerpo, el tiempo y el espacio es continuamente construida durante el ritual de apertura de las ruinas, que puede ser considerado un viaje de vuelta al tiempo de los esclavos, presente en el imaginario de la comunidad. Después de todo, el ritual permite que los pobladores revivan las experiencias de sus antepasados, bailando y cantando como ellos lo hacían. Sin embargo, el ritual no siempre ocurre de la misma manera, como fue relatado al comienzo del texto.

El ritual es siempre guiado por Doña Rita. Con la muerte de la Abuela Domingas, ella se volvió responsable de la apertura de las ruinas, y siempre tiene entre sus manos un rosario. Las mujeres que la acompañan no son siempre las mismas y la cantidad varía; a veces, hay más de 4 acompañándola. Los cantos utilizados antes del "Canto de Permiso" y después, cuando las mujeres están en el patio, también varían, así como la forma en que el "Canto de Permiso" es efectuado. Las mujeres no siempre extienden las manos hacia el cielo mientras entonan el canto; a excepción de Doña Rita, quien siempre extiende las manos, aun cuando no de forma continua. El canto siempre comienza a ser ejecutado cuando las mujeres están frente a las ruinas de la Iglesia, cerca del vano de entrada (Fig. 3–6). Pero las mujeres no siempre atraviesan dicho portal cantando el "Canto de

Permiso"; ellas pueden terminar ese canto y atravesarlo cantando otro. Sin embargo, las mujeres –guiadas por Doña Rita– siempre efectúan el pasaje por el vano de entrada de la Iglesia de espaldas. Adicionalmente, el tipo de vestimenta es siempre el mismo: faldas largas o vestidos, ropas que se aproximan a la vestimenta de los esclavos de la antigua hacienda (siendo que algunas optan por usar "turbante"). Doña Rita siempre baila de la misma forma dentro del patio, con el rosario entre las manos; después de todo, así le enseñó la Abuela Domingas, pues era de esa manera que bailaban los "antiguos".

Fig. 3–6: Vano de entrada que une la Iglesia al patio.

Se percibe que, independientemente de la forma en que el ritual es realizado, el "Canto de Permiso" que es entonado tan alto, la vestimenta que remite al modo de vestir de los "antiguos", y la "danza" con los pasos ritmados y el balanceo de las faldas, son los componentes permanentes de esa *performance* corporal de las mujeres en las ruinas, tornándose elementos esenciales para que suceda el viaje en el tiempo. Según Salerno (2011), la vestimenta no es un objeto externo al cuerpo; ella es incorporada a través de las prácticas sociales, construyendo el cuerpo y el sujeto. Puede decirse entonces, que las mujeres que abren las ruinas son diferentes de sí mismas en su vida cotidiana. Se visten de forma diferente; se mueven y cantan de forma diferente. Doña Rita no es más simplemente Doña Rita; ella es la mujer que, ocupando el lugar que antes pertenecía a la Abuela Domingas, guía el ritmo de ese viaje a través del baile y el canto. Es la mujer que abre las ruinas cantando, principalmente con la fuerza de la voz de las otras mujeres que forman un coro más alto y fuerte.

En relación al ritual relatado por mí, realizado en el *II Encontro Cultural do Ponto de Cultura Quilombo da Chacrinha* en 2012, el mismo comenzó antes que el público, que estaba en las ruinas de la Iglesia, viera a las mujeres. El viaje comenzó cuando escuchamos que el canto "Yo soy negro, sí" (muy utilizando en el Congado) era cantado por las mujeres a lo lejos, mientras subían la calle en dirección a la Iglesia, balanceando las faldas y arrastrando los pies al unísono. En ese momento, ellas no estaban simplemente imitando a sus antepasados; ellas los "encarnaban", los "incorporaban"[17]; se transformaban en ellos en la medida que, de acuerdo con Salerno (2011), el ser experimenta la identidad con el cuerpo, la vestimenta y los objetos incorporados a él.

Incluso incorporando sus antepasados, antes de atravesar el vano de entrada de las ruinas de la Iglesia, las mujeres se encontraban en el presente. Para pasar al tiempo de los "antiguos", adentrándose en las ruinas y alcanzando el patio, ellas debían pedir permiso a los esclavos que resguardan las ruinas:

> "Nosotros no entramos en ese terreno sin pedir. Ahí hay que pedir permiso para entrar porque allí tiene dueño, ella [Abuela Domingas] decía así, 'Allí tiene dueño'. Cuando entramos a la hacienda, a la Iglesia, a las ruinas, hay que pedir permiso, hay que decir unas palabras ¿no?, para pedir permiso… Yo sinceramente, yo entro ahí, pero veo muchas cosas, veo muchas cosas ahí en la

Iglesia, personas, visiones, así, aquellas sombras, ¿sabe? Aquella cantidad de gente pasando. No voy mucho, sólo cuando tengo que ir, cuando un visitante viene, y voy a mostrarle y a hacer la apertura... es a causa del sufrimiento de los esclavos que lloramos, ahí recordamos, sabe, cómo fue para los esclavos, cómo ella [Abuela Domingas] nos lo transmitió a nosotros, ¿no?... Después que ella [Abuela Domingas] murió yo hice dos aperturas... ahí tengo que preparar todo bien, mi hija, porque allí veo tantas cosas. Tantas cosas de verdad, ¿sabe? Ahí la gente queda fascinada, ¿sabe? Ahí, mi hija, ahí, entonces, la gente le tiene mucho cariño a las ruinas" (Rita Pereira Dias, relato oral, 02/05/2012, traducción de la autora)[18].

Para pedir permiso, en ese ritual que fue presenciado por mí, las mujeres se detenían frente al pasaje de la Iglesia y entonaban el "Canto de Permiso", extendiendo las manos hacia el cielo. Ese gesto, que siempre es realizado al menos por Doña Rita, probablemente está relacionado con la tradición católica de la Abuela Domingas. De acuerdo con Maués (2000), el gesto se encuentra presente en los rezos católicos, cuando se pide por la bendición, protección, etc. Además, Doña Rita siempre realiza el ritual con un rosario entre las manos, lo que refuerza el cuño católico de esa *performance*. Incluso con las manos extendidas y cantando, cuando las mujeres iban a atravesar el vano de entrada, ellas le dieron la espalda. Según Doña Rita, ello demuestra respeto por los espíritus que guardan las ruinas. Barros (2007) sostiene que en los "ritos de pasaje" de la tradición umbanda, cuando los adeptos que salen del lugar sagrado transponen la puerta que los conduce al lugar profano, no pueden dar la espalda a la entidad que cuida el lugar sagrado, en señal de respeto. Sin embargo, en el ritual de apertura sucede lo contrario: cuando las mujeres pasan por el portal para ingresar al patio, ellas le dan la espalda a este último lugar. Tal vez este acto, que Doña Rita asocia con una señal de respeto a los espíritus que cuidan las ruinas, sea una herencia de las prácticas religiosas afro-americanas que, sin embargo, los pobladores no reconocen o asumen como tales debido a su relación con el cristianismo. En los relatos recolectados por Lima y colaboradores (2013), Doña Conceição – que vivió en la Chacrinha cuando era pequeña, conviviendo con la Abuela Domingas– cuenta que recordaba:

> "…apenas una pareja de esclavos ('los negros antiguos') y su madre, bailando todas las tardes en la *senzala*. Las mujeres, vestidas con faldas de cordón, danzaban acompañando a los hombres que, vestidos de camisola y pantalón corto, golpeaban las cajas. Cantaban en una lengua 'rebuscada', que los niños no entendían" (Lima *et al.* 2013: 22, traducción de la autora)[19].

El hecho de que Doña Conceição hable de las canciones de idioma "rebuscado", probablemente de origen africano, presentes en el cotidiano de los "antiguos" de la Chacrinha, pero que no sobrevivieron, muestra que es posible que el gesto de respeto en relación a los espíritus de las ruinas haya sido heredado de prácticas religiosas afro-americanas. Vale la pena recordar también que el sincretismo religioso entre el cristianismo y las creencias africanas fue y aún es muy fuerte en Brasil, siendo que antiguamente el mismo incluso funcionaba como una forma de resistencia de los esclavos (Symanski 2007).

Volviendo al ritual, después de que las mujeres pasaron por el vano de espaldas, volvieron a darse vuelta, cesaron el "Canto de Permiso" y entonaron alegremente el canto "Yo soy negro, sí", siguiendo hacia el patio entre las ruinas, sin parar de bailar y balanceando sus faldas. Una vez allí, las mujeres abrieron espacio para Doña Rita, que bailaba girando muchas veces con el rosario entre las manos. En ese momento, las mujeres no sólo incorporaron la identidad de los "antiguos" mediante la danza enseñada por la Abuela Domingas y los cantos del Congado, sino que también incorporaron el tiempo de los "antiguos"; ellas volvieron en el tiempo.

Pero sólo fue cuando Doña Rita ocupó el patio, como los "antiguos lo hacían" según ella, que se oficializó la apertura de las ruinas (Fig. 3-4). El patio se abrió para el bautismo de *capoeira* y la presentación teatral que, relacionados con el imaginario del tiempo esclavo de la Chacrinha dos Pretos, son una forma en que los pobladores se aproximan e incluso reviven las experiencias de sus antepasados, volviendo en el tiempo y de cierta forma, transformándose en ellos.

Lo que queda claro a partir del análisis de este ritual realizado por las mujeres de la Chacrinha dos Pretos es que el paisaje y el espacio son mucho más que dimensiones físicas; ellos son dimensiones sociales y cognitivas. El ritual también muestra que el cuerpo no puede ser separado del espacio o el tiempo. Después de todo, las ruinas, el patio, no serían los mismos lugares sin la *performance* corporal de esas mujeres que –a través de sus gestos, cantos y vestimenta– incorporan la identidad de los "antiguos" y, pidiéndoles permiso, entran en el patio que pertenece a los esclavos y su tiempo. Es ahí donde son revividos las historias y los *causos* de los antepasados de la comunidad, que fueron transmitidos por la Abuela Domingas. Es en ese ritual que el imaginario del tiempo de los esclavos, presente en la memoria de la comunidad, es puesto en acción y vivido corporalmente por los pobladores –y, de cierta forma, por el público–, reforzando las memorias y las narrativas de la historia esclava de la Chacrinha relacionada con las ruinas.

En un artículo que escribí con Pellini, dejamos en claro que los seres humanos no viven en un espacio neutro, y sí en lugares cargados de significados y sentimientos que son (re)estructurados a lo largo del tiempo, a partir de experiencias corporales y sensoriales vividas en esos lugares, y el papel transformador de la memoria. En ese sentido, es por medio de experiencias sensoriales, como el ritual de apertura de las ruinas de la Chacrinha, que los significados de los lugares vivenciados son enriquecidos por las memorias y narrativas de lo que sucedió, al mismo tiempo que nuevas memorias y nuevas narrativas son formadas y transmitidas (Pellini y Lemos 2015). Después de todo, las memorias no son archivos estáticos ni productos acabados; ellas están siempre en constante construcción, en cuanto recordar implica un proceso activo de reconstrucción de las informaciones y los estímulos sensoriales anteriormente vivenciados (Pellini 2014).

La relación de la construcción de memorias por medio de la interacción con la materialidad es discutida por Zarankin y Salerno (2010):

> "Todas las memorias (…) precisan de la ayuda de vestigios para mantenerse activas (…) Por un lado, los recuerdos se construyen a partir de vivencias propias o ajenas en las que las personas interactúan de formas específicas con la materialidad del mundo. Por otra parte, la materialidad de las cosas puede despertar, reforzar y/o construir recuerdos en distintas circunstancias (…) Sin embargo, desde el momento que nuestra existencia es indisociable de la materialidad del mundo, la memoria es inseparable de las cosas que nos rodean" (Zarankin y Salerno 2010: 145-146).

El posicionamiento de Zarankin y Salerno es semejante al de Seremetakis (1994). Esta autora afirma que la memoria, en lugar de estar confinada a una esfera subjetiva y mental, es una práctica material que resulta activada a través de *performances* corporizadas, de experiencias sensoriales con una materialidad (paisajes y/o objetos) cargada de significados. Siguiendo esta línea de pensamiento, Pellini (2015: 50, traducción de la autora) apunta que "[l]as memorias son creadas y materialmente evocadas a través de horizontes sensuales encarnados, como el olor, el sabor, la textura y el color". En el caso del ritual de apertura de las ruinas de la Chacrinha, el canto fuerte, los gestos y el movimiento corporal ritmado de las mujeres entre las piedras de las ruinas, que impresionan por su tamaño y belleza, y el olor del musgo y la tierra, crean un ambiente sinestésico. Este ambiente no sólo invoca las memorias que las mujeres poseen sobre el tiempo de los "antiguos" (que resultan experimentadas por todos los involucrados, incluyendo el público); también las modifica, reconstruye y refuerza.

Esto implica que nuestra relación con la materialidad, que es sensorial, es imprescindible para la construcción de memorias, que al mismo tiempo son el soporte de la identidad individual y colectiva. Identidad es entendida aquí como una representación, un reconocimiento de sí en cuanto grupo o individuo, producto de las relaciones entre individuos y sociedades (Oliveira 1976; Meneses 1984). Esto implica que los objetos materiales son más que una parte de una totalidad social y cultural; ellos no sólo "representan" algo, sino que organizan y constituyen la vida social. Los objetos no sólo demarcan posiciones e identidades, sino que organizan y constituyen el modo por el cual los individuos y grupos sociales experimentan subjetivamente sus estatus e identidades (Gonçalves 2007).

Se puede decir entonces, que en el ritual de apertura de las ruinas, una experiencia sensorial colectiva, las memorias y las narrativas del tiempo de los esclavos ganan vida; son experimentadas, trayendo al mundo vivido el mundo y el tiempo de los esclavos con la *performance* corporal de las mujeres. A partir de ello, esas memorias y narrativas son reforzadas y (re) construidas, así como la propia identidad quilombola de la comunidad. En otras palabras, las ruinas en el ritual acaban constituyendo una fuerza, un vector de acción en la comunidad que tiene como principal objetivo reforzar su identidad quilombola por medio de la vivencia/ experimentación corporal de tal identidad. En conclusión, ese viaje en el tiempo y espacio no sólo transforma a las mujeres que realizan la *performance;* también influencia a todos los miembros de la comunidad que en esa experiencia sienten (además de presenciar y escuchar) lo que es ser esclavo y, por lo tanto, lo que es ser quilombola, celebrando el pasado y su identidad.

Bibliografía

Araújo, M. "Ciência, Fenomenologia e Hermenêutica: Diálogos da Geografia para os Saberes Emancipatórios". Tesis de Doctorado, Universidade Federal de Minas Gerais, 2007. Ms.

Barros, S. "Geografia Mítica da Umbanda: Usos e Apropriações Simbólicas dos Espaços Urbanos". *Espaço & Geografia* 10, no. 1 (2007): 23–49.

Bender, B., S. Hamilton y C. Tilley. *Stone Worlds: Narrative and Reflexivity in Landscape Archaeology*. Walnut Creek: Left Coast Press, 2007.

Butler, J. *Cuerpos que Importan. Sobre los Límites Materiales y Discursivos del "Sexo"*. Buenos Aires: Paidós, 2002.

Campos, L. "Patrimônio Arqueológico da Serra da Moeda, Minas Gerais: uma Unidade Histórico-Cultural". *Revista CPC (USP)* 13 (2011): 1–27.

Classen, C. "Foundations for an Anthropology of the Senses". *International Social Science Journal* 49, no. 153 (1997): 401–412.

Filho, M., E. Nascimento y D. Lima. "Considerações Iniciais sobre as Tradições Culturais da Comunidade Chacrinha dos Pretos". En *Relatório Final, Antropologia e Arqueologia da "Chacrinha dos Pretos" (Belo Vale/MG): Uma abordagem preliminar*, vol. 1, editado por D. Lima, 40–65. 2013. Ms.

Gonçalves, J. "Teorias Antropológicas e Objetos Materiais". En *Antropologia dos Objetos: Coleções, Museus e Patrimônios*, editado por J. Gonçalves, 14–42, Rio de Janeiro: Coleção Museu, Memória e Cidadania, 2007.

Guimarães, C. *Relatório Final, Antropologia e Arqueologia da "Chacrinha dos Pretos" (Belo Vale/MG): Uma abordagem preliminar*, vol. 2. 2013. Ms.

Hamilakis, Y. "Archaeologies of the Senses". En *The Oxford Handbook of The Archaeology of Ritual & Religion*, editado por T. Insoll, 208–225. New York: Oxford University Press, 2011.

Leal, J. "Contribuição para a Caracterização do Território da Comunidade". En *Relatório Final, Antropologia e Arqueologia da "Chacrinha dos Pretos" (Belo Vale/MG): Uma abordagem preliminar*, vol. 1, editado por D. Lima, 66–73. 2013. Ms.

Lemos, C. y J. Paiva. "Patrimônio, Cultura e Meio Ambiente na Serra da Moeda: Resíduos e Reminiscências do Espaço-Tempo Colonial". En *Anais do XIV Seminário sobre a Economia Mineira*, 68–80. Belo Horizonte: FACE/CEDEPLAR, 2010. Disponible en: https://www.cedeplar.ufmg.br/seminarios/seminario_diamantina/2010/D10A083 Acceso 10/06/2013.

Lima, D., E. Nascimento y M. Filho. "Trabalho sobre a Reconstrução Histórica do Passado da Comunidade e sua Relação com o Patrimônio Histórico". En *Relatório Final, Antropologia e Arqueologia da "Chacrinha dos Pretos" (Belo Vale/MG): Uma abordagem preliminar*, vol. 1, editado por D. Lima, 11–35. 2013. Ms.

Maués, R. "Algumas Técnicas Corporais na Renovação Carismática Católica". *Ciencias Sociales y Religión/Ciências Sociais e Religião* 2, no. 2 (2000): 119–151.

Meneses, U. "Identidade Cultural e Arqueologia". *Revista do Patrimônio Histórico e Artístico Nacional* 20 (1984): 33–36.

Merleau-Ponty, M. *Fenomenología de la Percepción*. Buenos Aires: Planeta Agostini, 1945.

Oliveira, R. *Identidade, Etnia e Estrutura Social*. São Paulo: Livraria Pioneira Editora. 1976.

Pellini, J. "O Jardim Secreto: Sentidos, Performance, Memórias e Narrativas." *Vestígios* 8, no. 1 (2014): 65-91.

—. "Remembering through the Senses: The Funerary Practices in Ancient Egypt". En *Coming to Senses: Topics in Sensory Archaeology*, editado por J. Pellini, A. Zarankin y M. Salerno, 39-64. Newcastle upon Tyne: Cambridge Scholars Publishing, 2015.

Pellini, J. y C. Lemos. "Entre Pontos, Linhas e Vetores: a Arqueologia Sensorial em Busca de um GIS mais Humanizado". En *Paisagens e Georreferenciamento: História Agrária e Arqueologia*, editado por A. Carrara, W. Morales y M. Dias, 29-47. São Paulo: Annablume-Ilhéus: NEPAB/UESC, 2015.

Salerno, M. "Persona y Cuerpo-Vestido en la Modernidad: Un enfoque Arqueológico". Tesis de doctorado, Universidad de Buenos Aires, 2011. Ms.

Seremetakis, C. "The Memory of the Senses, Part I: Marks of the Transitory". En *The Senses Still: Perception and Memory as Material Culture in Modernity*, editado por C. Seremetakis, 1-18. Chicago: The University of Chicago Press, 1994.

Souza, M. y J. Leal. "Mapa do Território Quilombola Proposto para Tombamento do Solo". En *Relatório Final, Antropologia e Arqueologia da "Chacrinha dos Pretos" (Belo Vale/MG): Uma abordagem preliminar*, vol. 1, editado por D. Lima, 10. 2013. Ms.

Symanski, L. "O Domínio da Tática: Práticas Religiosas de Origem Africana nos Engenhos da Chapada dos Guimarães (MT)". *Vestígios* 1, no. 2 (2007): 9-36.

Tilley, C. *The Phenomenology of Landscape*. Oxford: Berg, 1994.

—. *Body and Image: Exploration in Landscape Phenomenology 2*. Walnut Creek: Left Coast Press, 2008.

Van Ede, Y. "Sensuous Anthropology: Sense and Sensibility and the Rehabilitation of Skill". *Anthropological Notebooks* 15, no. 2 (2009): 61–75.

Zarankin, A. y M. A. Salerno. "'Todo está Guardado en la Memoria…'; Reflexiones sobre los Espacios para la Memoria de la Dictadura en Buenos Aires (Argentina)". En *Historias Desaparecidas; Arqueología, Violencia Política y Memoria*, editado por A. Zarankin, M. A. Salerno y M. C. Perosino, 143–171. Córdoba: Editorial Brujas-Encuentro Grupo Editor/Universidad Nacional de Catamarca, 2012.

Notas

[1] Ruta federal.

[2] Tipo de torta tradicional de Minas Gerais.

[3] Forma en que las personas del interior se refieren a las historias presentes o pasadas.

[4] Plato culinario típico de Brasil.

[5] *"Eu sou negro sim,*
Como Deus criou
Sei lutar pela vida
Cantar liberdade
Gostar dessa cor
Nasci livre fui feliz
Lá na África querida
Partilhando os dons de Deus

Festejando o Deus da Vida
Poderosos arrancaram
Da mãe terra minha gente
Resisti, morri de banzo
Fui escravo por corrente
Eu sou negro sim"
[6]*"Senhorio, me dá licença*
Pra eu entrar aqui agora
Se me der licença, eu entro
Se não der, eu vou embora
Senhorio, me dá licença
Pra eu estar aqui agora
Se me der licença, eu entro
Se não der, eu vou embora
Senhorio, me dá licença
Pra eu cantar aqui agora
Se me der licença, eu canto
Se não der, eu vou embora"

[7] Tipo de instrumento musical utilizado en las ruedas de *capoeira*.

[8] Vicente José Dias, que vive en una casa adyacente a las ruinas de la Iglesia de la hacienda, usó los antiguos cimientos de esa construcción como base de su casa. En una de las piedras de esos cimientos hay marcas "MD 1752". Los habitantes argumentan que esa es la "piedra fundacional" de la hacienda, indicando el año en que ella fue construida.

[9] En el segundo semestre de 2009, la *Associação Comunitária da Chacrinha* fue contemplada por un convenio de la Secretaría de Cultura del Estado de Minas Gerais para la instalación del *Ponto de Cultura Quilombo da Chacrinha*. El *Ponto de Cultura* busca, por medio de cursos y actividades que valorizan la identidad quilombola, promover el desarrollo cultural y social de la Chacrinha. En el *Ponto de Cultura*, los habitantes tuvieron clases de informática, *capoeira*, música (flauta, guitarra, percusión), danza (*maculelê*), teatro; así como cursos para producción de cerámica, fabricación de tambores, etc. Actualmente, una de las actividades realizadas por el *Ponto de Cultura*, en conjunto con la APHAA-BV, es el *Encontro Cultural do Ponto de Cultura Quilombo da Chacrinha*.

[10] La Abuela Domingas murió a los 90 años de edad en un accidente automovilístico en 2009. Sus abuelos y padres vivieron el final de la esclavitud (Lima et al. 2013).

[11] Alojamientos en ingenios y haciendas en Brasil que se destinaban para vivienda de los esclavos.

[12] "*Porque, o quê que acontece, o fazendeiro morreu, o Zé de Paula Peixoto [o Barão Milhão e Meio], deixô tudo pra escrava. Agora, eu não sei qual era a relação da escrava com o padre, né?! A escrava morreu, ficô o padre..., uns até falam que eles vivia junto, mas não sei, não posso confirmar... Aí o padre ficô com tudo. Aí o padre foi deixô uma ferramenta pra fulano, outra pra outro e pediu que continuasse deixano os escravo morá, cada um que tinha seu cubículo que era dele, aquele era dele. Então cada um que morasse, por exemplo, morá aqui é meu... deve sê o que aconteceu porque ficô dos muro pra baixo pros negro. Porque pelo que eu vejo a Chacrinha era muito grande [a fazenda da Chacrinha] e diz que tinha cerca de mais de 1200 escravos*" (Maria Aparecida Dias, relato oral, 18/04/2012).

[13] "*... muitas das famílias que antigamente faziam parte da comunidade viram-se obrigadas deixar o local [a Chacrinha], ou porque tiveram suas áreas de habitação requeridas por fazendeiros, ou por se virem desprovidas dos meios de produção necessários à manutenção de suas vidas ali*" (Leal 2013: 68).

[14] Ritual es entendido aquí como una *performance* corporal constituida por algunos elementos predeterminados e invariables que son usados en un espacio-tiempo específico. Sin embargo, esa *performance* corporal no es simplemente una acción; es una práctica reiterativa que materializa discursos (Butler 2002).

[15] "*Tem uma prainha aqui, agora ela acabô, perto da casa do Neco, ali... entre as duas cachoeiras, a da ponte e a de cima... aí depois nasceu árvore, muita árvore lá na praia, aí cabô com a praia. Mas nós ia, os minino ia jogar bola, nós ia jogá queimada, quem tinha namorado ia namorá, né? [risos] Aí juntava todo mundo... reunia, 'ô gente, hoje nós vamo lá pra prainha', aí levava o radim, ficava ouvindo música, era assim*" (Marlene de Fátima Dias, relato oral, 29/09/2013).

[16] "*Eu brinquei muito foi na fazenda. Eu... brincava muito... com uma pessoa que trabalhava aí... chamada Jacinta... e o marido dela chamava Beijo. Ela ensinava a gente rezar naquele tempo... Quando ia dando ali cinco horas a gente vinha tudo para cá. Passava aqui na fazenda primeiro, a minha vó Chaga trabalhava aqui!*

Ela mexia com algodão... algodão do pessoal fazer a roupa; e eu, eu vinha rezar! Quando eu chegava, minha vó ia embora, e eu ficava aqui na casa da Jacinta do Beijo para ela me ensinar a rezar... Eu ficava cantando e ficava na casa dela. A partir das cinco horas ela sentava na porta e a gente ficava tudo ajoelhada no terreiro, e ela ensinava a gente rezar" (Abuela Domingas, video de Ponto de Cultura en Lima et al. 2013: 26).

[17] La incorporación, en este caso, no tiene ninguna relación con incorporaciones religiosas o espirituales.

[18] *"A gente não entra naquele terreno lá sem pedi. Aí tem que pedi licença para entrá por causa que lá tem dono, ela [Vó Domingas], falava assim, 'Lá tem dono'. Aí quando a gente entra lá na fazenda, lá na Igreja, ali nas ruínas, ali tem que pedi licença, tem que falá umas palavras, né, pra pedi licença... Eu, sinceramente, eu entro lá, mas eu vejo muita coisa, eu vejo muita coisa lá na Igreja, pessoas, visões, assim, aquelas sombras sabe?! Aquele tanto de gente passando. Não vô muito não, só quando tem que í [ir] mesmo, quando vem visitante eu vou pra mostrá e fazê a abertura... é por causa que a gente chora por causa do sofrimento dos escravo, aí a gente lembra, sabe, como que foi os escravo, como que ela [Vó Domingas] passô isso pra gente, né?!... depois que ela [Vó Domingas] morreu eu fiz duas abertura... aí eu tenho que preparar direitinho, minha fia, porque chega lá eu vejo tanta coisa. Tanta coisa mesmo, sabe? Aí o povo fica abismado, sabe? Aí minha fia, então, aí a gente tem muito carinho com as ruínas"* (Rita Pereira Dias, relato oral, 02/05/2012).

[19] *"... de apenas um casal de escravos ('os negros antigos') e de sua mãe, dançando todas as tardes na sanzala. As mulheres, vestidas com saia de cordão, dançavam acompanhando os homens que, vestidos de camisolão e calça curta, batiam as caixas. Cantavam em uma língua 'enrolada', que as crianças não entendiam"* (Lima et al. 2013: 22).

Capítulo Cuatro

La alimentación sentida. Cocinando algunas reflexiones

María Jimena Cruz

En el presente trabajo procuro reflexionar sobre el potencial de los estudios que discuten la dimensión sensorial de la existencia para pensar las formas en que las personas se relacionan, incorporan y experimentan diversos contextos cotidianos. Con ese objetivo, desarrollo una propuesta de análisis que parte de la idea de que una manera de abordar la experiencia es a partir de la integración de dos ejes analíticos diferentes, pero al mismo tiempo complementarios: el cuerpo (entendido desde los enfoques fenomenológicos, que lo definen como el fundamento de la experiencia) y la alimentación (comprendida como una serie de fases que son parte de la vida cotidiana y dependen de un contexto social). La percepción sensorial es sugerida como un punto de contacto entre ambos ejes. Para poder abordar estas cuestiones, considero un caso de estudio específico: los viajes foqueros realizados durante el siglo XIX[1].

Introducción

10 de febrero de 2014 (Punta Elefante, Península Byers, Shetland del Sur). Hace varios días que estamos excavando el sitio Punta Elefante 2. La rutina es simple: levantarse a las 8:00, tomar el desayuno, ir hasta el sitio a las 9:00 y trabajar hasta las 13:00 –horario en el que paramos para almorzar. Volvemos al sitio entre las 14:30 y las 18:00, y esperamos a las 19:00 para cenar. Para facilitar y garantizar una convivencia más tranquila, fueron designados grupos: dos personas por día están encargadas de preparar las tres comidas de la jornada (así como también de lavar los platos).

En la cena, miro el plato de fideos que cociné después de haber pasado todo el día con Gerusa, mi compañera de tareas, intentando inventar alguna variante que lo haga más apetecible (o, por lo menos, no tan monótono). De repente, me acuerdo del sitio que estamos excavando. Trato de imaginar un grupo de hombres, probablemente de diferentes nacionalidades, compartiendo el alimento alrededor de un fogón. Tal vez alguno de ellos estaba encargado de las tareas culinarias; quizás tenían grupos organizados como nosotros. Pienso que también es posible que hicieran bromas sobre lo que estaban comiendo, o que se sintieran cansados de tener que comer siempre lo mismo o cosas a las que no estaban acostumbrados. Tal vez alguna de esas comidas les traía recuerdos de sus países de origen, alguna situación o persona. Puede ser que ese fuera el momento del día que aprovecharan para descansar, socializar con sus compañeros, o simplemente tratar de abstraerse y recordar sus tierras, imaginando compartir una cena con un familiar, lejos del frío y la incertidumbre del territorio antártico.

Pienso en ellos mirando su comida de la misma forma que ahora yo estoy mirando la mía y entiendo que ese simple plato no es sólo alimento; detrás de él descubro todo lo que sugiere: diversas formas de hacer, de cocinar, de percibir, de sentir, saberes determinados y también memorias prácticas. Entiendo que lo que antes parecía tan obvio, un simpe plato de comida, deja de serlo. Comienzo a recordar varios trabajos que leí sobre alimentación y una cosa en particular comienza a ser cada vez más clara: ella no sólo implica el consumo de sustancias comestibles, sino que también abarca tipos de relaciones e interacciones, tanto entre las personas como también entre ellas y los contextos con que se vinculan. La alimentación involucra una forma de interactuar con el mundo…

La pequeña historia narrada procura enfatizar la conexión que existe entre la alimentación y la forma de experimentar diferentes contextos. En mi tesis de maestría comencé a pensar que la práctica de la alimentación supone una dimensión corporal, y que la misma se vincula con la forma en que percibimos la realidad. Esto me llevó a plantear que el potencial de los estudios sobre la alimentación podía ser complementado con el abordaje de la corporalidad, en tanto ella ofrece un punto de partida para aproximarnos a las experiencias de las personas en el mundo.

Así desarrollé una propuesta de análisis que parte de la idea que una forma de abordar la experiencia es mediante la integración de dos ejes analíticos: el del cuerpo (considerado desde los enfoques fenomenológicos como el fundamento de la existencia humana, y el mediador entre el mundo y la experiencia) y el de la alimentación (comprendida como una serie de fases que integran la vida cotidiana y dependen de un contexto social).

Estas cuestiones fueron pensadas en función de un momento histórico específico: el proceso de surgimiento del mundo moderno (Johnson 1996; Orser 1996; Thomas 2004). El mismo supuso un contexto de cambio que abarcó el comienzo de la expansión europea y la consolidación del sistema capitalista, llevando a la instauración de un nuevo orden social con impacto a nivel global. El mundo moderno significó el nacimiento, dispersión y mantenimiento de nuevas prácticas sociales (Johnson 1996), que generaron cambios en la forma en que los individuos se relacionaron entre sí y con el mundo material (Amussen 1988).

En este capítulo busco reflexionar sobre las nuevas formas de experimentar y percibir la vida cotidiana que surgieron con el mundo moderno (Salerno 2011, 2015; Salerno y Zarankin 2014; Zarankin y Salerno 2016). Para eso, es preciso considerar la particularidad de diferentes escenarios en que se manifestaron nuevas prácticas (Zarankin y Senatore 2002), y al mismo tiempo atender al contexto global en que se insertaron. Pienso que la industria foquera del siglo XIX se presenta como un caso de estudio interesante, ya que formó parte del proceso mencionado.

Los viajes foqueros estaban conformados por dos momentos diferentes, aunque complementarios: la vida en los navíos y la vida en tierra. En este trabajo centro la atención en el segundo momento; es decir, en aquellas instancias en que los operarios descendían de los barcos para cazar mamíferos marinos. De este modo, examino la evidencia material recuperada por nuestro equipo en los sitios Cerro Negro y Punta Varadero, localizados en la Península Byers de la Isla Livingston (Shetland del Sur, Antártida). El énfasis se encuentra especialmente puesto en las muestras arqueo-faunísticas.

Para abordar mi objetivo, primero discuto los conceptos y el marco teórico a partir del cual desarrollo mi modelo. De esta manera, explico lo que entiendo por alimentación y cuerpo, y después genero puntos de contacto entre ambos ejes. Específicamente, considero la percepción sensorial como una posible forma de interacción (además del espacio y las acciones). En una segunda parte, profundizo sobre los puntos de contacto que son observados en el momento performativo de la alimentación; esto es, en la obtención, preparación y consumo.

Por último, para reflexionar sobre el aporte de mi modelo, considero el caso de estudio mencionado. Así explico cómo se desarrolló el mercado foquero, y desde que líneas de evidencia fue trabajado.

El cuerpo a través de la alimentación
¿O la alimentación a través del cuerpo?

En la actualidad existen muchas investigaciones que definen a la alimentación como una actividad colectiva que depende del contexto social donde es llevada a cabo; sin embargo, pocas analizan cómo la misma es experimentada. Esto es importante porque la experiencia de nuestra vida cotidiana –que tiene un origen social– influye directamente sobre nuestra percepción del mundo. Pienso que incorporar la dimensión de la experiencia en trabajos sobre la alimentación permite, por un lado, reflexionar sobre cuestiones sociales y simbólicas de diferentes grupos desde una perspectiva novedosa; por el otro, permite humanizar a las personas que conforman los grupos que la arqueología estudia. En otras palabras, integrar la experiencia de la alimentación permite comenzar a generar una proximidad con aquellos sujetos que, aunque estén alejados por un lapso espacio-temporal, comparten con nosotros el hecho de haber sentido, percibido y haberse relacionado entre ellos, con el mundo y las cosas (Salerno y Zarankin 2014). Una vía para abordar este objetivo es considerar la alimentación y su relación con el cuerpo. Para desarrollar mi propuesta de análisis, primero preciso discutir la siguiente pregunta: ¿En qué consisten las dimensiones de la alimentación y el cuerpo?

Con respecto a la alimentación, se puede decir que comer, además de ser una necesidad biológica básica para la supervivencia del individuo, tiene una dimensión social que es compartida por todas las personas a lo largo del tiempo y el espacio (Simmel 2004). La alimentación es una actividad universal que forma parte de la vida cotidiana de todos los individuos, que parece común pero esconde historias complejas (Mintz 2001). En esta investigación, cuando hablo de prácticas alimenticias no sólo refiero a la comida misma, sino a todo el conjunto de acciones y relaciones sociales que se estructura alrededor del acto central de la incorporación de sustancias comestibles, y que puede estar o no vinculado con la supervivencia de los individuos (Marschoff 2007a).

La alimentación es una actividad social porque implica un complejo campo de relaciones, expectativas y elecciones que son negociadas o contestadas (Watson y Caldwell 2005). Asimismo, configura el escenario de interacción entre los sujetos, alrededor de circunstancias que vinculan valoraciones culturales, significaciones subjetivas y conexiones sociales en tiempos y dinámicas particulares (Patiño 2010). A partir de esto, las preguntas que surgen son: ¿Cómo integrar la idea de alimentación como una actividad social con el contexto en el que se desarrolla? ¿Cómo definir la alimentación de forma que permita pensarla en relación al cuerpo? Para responder estas cuestiones considero, por un lado, la teoría de la praxis de Bourdieu (1977); y por el otro, trabajos dentro de la arqueología que entienden la alimentación como práctica social (Hamilakis y Sherratt 2012; Marschoff 2007a, 2007b).

Abordar la alimentación como práctica posibilita dejar de definirla como simple actividad, y entenderla como una serie de saberes y reglas que operan en un nivel no discursivo (Bourdieu 1999). Esto también implica comprender la alimentación como algo colectivo, resultado de un sistema de estructuras estructurantes llamado *habitus* (Bourdieu 1998). Desde este punto de vista, se puede decir que las prácticas alimenticias dependen de un contexto social donde son ejecutadas; y es por este motivo que poseen diferentes significados que se relacionan con las condiciones históricas y culturales donde son producidas. Esto permite plantear que los significados de las prácticas alimenticias cambian según las condiciones culturales e históricas específicas donde son generadas. De esta forma, las personas que participan de condiciones de existencia parecidas pueden compartir esas prácticas y sus significados.

La dimensión social de la alimentación abarca a todos los individuos, independientemente de si se alimentan de forma privada o en grupos. En este sentido, no es posible escapar de las relaciones entre los sujetos que consiguen los alimentos, aquéllos que los preparan, sirven y los que los consumen (así como de los vínculos entre esas personas y el contexto o ambiente donde se encuentran) (Coconier 2012). Siguiendo esta lógica, pensar en la alimentación como práctica permite considerarla como un conjunto de etapas sucesivas y vinculadas, que comienzan con la obtención de los productos alimenticios y continúa con la preparación, consumo y descarte (Marschoff 2007b). Estas etapas también implican un proceso de transformación: aunque las personas puedan comer todo lo que es biológicamente comestible, siempre existe una elección y selección de lo que es definido como "comida". Inclusive, lo que es comida para una cultura puede no serlo para otra (Fischler 1995). A partir de sucesivas etapas, las sustancias alimenticias se transforman en ítems deseables; es decir, en comida (Patiño 2010). Al mismo tiempo, esas etapas marcan el ritmo de la rutina de los individuos y producen temporalidades donde se generan diversos tipos de relaciones tanto entre ellos como entre sus cuerpos, el espacio y el contexto donde son llevadas a cabo. Se puede decir que la incorporación de los alimentos comienza en el momento de la obtención, cuando los sujetos entran en contacto con la comida. Por lo tanto, la dimensión corporal siempre está presente; éste es uno de los puntos que estoy discutiendo en el marco de esta investigación.

Para profundizar las ideas sobre el cuerpo, presento algunas propuestas efectuadas por los enfoques fenomenológicos, que lo definen como el fundamento de la existencia humana y la experiencia cotidiana. Para la fenomenología, el punto de partida para el análisis cultural, histórico o filosófico de cómo estamos en el mundo es la percepción (Csordas 1999). De esta forma, estudia la vida corporal/mental de las personas (Gallagher y Zahavi 2008) para revelar cómo el mundo es percibido directamente por los individuos en oposición a cómo lo sería teóricamente (Tilley 2004). Al contrario de las teorías cartesianas, la fenomenología parte del presupuesto que la realidad no es externa e innegable; ella es construida a partir de la percepción. Para Merleau-Ponty (1993), por ejemplo, el mundo no existe más allá del sujeto ni es independiente de él. Por el contrario, el mundo es percibido desde ese cuerpo/sujeto y, por lo tanto, no existe una realidad diferente de la percepción. Merleau-Ponty define al cuerpo no como una cosa aislada e inerte, sino como algo que está inserto en el mundo; como un sujeto, un mediador entre nuestra percepción y la vida. Se puede decir que somos agentes corporizados y que, por lo tanto, nuestra existencia es corporal (Merleau-Ponty 1993) y está basada en el carácter material y físico del cuerpo en el mundo (Tilley 2004). Esto significa que percibir la realidad implica experimentarla, y que la experiencia tiene un aspecto corporal involucrado en su propia posibilidad de existencia (Gallagher y Zahavi 2008), desde el cual establecemos una relación participativa con la realidad.

Las ideas propuestas por Merleau-Ponty fueron retomadas por el antropólogo Thomas Csordas (1999), quien también reconoce el papel del cuerpo y la percepción en el vínculo que las personas establecen con el mundo. Csordas coincide con Merleau-Ponty en que es imposible pensar el cuerpo como una cosa aislada, pues nuestro cuerpo siempre está inserto en el mundo. Sin embargo, Csordas agrega que la percepción modela y es simultáneamente modelada por la cultura. Así, aunque nuestro cuerpo sea fuente de la experiencia, ella puede cobrar diferentes formas y un sentido cultural específico, dependiendo del contexto social en que se desarrolla.

Pensar en estos términos lleva a que el foco de interés no esté puesto en el cuerpo *per se*, sino en la corporalidad como una condición existencial que permite examinar la cultura. Al considerar que es en los procesos corporizados de la percepción donde reside la cultura, Csordas (1999) sostiene que la comprensión del mundo no puede ser exclusivamente asociada a la reflexión intelectual; esa comprensión también se produce a otro nivel, de carácter práctico (Crossley 2001). De esta forma, Csordas establece un punto de contacto con la obra de Bourdieu, quien sugiere que la práctica es pre-reflexiva aunque no necesariamente pre-social y, por lo tanto, se funda en el cuerpo culturalmente informado (Salerno 2011).

Entender que la comprensión del mundo se da en un nivel práctico, no sólo implica la posibilidad de que el *habitus* influya en la forma en que actuamos, sino también en la manera en que le damos sentido a nuestra existencia. Desde este tipo de ideas, la teoría de la praxis aporta a la perspectiva fenomenológica, movilizando el énfasis puesto en el agente hacia el contexto cultural dentro del cual emerge (Crossley 2001).

Si el cuerpo es un sujeto antes que un objeto desde el cual experimentamos el mundo, puede plantearse que es a través del mismo que las reglas y regularidades del mundo son identificadas e internalizadas (Bourdieu 1999). Esta internalización sucede de una forma no reflexiva y está asociada con el conocimiento práctico (Crossley 2001). Las prácticas sociales y el cuerpo poseen, entonces, una relación próxima; por un lado, porque los esquemas corporales son incorporados a través de las prácticas; por el otro, porque esas prácticas son reproducidas y modificadas a partir del cuerpo.

Siguiendo esta lógica, pensar en la alimentación como práctica permite plantear que es a través del cuerpo que la misma es incorporada y experimentada a través de diversas fases. Como consecuencia, las formas en que obtenemos, cocinamos y consumimos los alimentos influyen en el modo en que nuestro cuerpo experimenta y se relaciona con diferentes contextos. Si el cuerpo es el mediador de la experiencia, entonces podemos establecer una forma de estudiar y reflexionar cómo ciertos contextos son incorporados a través de las prácticas alimenticias; y cómo, al mismo tiempo, esas prácticas son reproducidas y alteradas a partir del cuerpo.

Mezclando los ingredientes

Si el cuerpo es el medio que estructura y está estructurado por la experiencia, la relación con la alimentación se hace evidente cuando los alimentos son obtenidos, consumidos, preparados, etc., porque es a partir de ese cuerpo que la alimentación como un todo es incorporada y experimentada. Por ejemplo, en las formas de comer, cocinar, cortar los ingredientes, etc., el cuerpo entra en contacto con espacios, objetos y también olores, ruidos y colores. Además, el cuerpo reproduce una serie de movimientos que fueron aprendidos e incorporados de forma práctica. Por lo tanto, es en estas fases que el cuerpo experimenta y se relaciona con un contexto específico. Esto hace de las prácticas alimenticias un punto de partida para relacionarnos con la realidad: además de tener un contacto directo con los alimentos, la comida "ingresa" en cada ser humano y, por lo tanto, trae implicancias para el cuerpo y los sentidos de forma directa. La comida involucra una experiencia corporalizada que tiene varios significados y papeles sociales (Hamilakis 1999).

Se puede decir que comer es una de las prácticas más "íntimas", porque la incorporación es el momento en que el alimento traspasa la frontera entre el mundo y nuestro cuerpo. Las comidas trascienden la barrera oral para pasar a ser parte de nuestra sustancia interna (Coconier 2012); por eso, la alimentación está entre los límites de lo interno/externo y los traspasa. Incorporar una comida es algo tanto real como simbólico. El alimento simbólico nos modifica; transforma el estado del organismo, su naturaleza, su identidad, siendo así un medio de intervención sobre el cuerpo (Fischler 1995). Considero que esa intervención sobre el cuerpo también ocurre en otras fases más allá del consumo; por lo tanto, no sólo estamos incorporando alimentos, sino que también estamos incorporando formas de hacer, sentir y percibir.

A la idea propuesta por Fischler (1995), que plantea que "somos lo que comemos", podría agregarse: "también somos las formas en que llevamos a cabo esa práctica". Al mismo tiempo que los agentes incorporan la alimentación, ella incorpora a las personas en un sistema culinario y, por lo tanto, en un grupo que comparte una visión particular del mundo (Fischler 1995). De esta forma, si el cuerpo adquiere habilidades culinarias por medio de un conocimiento práctico, de una consciencia sensorial y la memoria (Sutton 2006), a partir de la alimentación se puede discutir cómo los contextos son incorporados, o cómo al mismo tiempo esas prácticas son reproducidas a partir del cuerpo.

Considerando esta relación me pregunté cómo se podrían integrar los ejes analíticos de la alimentación y el cuerpo. Confío que una forma posible es a través del desarrollo de una serie de puntos de interrelación, y que los mismos puedan ser estudiados desde el registro arqueológico y documental. Así, pensando el cuerpo como base de la percepción, y como forma de reproducir e integrar las prácticas, generé dichos puntos. Aquí propongo que la percepción es uno de los puntos de contacto centrales. Esta idea sirvió para sugerir los otros dos puntos: por un lado, el espacio, definido como el escenario estructurado y estructurante de las prácticas que son llevadas a cabo en él; por el otro, las acciones y movimientos, ya que ellos implican el cuerpo, y es a partir de ellos que el cuerpo aprende y reproduce las prácticas, al mismo tiempo que las experimenta.

Para analizar los puntos de contacto a través de la alimentación es necesario volver a las fases que aluden directamente al cuerpo en acción; es decir, a los momentos performativos –obtención, preparación y consumo. Es ahí donde se reproducen los saberes que estructuran esos momentos y, al mismo tiempo, se experimentan esas actividades. Por lo tanto, en cada momento performativo, el cuerpo y la alimentación establecen una forma de experimentar la realidad diferente.

Estableciendo puntos de contacto

Pensando en el enfoque propuesto, es imposible ignorar que los cuerpos de los foqueros no están más presentes de forma directa, y que por lo tanto no podemos indagar en sus prácticas a través de la experiencia directa de su materialidad encarnada. Lo que tenemos son espacios y objetos, que son plataformas a partir de las cuales podemos observar e interpretar cómo los cuerpos se encontraron involucrados en prácticas. Considero que para vincular las prácticas alimenticias con la corporalidad, y así discutir cómo los sujetos percibieron y experimentaron sus contextos y cotidianeidades, es preciso establecer "mapas" de los sentidos, espacios y movimientos/acciones. Para cada punto de contacto, analicé cada fase alimenticia por separado, para después relacionar los resultados.

Los sentidos

La percepción sensorial no es simplemente un aspecto de la experiencia corporal; ella es su fundamento. Los sentidos implican la relación del cuerpo con el mundo; por lo tanto, experimentamos nuestro cuerpo y el mundo a través de nuestros sentidos (Classen 1997). Sin embargo, los sentidos son más que una simple capacidad natural del cuerpo; los sujetos aprenden a usarlos (Classen 1993, en Edwards *et al.* 2006; Howes 1991, 2003) en los diversos contextos en que son formados. De esta manera, los sentidos son también aprendidos, creando una estructura del mundo, y ofreciendo –tanto como restringiendo– posibilidades para los individuos (Edwards *et al.* 2006). Puede decirse que los sentidos son regulados por la sociedad, como la mayoría de los aspectos de la existencia corporal (desde comer hasta envejecer). En la modernidad, por ejemplo, esto se evidencia en el control de la experiencia sensorial, incluyendo la transformación del olfato a través de la higienización, y el control de las relaciones corporalizadas a partir de la organización espacial (Edwards *et al.* 2006).

Este condicionamiento cultural implica que la forma en que las personas perciben el mundo cambia, lo que sugiere que la construcción social de los sentidos condiciona el entendimiento de nuestro cuerpo en el mundo

(Classen 1997). Al mismo tiempo, los significados que los individuos atribuyen a los aspectos sensoriales están basados en modelos adoptados socialmente (Pellini 2010). Esto conforma un "modelo sensorial"; es decir, una forma de ordenar los sentidos que no está limitada a experiencias particulares y sí a una forma colectiva (Howes 2006). Los cambios en los modelos sensoriales resultan en una reorganización del conocimiento y las prácticas sociales; y por ende, de las formas de experimentarlas.

De este modo, considero interesante señalar una de las premisas subyacentes a la antropología de los sentidos: que la percepción sensorial es un acto tanto cultural como físico. Ver, escuchar, oír, tocar, degustar no son sólo medios de aprender fenómenos físicos, sino también vías para la transmisión de valores culturales (Howes y Classen 2009). Estas cuestiones también comenzaron a ser trabajadas por la arqueología sensorial, que busca entender la experiencia humana a través de la relación entre los individuos y el mundo material, partiendo del presupuesto que –de la misma forma que los objetos suscitan sensibilidades– ellos son sensibles a los modelos senso-culturales de un grupo (Pellini 2010). En el caso de la alimentación, existe una relación muy fuerte en la valoración sensorial de los alimentos, en tanto cada sociedad diseña una organización sensorial que le es propia (Le Breton 2007). A través de los sentidos surgen vínculos con los alimentos que pueden tener diferentes grados de intensidad afectiva y emotiva. De esta forma, considerar la intersección entre la comida y los sentidos permite explorar algunas de las fronteras básicas entre dentro/afuera, público/privado, individual/colectivo.

Es importante aclarar, sin embargo, que muchas de las investigaciones que trabajan con los sentidos y la alimentación examinan principalmente el sentido del gusto. Es Bourdieu en *La distinción. Criterios y Bases Sociales del Gusto* (1988 [1979]), quien comienza a explorar algunos aspectos sensoriales del comer. Sin embargo, Bourdieu sólo analiza el gusto basado en las clases y desde el punto de vista estético, como parte de su teoría del capitalismo cultural (Sutton 2010). Así, no define el gusto como la "capacidad de percibir sabores". Esto se relaciona con la tradición occidental de pensamiento que desvaloriza el gusto y el olfato como sentidos inferiores (Borthwick 2000: 35, en Sutton 2010: 211).

Considero que la comida y los sentidos deben ser estudiados juntos porque los sentidos superpuestos y sus múltiples combinaciones influyen en la relación entre los sujetos, y entre ellos y el contexto (Coconier 2012). Sugiero que también es preciso ir más allá de un sentido particular, y cuestionar la objetividad y pasividad de los modelos sensoriales, demostrando que la experiencia sensorial no es pasivamente registrada, y sí efectivamente creada entre los agentes (Sutton 2010).

Confío que analizar las cualidades sensoriales de la comida y las diferentes etapas de las prácticas alimenticias permite entenderlas como un fenómeno multisensorial, donde las propiedades sensitivas son culturalmente modeladas y las experiencias son envestidas con significados y subjetividad. Abordar la dimensión sensorial de la alimentación puede contribuir a la integración de la dimensión del cuerpo y la alimentación, ya que a través de los sentidos se enfatiza la naturaleza dinámica, relacional y a veces conflictiva de nuestro día a día con el mundo. Los estudios sensoriales deben ser considerados como mediadores de la relación entre cuerpo y mente, idea y objeto, *self* y ambiente –tanto físico como social– (Howes 2006).

Es importante aclarar que examinar la alimentación desde los sentidos no implica reconstruir la experiencia sensorial del pasado (es decir, lo que sintieron las personas en el momento de llevar a cabo las prácticas alimenticias) y sí entender cómo los sentidos se estructuraron dentro de un contexto social específico. Entender esa experiencia implica discutir cómo se organiza la información adquirida a través de los sentidos

(Crossley 1995). Cuando percibimos, no hacemos una distinción entre lo visual, lo auditivo, lo olfativo, etc.; los sentidos están mezclados y esa mezcla es lo que se conoce como sinestesia (Tilley 2004).

Coincidiendo con Classen (1997), los significados sensoriales forman un "modelo sensorial" según el cual los integrantes de un grupo generan el "sentido común" del mundo, trasladando esas percepciones sensoriales y conceptuales a una "visón del mundo" particular (Classen 1997). A partir de esto, considero que ese "modelo sensorial" puede ser útil para pensar cómo cada sentido contribuye al significado de la experiencia de cada persona, grupo o cultura. Esto no implica establecer una jerarquización de cada sentido, o reconstruir el gusto o los olores que tenían las comidas. Sí supone, sin embargo, notar cómo los sentidos se relacionaron entre ellos, y cómo los grupos construyeron o se relacionaron con un contexto a través de los mismos. Para estudiar dicha estructura consideré tres aspectos concretos de los sentidos que pueden ser examinados por medio de un análisis de la evidencia material y escrita: texturas, olores y sabores. A pesar de que el cuerpo también se relaciona con la alimentación mediante la visión y el oído, aquí me centré en los tres sentidos referidos para mantener una discusión más organizada. Para abordar los mismos, en la Tabla 4-1 desarrollé, para cada punto, diversas variables que pueden ser observadas en las diferentes líneas de evidencia:

Texturas	**Sólidas o líquidas:** Refiere principalmente a los tipos de alimentos consumidos, así como también a la forma de prepararlos; y si existía una tendencia hacia el consumo de alimentos más sólidos o más líquidos, como guisados o sopas.	
	Mezcladas o separadas: Implica observar cómo era servida o consumida la comida; si los ingredientes se presentaban juntos o separados en el mismo plato.	
	Contacto directo o intermediado: Refiere a la forma en que los alimentos eran manipulados, tanto en su preparación como en el consumo. En esas fases existe una diferencia entre beber directamente de una botella, o con un vaso u otro recipiente; lo mismo sucede con los platos y cacerolas. La forma en que los cuerpos entran en contacto con la alimentación influye en cómo la misma resulta experimentada.	
Olores	**Mezclados o diferenciados:** Implica discutir si los olores comúnmente relacionados con la alimentación estaban mezclados con aquéllos de otras prácticas.	
Sabores	**Nuevos o familiares:** Involucra observar si los alimentos consumidos eran de origen "occidental", de lugares donde la mayoría de los tripulantes eran originarios, o "exóticos". Esto es muy relevante en el caso de los sabores. Entrar en contacto con otros alimentos a los cuales no estamos acostumbrados implica entrar en contacto con otra estructura sensorial.	
	Industriales o manufacturados: Refiere a las diversas formas en que se elaboraban los recursos obtenidos. Ellas podían ser artesanales, o mecánicas y masivas. Esto es importante, considerando que las variadas formas de procesar los alimentos podían generar distintas formas de percibir la comida.	
	Distinción o jerarquización: Refiere a si los alimentos presentaban una distinción en relación a la clase o cargo de las personas.	
	Frescos o en conserva: La forma en que los alimentos eran conservados para viajes largos influía en el sabor de los mismos. Poder discutir las diversas maneras de conservar los alimentos permite entender tendencias respecto de los tipos de sabores que los foqueros acostumbraban a consumir.	

Tabla 4-1: Variables utilizadas para estudiar los sentidos.

El espacio

Es importante aclarar que la percepción sensorial tiene, a su vez, una dimensión espacial. Coincidiendo con Merleau-Ponty (1993), si el cuerpo es la presencia en el mundo, es a partir de él que los agentes se relacionan con esas espacialidades. Ordenamos los espacios y sus significados a través de nuestros cuerpos, a través de las acciones y movimientos. De esta forma, la espacialidad es parte de nuestro cuerpo, los lugares pertenecen a nuestros cuerpos, y los cuerpos pertenecen a los lugares, haciendo que el mundo percibido y el cuerpo conformen una relación dialéctica donde uno es mutuamente influido por el otro.

Al mismo tiempo, en la medida que los lugares son percibidos por los sujetos a lo largo de sus trayectorias diarias, las acciones y movimientos son estructurados por las prácticas cotidianas que revisten el espacio de sentido (Torres de Souza 2007). Es precisamente en esta relación entre el espacio y las actividades realizadas que se constituye el "habitar" un lugar. De esta forma, se puede decir que los espacios se transforman en lugares cuando ellos refieren a las formas culturalmente específicas de representar y habitar determinado espacio (Hirsch 1995; Thomas 1993). Se puede decir que los lugares integran una sucesión de historias superpuestas a lo largo del tiempo (Potteiger y Purinton 1998, en Zarankin *et al.* 2011), donde las personas están inmersas y se relacionan con ellos a partir de actividades cotidianas e interacciones posibilitadas por la cercanía y afinidad.

El abordaje del vínculo entre el espacio y la experiencia permite observar cómo cada fase de la alimentación denota –o no– diversos espacios que generan una relación diferente con el cuerpo. Por ejemplo, en los espacios donde los individuos comen, siempre existe una conexión entre los que comen, los que consumen y los que proveen comida. Estas divergencias explican quién come, con quién lo hace, cómo es adquirida, almacenada y consumida la comida, y cómo el compartir los alimentos es parte de las relaciones más amplias de la familia, estudio, viajes, etc. (Markus 1993).

Es importante ver los espacios que involucran el universo de las prácticas alimenticias, en tanto la comida también es el lugar donde se come: un lugar físico que ordena los objetos y agentes humanos. Así, el contexto espacial da forma a la conducta de los consumidores y viceversa (Yan 2005).

Considerando entonces la relación entre las prácticas y el espacio, este último puede influir –y al mismo tiempo ser influido– por las acciones de los sujetos a partir de su materialidad (Delle 1998, en Zarankin *et al.* 2011). Esto sugiere también que el espacio es el locus principal para la objetivación de los esquemas generativos; y por lo tanto, es un sistema de clasificación tangible que continuamente refuerza los principios taxonómicos que subyacen a todas las divisiones de una cultura (Bourdieu 1977). Por lo tanto, el aprendizaje tiene lugar a través del cuerpo, a través del habitar ese espacio (Bourdieu 1977).

Para abordar estas cuestiones fueron pensadas tres dimensiones: centralización, localización y socialización. La centralización considera si los espacios pautan actividades determinadas o si existen espacios demarcados. La localización indica las características generales de los espacios. Por último, la socialización evalúa si los espacios se encuentran estructurados para que varias personas estén agrupadas o separadas, o diversas actividades sean efectuadas en grupo o individualmente. En la Tabla 4-2 desarrollo para cada aspecto, las variables que pueden ser observadas en las diferentes líneas de evidencia:

Centralización	**Funcionalidad de los espacios:** Refiere a si los espacios eran utilizados para realizar varias fases alimenticias, o si cada una de ellas tenía su propio espacio.
Localización	**Espacios abiertos o cerrados:** Está relacionado con las características de los espacios y su localización. De esta forma, los espacios podían estar en locales abiertos, amplios, cerrados o reducidos.
Socialización	**Espacios sociales o individuales:** Implica discutir si los espacios ean pensados para que varias personas estuvieran juntas al mismo tiempo o, por el contrario, para un uso individual.

Tabla 4-2: Variables utilizadas para estudiar los espacios.

Acciones y movimientos

Las diferentes etapas de las prácticas alimenticias (obtención, preparación, consumo y descarte) aluden a una ejecución de múltiples acciones que involucran movimientos y gestos que pueden o no estar estandarizados, y que sugieren en mayor o menor medida al cuerpo (automáticos o manuales, usando o no diferentes herramientas o utensilios). Las prácticas son integradas a los esquemas corporales, en tanto –como expliqué anteriormente– el conocimiento del mundo no es únicamente reflexivo sino también práctico. La reproducción de las prácticas no ocurre cuando la mente dice al cuerpo lo que tiene que hacer, según un plan determinado. La transmisión de las prácticas ocurre a través de una movilización del cuerpo/mente dentro de un ambiente de "objetos" y en un espacio determinado que permite varias posibilidades (Sutton 2006).

Si las prácticas tienen un fundamento corporal en las acciones, y al mismo tiempo el conocimiento del mundo es de índole práctico, puede decirse que el fundamento de la existencia no reside en la consciencia de ser de las personas –"yo soy"–, sino en una consciencia de posibilidad de acción –"yo puedo" (Merleau-Ponty 1993). Esto último permite proponer que la percepción de diferentes contextos no es pasiva; por el contrario, involucra al movimiento. Lo que sentimos y experimentamos es formado y determinado por lo que hacemos (Noe 2004, en Pellini 2010); por lo tanto, la experiencia se centra en nuestro cuerpo en movimiento.

El movimiento presupone al mundo material y al mismo tiempo lo evoca (McNeill 2000; Tenner 2003; Stafford 2001, en Greiner 2006). Como consecuencia, los cambios espaciales y materiales pueden transformar el paisaje corporal a través de nuevas posibilidades de acción, gestos y comportamientos (Tenner 2003 en Greiner 2006). Concluyendo, considero que la materialidad, junto con las formas en que las acciones son realizadas (formas de comer, cocinar, etc.), forman parte de la corporalidad y la forma en que los contextos culturales constituyen los cuerpos (White y Beaudry 2009).

Una forma de entender la experiencia corporal es reconstituyendo actividades repetitivas que evidencian la adopción de posturas determinadas (Joyce 2005). Así, entiendo que examinar esta repetición puede ayudar a reflexionar sobre las formas en que el movimiento, el cuerpo y la alimentación entran en relación. Los diferentes aspectos que fueron pensados para abordar la acción incluyeron: la medida, la estandarización y la intermediación. Las variables utilizadas están explicadas en la Tabla 4-3.

Medidas	**Individual o colectivo:** Refiere a si las fases de la alimentación comprendían la participación de varios individuos, de pocos o si eran algo individual.
Estandarización	**Rutina o evento:** Implica que las fases alimenticias hayan sido efectuadas de forma repetida, según un modo determinado; o por el contrario, mediante acciones no repetitivas.
Intermediación	**Contacto directo o intermediado:** Refiere a la forma en que los alimentos eran manipulados, tanto en su preparación como en el consumo.

Tabla 4-3: Variables utilizadas para estudiar las acciones.

Para examinar esa alimentación corporalizada a partir de los puntos desarrollados, es importante recordar que la misma implica analíticamente un conjunto de fases sucesivas vinculadas entre sí; es decir, la obtención, preparación, consumo y descarte. De esta forma, es preciso definirlas de una forma más completa. Según Goody (1995) y Marschoff (2007a), las fases pueden ser definidas de la siguiente forma:

- Obtención: Todo lo relativo a la forma de adquirir los recursos necesarios para la preparación de una comida.

- Preparación: Refiere a la forma de cocinar, qué tipos de recipientes son usados, cómo son empleados, cuáles son los lugares donde esto es llevado a cabo y quién está a cargo de esa tarea.

- Consumo: Está relacionado con la ingesta, dónde y cómo ocurre, qué recipientes son usados, si fue de forma individual o colectiva, etc.

- Descarte: Todo lo relativo a la limpieza, lugares donde los restos son desechados, actividades de reciclado o reaprovechamiento.

Aplicando el modelo: La experiencia foquera

Como mencioné, el modelo desarrollado anteriormente fue aplicado a un caso de estudio específico: la industria foquera del siglo XIX[2]. El surgimiento de la actividad como industria organizada y sistemática coincidió con la caída del comercio de pieles de nutrias, que tuvo lugar durante la primera mitad del siglo XVIII como consecuencia de la caza excesiva de esos animales (Berguño 1993; Richards 1992; Stackpole 1955). La ausencia de pieles de nutria generó una nueva demanda de pieles de mamíferos marinos. La misma se concentró principalmente en dos mercados: el de Cantón, en China; y más tarde el de Londres, en Inglaterra (Smith 2002) –sólo seguidos por el mercado norteamericano (Tapia Calisto *et al.* 2007). En China, las pieles eran usadas principalmente para la fabricación de capas o la confección de valijas y baúles (Tapia Calisto *et al.* 2007); y en el caso de Inglaterra, para la producción de vestimenta y sombreros (Berguño 1993; Fanning 1924; Stehberg 2003). Además de las pieles, se comercializaron otros subproductos obtenidos de mamíferos marinos, como la grasa y el aceite usados como combustible para lámparas. Puede decirse, entonces, que el mercado de artículos de mamíferos marinos se volvió en pocos años una actividad muy provechosa, que tuvo como consecuencia un aumento en la cantidad de viajes en búsqueda de esos recursos.

La demanda de productos creció abruptamente en pocos años. Esto generó una subida en los precios de venta, provocando un aprovechamiento intensivo y la extinción de casi todas las colonias conocidas (Smith 2002). La necesidad de encontrar nuevos territorios de caza, donde se pudiesen obtener mayores ganancias por unidad de tiempo invertido, fue una condición primaria para quienes trabajaban en la industria foquera (Richards 2003). Fue a partir de ello que se descubrieron numerosos lugares donde existían colonias de elefantes y lobos marinos. Rápidamente, el circuito de explotación alcanzó un nivel planetario.

La actividad foquera fue compleja, y por lo tanto, implicó múltiples contextos y diferentes tipos de interacciones. Uno de los escenarios más importantes fueron los viajes hechos alrededor del mundo en búsqueda de materias primas para ser vendidas en los diferentes mercados. Esas travesías eran realizadas por personas con cargos, como capitanes y oficiales, seguidas de otras de menor jerarquía, como los carpinteros, cocineros, herreros, entre otros (Stackpole 1955). Ocupando la clase más baja estaban los marineros, que eran parte de la mano de obra enviada a tierra para llevar a cabo las tareas de extracción de recursos. Aunque esa jerarquía estaba claramente demarcada en los navíos, en el caso de la vida en los campamentos, no se advirtió una estructura social rígida (Zarankin y Senatore 2007). Esto también se observó en la estructuración del espacio; mientras que en los navíos existía una organización del espacio organizada y jerarquizada (Cruz 2011), en los campamentos los operarios creaban sus propios espacios de habitación, donde desarrollaban la mayoría de sus actividades domésticas. Las características de los refugios en tierra evidenciaron una toma de decisiones por parte del grupo que –al contrario del barco– no pareció pautada *a priori* (Zarankin *et al.* 2011).

A partir de lo mencionado anteriormente, y considerando la lectura de fuentes históricas, de otros trabajos hechos sobre la temática y los resultados obtenidos en mi investigación anterior (Cruz 2011), pude observar que el contexto de los campamentos resultó extremadamente variado y heterogéneo.

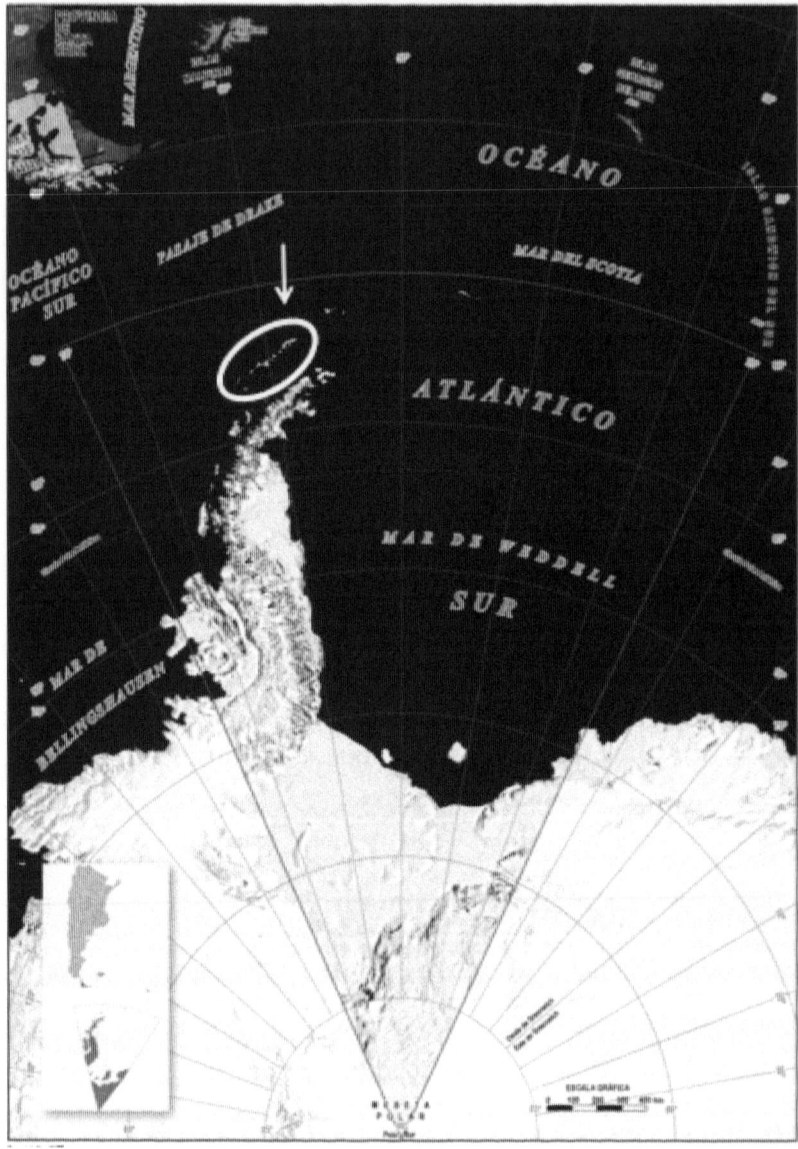

Fig. 4–1: Localización de las Islas Shetland del Sur.

La industria foquera en Antártida

Pensando en esa heterogeneidad, fue preciso seleccionar un territorio determinado y estudiarlo en su particularidad. El territorio antártico, más específicamente, las Islas Shetland del Sur (Fig. 4-1), se presenta como un contexto interesante porque su descubrimiento y explotación fue resultado de la propagación del capitalismo y su constante búsqueda de recursos para abastecer un mercado en crecimiento (Zarankin y Senatore 2005, 2007). Las Islas Shetland del Sur representaron un nuevo lugar de explotación, donde los pinnípedos abundaban y donde había, por lo menos al comienzo, poca competencia de otros grupos (Stackpole 1955). En este trabajo considero dicho territorio, particularmente los campamentos de foqueros localizados en la Península Byers de la Isla Livingston.

A partir del descubrimiento de las Islas Shetland del Sur, diversas compañías de caza se dirigieron deliberadamente a la región (Stackpole 1955). La sobreexplotación efectuada por esos grupos llevó, en pocos años, a la reducción de los mamíferos marinos de la zona. Como ya mencioné, la actividad foquera estaba regulada por las leyes de la oferta y la demanda, que iban cambiando debido a las fluctuaciones en la rentabilidad de la industria. Como resultado de todo ello, la caza de pinnípedos en las Islas Shetland del Sur fue fluctuante y episódica. Pueden identificarse tres ciclos: el primero, que comenzó aproximadamente en el año 1820 y acabó en 1825 (Senatore y Zarankin 1999), y otros dos que ocurrieron a mediados y finales del siglo XIX (Martinic 1987).

La duración de tales ciclos estaba marcada por dos factores interrelacionados: la disponibilidad de pinnípedos y la rentabilidad del mercado. De esta forma, cuando los territorios de caza antárticos fueron descubiertos, la cantidad de pieles extraídas fue tan grande que causó la saturación del mercado y, por lo tanto, una baja en los precios de las pieles. Esto provocó un aumento en el aprovechamiento de los recursos, disminuyendo sustancialmente las poblaciones de mamíferos marinos y desalentando a las empresas foqueras a realizar viajes hasta estas latitudes (Senatore y Zarankin 1999).

En conclusión, puede plantearse que la explotación del territorio antártico fue parte de un proceso complejo, donde la incorporación de ese continente tuvo como objetivo expandir las fronteras productivas en búsqueda de mayores ganancias (Zarankin y Senatore 2005).

En este capítulo considero la Península Byers de la Isla Livingston (Fig. 4-2), porque –debido a sus características físicas, que hacen de ella uno de los mayores espacios de biodiversidad– exhibe la mayor concentración de sitios históricos de Antártida. Al mismo tiempo, dichos campamentos presentan gran heterogeneidad en lo que respecta a la cantidad de personas que allí se establecieron, el tiempo de ocupación y el uso del espacio –lo que podría haber resultado en diferentes formas de establecer relaciones entre los operarios y el territorio antártico (Zarankin y Senatore 2007). En este trabajo me centro en los resultados obtenidos en los sitios Punta Varadero y Cerro Negro.

Analizar los campamentos en la Península Byers permitió observar las particularidades propias de este territorio, que fueron generadas a través de respuestas y reestructuraciones locales en comparación con otros lugares de caza (Zarankin y Senatore 1999).

Por último, estudiar las primeras ocupaciones en el continente antártico durante la primera mitad del siglo XIX aporta conocimientos sobre las formas que cobró el proceso de incorporación de territorios periféricos a la dinámica de expansión capitalista (Zarankin y Senatore 1999, 2005, 2007).

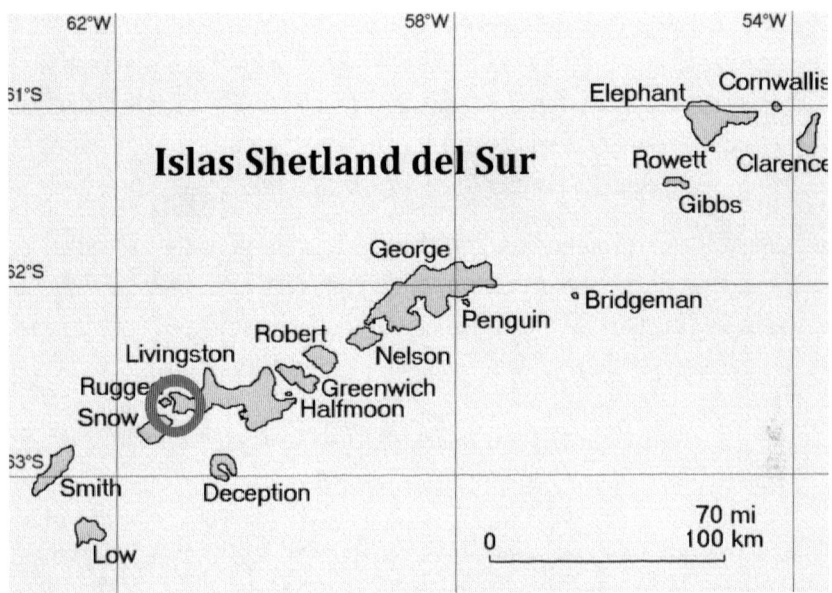

Fig. 4–2: Localización de la Península Byers.

Es importante mencionar que la presente investigación es parte de un proyecto mayor: el *Projeto de Arqueologia Histórica Antártica*, coordinado por el Dr. Zarankin y localizado en la Universidade Federal de Minas Gerais. El mismo comenzó en 1995 en Argentina, y más tarde fue continuado en Brasil con el objeto de conocer el proceso de incorporación del continente antártico a la dinámica de explotación capitalista a fines del siglo XVIII y comienzos del siglo XIX (Zarankin y Senatore 1999, 2005, 2007). En los últimos años, el proyecto comenzó a abrir nuevas líneas de trabajo. Una de ellas propone motivar discusiones sobre la experiencia en Antártida. Así, surgieron aportes que reflexionan –a partir de los cuerpos vestidos– sobre la concepción de persona en el mundo moderno (Salerno

2011), o la percepción del tiempo en el continente austral (Hissa 2011). Por otro lado, se está comenzando a cuestionar la aparente objetividad y distancia que existe entre el investigador y su objeto de estudio (Salerno y Zarankin 2014; Zarankin 2015). El presente capítulo está encuadrado dentro de este segundo momento del proyecto.

De esta forma, pretendo aportar a los trabajos que enfocan en la vivencia de los sujetos que eran parte de los viajes y que ocuparon estacionalmente el territorio antártico. Al mismo tiempo, quisiera posicionar esas experiencias en el contexto más amplio de la industria foquera.

La alimentación en los sitios antárticos

Una gran cantidad de sitios fue identificada en la Península Byers de la Isla Livingston, lo que demuestra la magnitud de la actividad foquera en la región y la importancia del territorio para el mercado de pieles (Senatore *et al.* 2008). Los sitios localizados en la Península presentan una gran heterogeneidad, tanto en lo que respecta a sus características generales como a su función y distribución en el paisaje (Senatore y Zarankin 1999). La mayoría de estos lugares fueron campamentos estacionales, y como consecuencia, fueron ocupados en momentos específicos del año (especialmente durante el verano). Pensando en las características de los campamentos y en el potencial para estudiar las prácticas alimenticias y el cuerpo desde lo material, seleccióné dos sitios: Cerro Negro (Lat. S 62° 39' 718", Long. W 61° 00' 197") y Punta Varadero (Lat. S 62° 36' 496", Long. W 61° 04' 864"). Punta Varadero está localizado en la Playa Norte de la Península Byers (Fig. 4–3) y fue construido aprovechando el abrigo de un afloramiento rocoso (Zarankin *et al.* 2011). El sitio está formado por dos recintos: uno mayor denominado PVA, y otro menor llamado PVAa.

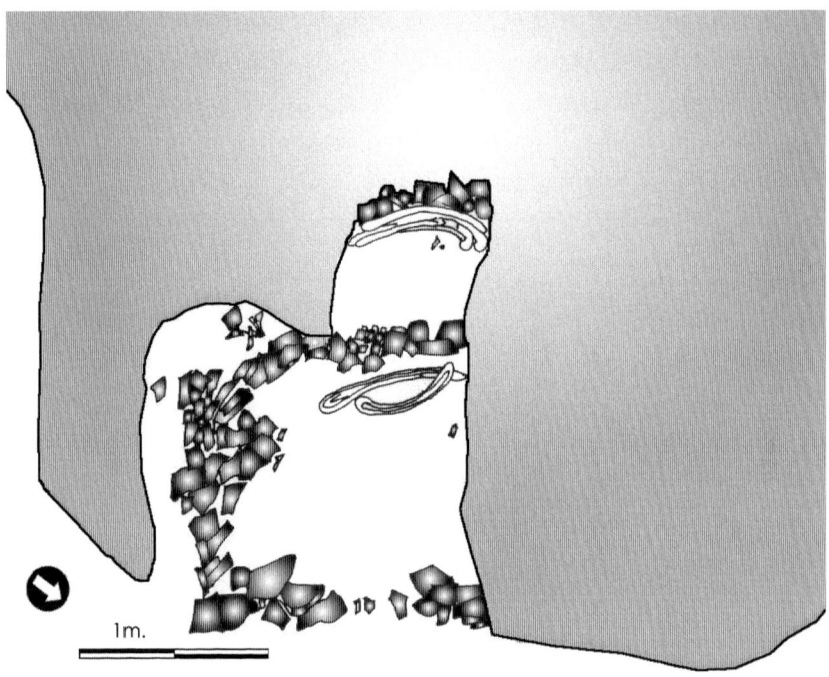

Fig. 4–3: Planta del sitio Punta Varadero (Fuente: Zarankin y Senatore 2007: 86).

Ambos recintos fueron ocupados de forma simultánea, y no existen evidencias de reocupación de los mismos. En el caso del recinto mayor, se recuperó una gran concentración de artefactos, incluyendo fragmentos de ropa, zapatos, pipas, restos de botellas, clavos, estacas, huesos calcinados, entre otros. Por el contrario, el recinto menor prácticamente no proporcionó vestigios, sugiriendo su uso como depósito (Zarankin *et al.* 2011).

Cerro Negro está localizado en la Playa Sur y fue construido aprovechando un afloramiento de rocas de 20 m de largo por 10 m de ancho (Zarankin y Senatore 2007; Senatore *et al.* 2008). El sitio está formado por cuatro recintos de diferentes dimensiones: dos de tamaño grande, denominados CN1 y CN4; y dos menores, llamados CN2 y CN3 (Fig. 4-4). Es importante resaltar que ambos recintos fueron ocupados contemporaneamente, y que sólo uno de ellos presentó restos de reocupación (Senatore *et al.* 2008; Zarankin y Senatore 2007).

La metodología desarrollada para el análisis puso el énfasis en la muestra zooarqueológica, aunque también consideró otras evidencias materiales. A partir de los estudios realizados, fue posible notar que Punta Varadero y Cerro Negro exhibieron una proporción mayor de recursos locales (obtenidos en el territorio antártico, como lobos marinos y pingüinos) que de foráneos (traídos desde los navíos). Los primeros implicaron, por un lado, sabores nuevos, y por el otro, nuevas formas de preparación –al contrario de los recursos transportados, que estaban asociados a gustos más familiares. A pesar de compartir esta tendencia, Punta Varadero y Cerro Negro se diferenciaron principalmente en la relación entre esos dos tipos de recursos, y las formas de prepararlos y consumirlos en cada caso.

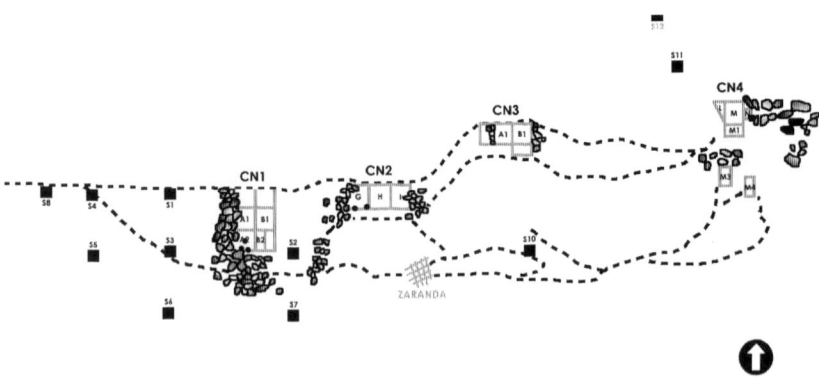

Fig. 4-4: Planta del sitio Cerro Negro (Fuente: Zarankin y Senatore 2007: 68).

En cuanto a la fase de adquisición, en los dos sitios se observó un contacto directo con las especies locales, tanto de aves como de pinnípedos (debido a la necesidad de cazarlas y procesarlas en el momento). En el consumo, existieron diferencias, ya que en Cerro Negro la tendencia fue consumir taxones locales (aves y pinnípedos) como comidas sólidas, y no ensopados. Esto significa que las preparaciones eran servidas en platos o recipientes donde sus componentes podían ser distinguidos y, por lo tanto, consumidos sin ayuda de cuchillos, tenedores o cucharas.

Por otro lado, los recursos locales y foráneos homogeneizaron la experiencia de las personas, ya que no fueron advertidas divergencias o un acceso diferencial a los mismos. A partir del análisis, noté que en Punta Varadero y Cerro Negro la elaboración y el consumo estuvieron sensorialmente integrados con otras prácticas cotidianas (a diferencia de la obtención y el descarte), ya que los diferentes aromas probablemente se mezclaron con los de otras actividades cotidianas –como podría ser el olor del tabaco, o la sangre de los lobos marinos cazados. Esto último también se relacionó con los espacios compartidos, colectivos y de funciones generales en los sitios.

Sin embargo, Punta Varadero y Cerro Negro presentaron tendencias diferentes sobre las formas en que fueron consumidos los recursos, lo que significaría que –a pesar de que en ambos sitios los recursos locales fueron más consumidos– exitirían divergencias. Por ejemplo, las estructuras sensoriales y espacios indicarían que las acciones y movimientos fueron diferentes en cada caso. En Cerro Negro, tres de los cuatro recintos presentaron restos de prácticas alimenticias que podrían implicar múltiples formas de efectuar las fases de consumo y preparación. En el caso de Punta Varadero, sólo fue identificado un único espacio para tales propósitos, lo que podría denotar que en el sitio existió una forma más estandarizada de ejecutar esas fases. El uso de un espacio único indicaría que las prácticas alimenticias podrían estar estructurando el tiempo y la rutina del lugar (debido a que sólo se podrían haber realizado pocas tareas de manera simultánea, como consecuencia del espacio reducido). Por el contrario, en Cerro Negro, diferentes prácticas podrían haber sido realizadas simultáneamente en varios recintos.

Puede decirse que las formas en que la alimentación involucró al cuerpo resultaron en una diversidad de modos de relación entre las personas y los paisajes con los cuales interactuaban. Como resultado, el territorio antártico evidenció complejidad y heterogeneidad respecto de las formas de experimentarlo, tanto dentro de los sitios como entre ellos.

Conclusiones

Como fue propuesto anteriormente, las prácticas alimenticias representan una de las bases a partir de las cuales nos relacionamos con diversos contextos, en tanto aluden directamente al cuerpo (entendido como mediador de la experiencia). De esta forma, si el cuerpo adquiere habilidades culinarias por medio de un conocimiento práctico, de una consciencia sensorial y de la memoria (Sutton 2006), es a través de la alimentación que se puede discutir cómo los contextos son incorporados y cómo, al mismo tiempo, las prácticas son reproducidas a partir del cuerpo. Es en esta relación entre cuerpo-alimentación que nos relacionamos con los contextos. Cada vez que una persona incorpora una comida, está incorporando todas las fases anteriores, las relaciones precedentes, las formas de preparar alimentos, de percibirlos y consumirlos. Pensando en esto, ¿qué implican entonces las observaciones efectuadas en este capítulo?

En los campamentos, la alimentación sugiere formas de percepción que fueron parecidas a todos los foqueros, y que no variaron de acuerdo con el cargo de la persona o la fase alimenticia comprometida. De esta forma, puede decirse que sensorialmente la alimentación fue una experiencia homogénea, y al mismo tiempo integrada a la vida cotidiana.

Por su parte, los campamentos exhibieron dos tipos de recursos que indicaron modelos sensoriales múltiples: uno familiar y otro desconocido. Lo que es interesante es que en el caso de los ítems que implicaron modelos sensoriales no familiares, los recursos pasaron a ser considerados sustancias comestibles a través de las fases alimenticias, exponiendo una contraposición con los otros tipos de provisiones que ya eran percibidas como comestibles. En los campamentos esto fue muy importante, ya que la mayoría de los productos consumidos eran obtenidos en el lugar. Sensorialmente, las prácticas alimenticias también estuvieron influidas y vinculadas con los espacios. En la tierra, los espacios colectivos facilitaron la integración de la alimentación y las personas que participaban de ella.

Por último, las formas de hacer, los movimientos y gestos también marcaron rutinas. En los campamentos, la alimentación funcionó como una forma de marcar las tareas cotidianas y la jornada laboral. Al mismo tiempo, los dos tipos de recursos anteriormente mencionados –locales y foráneos– evidenciaron formas distintas de contacto con las provisiones.

A partir de estas cuestiones, puede percibirse que en los campamentos, los tres puntos estudiados estuvieron interrelacionados y se influyeron mutuamente. Simultáneamente, las formas de percibir sensorialmente, moverse en el espacio, y realizar movimientos y acciones influyeron sobre la forma en que los cuerpos incorporaron, reprodujeron y experimentaron la alimentación.

La vida en los campamentos involucró relaciones directas con el paisaje. Mediante la alimentación se incorporaron recursos locales, que no sólo implicaron diferencias en el consumo sino también en las formas de hacer –incluyendo el contacto con los animales durante la matanza y la preparación de los cuerpos, y los espacios donde fueron consumidos. La alimentación en los campamentos posibilitó que los cuerpos entrasen en contacto directo e incorporasen los paisajes. Al mismo tiempo, los dos campamentos analizados presentaron divergencias; principalmente en lo que respecta a la estructura sensorial de los recursos locales y transportados, y la forma de consumirlos.

Concluyendo, las formas en que la alimentación involucró al cuerpo implicaron diferentes modos de relacionarse con los espacios y los paisajes con que los foqueros interactuaron. Contrariamente a lo que se supone, el territorio antártico evidenció complejidad y heterogeneidad tanto entre los sitios como dentro de ellos. Recordando lo sugerido por Salerno (2011), los foqueros presentaron una modalidad de persona relacional, opuesta a la del individuo que el pensamiento moderno propone. En este sentido, establecieron a través de la alimentación una relación que fue más allá del simple consumo. A partir de dicho vínculo, los marineros incorporaron el territorio y se transformaron en función de él. Puede decirse que cuando los operarios descendían de los navíos, ellos alteraban las formas de percibir y percibirse a sí mismos.

Para finalizar, considero que las diferencias observadas en el territorio antártico permiten sugerir la existencia de varias "experiencias foqueras", que fueron variando de acuerdo a los contextos y también entre los sujetos.

En este capítulo propuse examinar cómo la integración de las prácticas alimenticias con la dimensión del cuerpo puede ayudar a entender las formas en que las personas y los contextos se relacionan. Al mismo tiempo, observé cómo las experiencias son dinámicas, y cómo a través de ellas podemos acercarnos a aquellos hombres que fueron parte de los viajes foqueros.

Agradecimientos

Agradezco al Dr. Andrés Zarankin, director del *Proyecto de Arqueología Histórica Antártica* por la ayuda a través de comentarios y sugerencias durante el desarrollo de mi investigación. A la Dra. Melisa A. Salerno agradezco su dedicación y constante ayuda, especialmente en la corrección de este capítulo. Extiendo el agradecimiento a la Universidade Federal de Minas Gerais, CNPq y CAPES por el apoyo financiero que hizo posible la realización de este trabajo. Agradezco también a mis colegas del *Laboratório de Estudos Antárticos em Ciências Humanas* (LEACH).

Bibliografía

Amussen, S. *An Ordered Society: Gender and Class in Early Modern England*. New York: Columbia University Press, 1988.

Berguño, J. "Las Shetland del Sur. El Ciclo Lobero. Segunda Parte". *Boletín Antártico Chileno* 12, no. 1 (1993), 5–13.

Borthwick, F. "Olfaction and Taste: Invasive Odours and Disappearing Objects". *Australian Journal of Anthropology* 11 (2000), 127–40.

Bourdieu, P. *Outline of a Theory of Practice*. Cambridge: Cambridge University Press, 1977.

—. *La Distinción. Criterios y Bases Sociales del Gusto*. Madrid: Taurus, 1988 [1979].

—. *Practical Reason: On the Theory of Action*. Stanford: Stanford University Press, 1998.

—. *Meditaciones Pascalianas*. Barcelona: Editorial Anagrama, 1999.

Classen, C. *Worlds of Sense: Exploring the Senses in History and Across Cultures*. London: Routledge, 1993.

—. "Foundations for an Anthropology of the Senses". *International Social Science Journal* 153 (1997), 401–420.

Coconier, G. "Comer con Otros y Comer entre Nosotros: Comensalidades entre los Gom de Malaʼ lapel (Formosa)". Tesis de Licenciatura, Universidad de Buenos Aires, 2012. Ms.

Crossley, N. "Merleau-Ponty, the Elusive Body and Carnal Sociology". *Body Society* 1, no. 43 (1995), 43–63.

—. "The Phenomenological Habitus and its Construction". *Theory and Society* 30 (2001), 81–120.

Cruz, M. J. "Aproximaciones a las Prácticas Alimenticias de los Grupos Foqueros (Islas Shetland del Sur, siglo XIX)". Tesis de Licenciatura, Universidad de Buenos Aires, 2011. Ms.

—. "Incorporando Comidas e Contextos. A Alimentação e o Corpo nos Grupos Foqueiros nas Shetland do Sul (Antártica, Século XIX)". Tesis de Maestría, Universidade Federal de Minas Gerais, 2014. Ms.

Csordas, T. "Embodiment and Cultural Phenomenology". En *Perspectives on Embodiment*, editado por G. Weiss y H. F. Haber, 143–162. New York: Routledge, 1999.

Delle, J. *An Archaeology of Social Space: Nalizying Coffee Plantations in Jamaican Blue Mountains*. New York: Plenum Press, 1998.

Edwards, E., C. Gosden y R. B. Phillips. *Sensible Objects. Colonialism, Museums and Material Culture*. London: Berg, 2006.

Fanning, E. *Voyages and Discoveries in the South Seas. 1792-1832*. Massachusets: Marine Research Society, 1924.

Fischler, C. *El (h)omnívoro. El Gusto, la Cocina y el Cuerpo*. Barcelona: Anagrama, 1995.

Gallagher, S. y D. Zahavi. *The Phenomenological Mind*. London: Routledge, 2008.

Goody, J. *Cocina, Cuisine y Clase. Estudio de Sociología Comparada*. Barcelona: Gedisa, 1995.

Greiner, C. *O Corpo. Pistas para Estudos Indisciplinares*. São Paulo: Annablume, 2006.

Hamilakis, Y. "Food Technologies/Technologies of the Body: The Social Context of Wine and Oil Production and Consumption in Bronze Age Crete". *World Archaeology* 31, no. 3 (1999), 38–54.

Hamilakis, Y. y S. Sherratt. "Feasting and the Consuming Body in Bronze Age Crete and Early Iron Age Cyprus". En *Parallel Lives: Ancient Island Societies in Crete and Cyprus*, editado por G. Cadogan, M. Iakovou, K. Kopaka y J. Whitley, 187–207. London: The British School of Athens, 2012.

Hirsch, E. "Introduction. Landscape: Between Place and Space". En *The Anthropology of Landscape. Perpsectives on Place and Space*, editado por E. Hirsch y M. O'hanlon, 1–30. Oxford: Clarendon press, 1995.

Hissa, S. "Arqueologia do Tempo Antártico". Tesis de Maestría, Universidade Federal de Minas Gerais, 2011. Ms.

Howes, D. (ed.). *The Varieties of Sensual Experience: A Sourcebook in the Anthropology of the Senses*. Toronto: University of Toronto Press, 1991.

—. *Sensual Relations: Engaging the Senses in Culture and Social Theory*. Ann Arbor: University of Michigan Press, 2003.

—. "Charting the Sensorial Revolution". *Senses and Society* 1, no. 1 (2006), 113–128.

Howes, D. y C. Classen. Doing Sensory Anthropology. Disponible en: http://www.sensorystudies.org/?page_id=355 Acceso 10/07/2013.

Johnson, M. *An Archaeology of Capitalism*. Oxford: Blackwell, 1996.

Joyce, R. "Archaeology of the Body". *Annual Review of Anthropology* 34 (2005), 139–158.

Le Breton, D. *El Sabor del Mundo. Una Antropología de los Sentidos*. Buenos Aires: Nueva Visión, 2007.

Markus, T. *Buildings and Power; Freedom and Control in the Origin of Modern Buildings Types*. Oxford: Blackwell, 1993.

Marschoff, M. "Comer o Nutrirse? La Alimentación Como Práctica Social". *Arqueología* 13 (2007a), 55–184.

—. "El Lugar de la Alimentación: Espacio Doméstico y Espacio Culinario en el Buenos Aires Virreinal". Trabajo presentado en el *Primer Seminario Internacional de Historia, Ciudad y Arquitectura en América del Siglo XVIII*. Buenos Aires: Universidad T. Di Tella, 2007b.

Martinic, M. "Navegantes Norteamericanos en Aguas de Magallanes durante la Primera Mitad del siglo XIX". *Anales del Instituto de la Patagonia* 17 (1987), 5–18.

McNeil, D. *Languaje and Gesture*. Cambridge: Cambridge university press, 2000.

Merleau-Ponty, M. *Fenomenología de la Percepción*. Buenos Aires: Planeta Agostini, 1993 [1945].

Mintz, S. "Comida e Antropologia. Uma Breve Revisão". *Revista Brasileira de Ciências Sociais* 16, no. 47 (2001), 31–41.

Noe, A. *Action in Perception*. Cambridge, MIT press, 2004.

Orser Jr., C. A. *Historical Archaeology of the Modern World*. New York: Plenum press, 1996.

Patiño, S. M. "Aportes de la Sociología al Estudio de la Alimentación Familiar". *Revista Luna Azul* 31 (2010), 139–155.

Pellini, J. R. "Mudando o Caração, a Mente e as Calças. A Arqueologia Sensorial". *Revista do Museu de Arqueologia e Etnologia* 20 (2010), 3–16.

Potteiger, M. y J. Purinton. *Landscape Narratives.* New York: John Willey & Sons Inc., 1998.

Richards, R. *The Commercial Exploitation of Sea Mammals at Iles Crozet and Prince Edward Islands before 1850.* Cambridge: Scott Polar Research Institute, 1992.

—. "New Market Evidence on the Depletion of Southern Fur Seals: 1788–1833". *New Zealand Journal of Zoology* 30, no. 1 (2003), 1–9.

Salerno, M. "Persona y Cuerpo–Vestido en la Modernidad: Un Enfoque Arqueológico". Tesis de Doctorado, Universidad de Buenos Aires, 2011. Ms.

—. "Persona y Cuerpo-Vestido en la Modernidad. Los Loberos-Balleneros de la Industria Capitalista del Siglo XIX". *Revista Vestigios* 9, no. 1 (2015), 11–154.

Salerno, M. y A. Zarankin. "En Busca de las Experiencias Perdidas. Arqueología del Encuentro entre los Loberos y las Islas Shetland del Sur (Antártida, Siglo XIX). *Revista Vestigios* 8, no. 1 (2014), 129–158.

Senatore, M. X. y A. Zarankin. "Arqueología Histórica y Expansión Capitalista. Prácticas Cotidianas y Grupos Operarios en Península Byers, Isla Livingston, Shetland del Sur". En *Sed Non Satiata*, editado por A. Zarankin y F. Acuto, 171–188. Buenos Aires: Editorial Tridente, 1999.

Senatore, M. X., A. Zarankin, M. Salerno, I. V. Valladares y M. J. Cruz. "Historias Bajo Cero. Arqueología de las Primeras Ocupaciones

Humanas en la Antártida". En *Arqueología del Extremo Sur del Continente Americano*, editado por L. A. Borrero y N. V. Franco, 251-283. Buenos Aires: Editorial Dunken, 2008.

Simmel, G. "Sociologia da Refeição". *Estudos Históricos* 33 (2004), 159-166.

Smith, W. G. *The New Zealand Sealing Industry. History, Archaeology and Heritage Management*. Wellington: Department of Conservation, 2002.

Stackpole, E. *The Voyages of the Huron and the Huntress: the American Sealers and the Discovery of the Continent of Antartica*. Mystic: The Marine Historical Association, 1955.

Stafford, B. *Devices of Wonder, from the World in a Box to Images on a Scren*. Los Angeles: The Getty research institute, 2001.

Stehberg, R. *Arqueología Histórica Antártica. Aborígenes Sudamericanos en los Mares Subantárticos en el siglo XIX*. Santiago: Centro de Investigaciones Diego Barros Arana, 2003.

Sutton, D. "Cooking Skill, the Senses, and Memory: The Fate of Practical Knowledge". En *Sensible Objects: Colonialism, Museums and Material Culture*, editado por E. Edwards, C. Gosden y R. Phillips, 87-119. London: Berg, 2006.

—. "Food and the Senses". *Annual Review of Anthropology* 39 (2010), 209-223.

Tapia Calisto, C. E., M. Mayorga y G. G. Maldonado. "Loberos Norteamericanos e Ingleses en Patagonia, Tierra del Fuego e islas Sub-antárticas y Antárticas, entre fines del siglo XVIII y 1840". Tesis presentada para optar al título de Profesor en Ciencias Sociales, Universidad de Magallanes, 2007.

Tenner, E. *Our own Devices, the Past and the Future of Body Technology*. New York: Alfred Knopf, 2003.

Thomas, J. "The Politics of Vision and the Archaeologies of Landscape". En *Landcaspes: Politics and Perspectives*, editado por B. Bender, 19-48. Oxford: Berg, 1993.

—. *Archaeology and Modernity*. New York: Routledge, 2004.

Tilley, C. *The Materiality of Stone. Explorations in Landscape Phenomenology*. New York: Berg, 2004.

Torres de Souza, M. A. "Uma Outra Escravidão: a Paisagem Social no Engenho de São Joaquim, Goiás". *Vestígios* 1, no. 1 (2007), 59-92.

Watson, J. L. y M. L. Caldwell (eds.). *The Cultural Politics of Food and Eating, A Reader*. London: Blackwell publishing, 2005.

White, C. L. y M. Beaudry. "Artifacts and Personal Identity". En *International Handbook of Historical Archaeology*, editado por T. Majewski y D. Gaimster, 209-225. New York: Springer, 2009.

Yan, Y. "Of Hamburger and Social Space: Consuming McDonald's in Beijing". En *The Cultural Politics of Food and Eating, a Reader*, editado por J. L Watson y M. L. Caldwell, 80-104. London: Blackwell publishing, 2005.

Zarankin, A. "Archaeology of a Tear: Delusions in a Tent in a Stormy Day in Antarctica". En Coming to Senses: Topics in Sensory Archaeology, editado por J. Pellini, A. Zarankin y M. Salerno, 11-20. Newcastle Upon Tyne: Cambridge Scholars Publishing, 2015.

Zarankin, A. y M. Salerno. "So far, so Close. Approaching Experience in the Study of the Encounter between Sealers and the South Shetland Islands (Antarctica, Nineteenth Century)". En *Antarctica and the Humanities*, editado por R. Peder, L-M. Van der Watt y A. Howkins, 79-103. New York: Palgrave Macmillan UK, 2016.

Zarankin, A. y M. X. Senatore. "'Estrategias y Tácticas' en el Proceso de Ocupación de la Antártida–Siglo XIX". En *Desde el País de los Gigantes. Perspectivas Arqueológicas en Patagonia*, editado por J. Belardi, F. Carballo y S. Espinosa, vol. 1, 315–327. Río Gallegos: Universidad Nacional de la Patagonia Austral, 1999.

—. *Arqueologia da Sociedade Moderna na America do Sul*. Buenos Aires: Del tridente, 2002.

—. "Archaeology in Antarctica, 19th Century Capitalism Expansion Strategies". *Internacional Journal of Historical Archaeology* 9, no. 1 (2005), 43–56.

—. *Historias de un Pasado en Blanco. Arqueología Histórica Antártica*. Belo Horizonte: Argumentum, 2007.

—. "Storytelling; Big Fish y Arqueología. Repensando el caso de Antártida". En *Tempos Ancestrais*, editado por M. W. Fagundes y M. F. Prado, 281–301. São Paulo: Annablume, 2013.

Zarankin, A., S. Hissa, M. Salerno, Y. Froner, G. Radicchi, L. G. Resende de Assis y A. Batista. "Paisagens em Branco: Arqueologia e Antropologia Antárticas– Avanços e Desafios". *Vestígios* 5, no. 2 (2011), 9–51.

Notas

[1] Dicho trabajo forma parte del *Projeto de Arqueologia Histórica Antartica*, dirigido por el Dr. Andrés Zarankin y que estudia las primeras ocupaciones foqueras de finales del siglo XVIII y comienzos del XIX en las Islas Shetland del Sur (Antártida).

[2] Por motivos de espacio, en este capítulo es presentada una versión resumida de la aplicación de dicho modelo. La versión completa puede ser consultada en Cruz (2014).

Capítulo Cinco

Los muñecos colgados como componentes de un tipo de experiencia sensorial en la ciudad de La Paz, Bolivia

Ricardo Vasquez Rivera[1]
Juan Villanueva Criales[2]

Introducción

Desde hace aproximadamente 20 años, los vecinos de ciertos barrios de las ciudades de La Paz y El Alto, en Bolivia, vienen colgando unos particulares muñecos de trapo de tamaño natural en los postes y faroles del alumbrado público de ciertas calles y avenidas. En un contexto de inseguridad urbana y ante la ausencia de control policial, estos objetos tienen la intención de enviar un mensaje manifiesto a los antisociales: que el vecindario está organizado y dispuesto a linchar ladrones. Sin embargo, en este texto recogemos los resultados de una prospección urbana sistemática en busca de muñecos en La Paz, para argumentar que estos elementos altamente visibles en el paisaje urbano paceño no actúan solamente como mensajes disuasorios. Sugerimos, más bien, que los muñecos se unen a otros elementos visuales, motrices y auditivos para generar la experiencia de un tipo peculiar de ciudad al interior de La Paz, la ciudad de las laderas o "ciudad colgante".

Para ello, realizamos una breve introducción histórica sobre el crecimiento de La Paz y El Alto, situando el surgimiento de los muñecos en dicho contexto. Desde una experiencia en primera persona apuntamos los aspectos sensoriales del muñeco colgado y su relación con otros estímulos de la ciudad colgante de las laderas, para finalmente distinguir esta experiencia de aquélla asociada a las zonas acomodadas y céntricas de La Paz o "ciudad plana".

La Paz, El Alto y los muñecos

Es siempre difícil hacer una descripción de las ciudades de La Paz y El Alto, en el occidente de Bolivia, sin ser deliberadamente esquemático o excesivamente detallista. Resulta incluso difícil separar sin incurrir en cierta arbitrariedad a ambas urbes, que funcionan como una sola en términos históricos pero están separadas administrativamente desde hace apenas unas décadas. Sin embargo, es cierto que –en general– la ciudad de El Alto se ubica sobre los límites de la pampa altiplánica, a unos 4.000 msnm, desde donde se desprenden las primeras estribaciones vallunas donde se ubica La Paz, en una altitud que oscila entre los 4.000 y 3.100 msnm.

Hablando específicamente de La Paz, pocas ciudades en el mundo poseen una topografía tan accidentada, sinuosa, plena de hondonadas, levantamientos y lenguas aluviales profundas que generan, en conjunto, una multitud de miradas singulares sobre un entorno urbano a su vez abigarrado, heterogéneo y complejo hasta lo conflictivo. Y es que como un conjunto de valles con una historia de ocupación muy larga, La Paz permite la convivencia de un casco central de viejas resonancias coloniales, junto a barrios acomodados de raigambre republicana, zonas comerciales y residenciales modernas con claros síntomas globalizantes, y laderas usualmente precarias y humildes. En conjunto, estos contrastes testimonian el devenir histórico de una ciudad que, desde al menos la década de 1950, fue continuamente repoblada por olas de migrantes rurales de orígenes indígenas al calor de la historia siempre convulsa, siempre cercana a las crisis y las revoluciones, de la sede de gobierno boliviana.

Desde la fundación colonial de La Paz en 1548, la topografía ha sido un actante de primer orden en la conformación de la ciudad y sus heterogeneidades. Tal vez el primer síntoma de esta influencia fue el rol desempeñado por el río Choqueyapu en la segregación de las primeras reducciones –luego barrios de indígenas– del "cercado" o amurallado español[3] (Cuadros 2003). En La Paz, las desigualdades sociales siempre se tradujeron en términos de ocupación de diferentes espacios topográficos.

Por eso es larga la historia de destrucción natural, siempre selectiva, siempre socialmente injusta. Esto se debe a que ante los excesos de lluvias veraniegas, algunas de las inestables laderas arcillosas tienden a deslizarse pendiente abajo, llevándose consigo las viviendas más precarias y pobres[4]. A la vez, en los fondos planos de los valles aluviales, los terrenos gravosos ocupados por estamentos medios y altos son de calidad suficiente para la proliferación cada vez mayor –al ritmo del *boom* económico boliviano– de altos edificios comerciales y de departamentos.

El relieve ha definido las formas de ocupación de la ciudad, aunque nunca ha sido obstáculo para su crecimiento (Macchiavelli 2013). Desde principios del siglo XX, La Paz –convertida en sede de gobierno del estado boliviano tras prevalecer ante la capital, Sucre, en la Guerra Federal (1898-1899)– inicia un marcado crecimiento. Así rompe el cerco auto-impuesto de los límites coloniales, ocasionado tal vez por el temor a las sublevaciones indígenas y el control de la propiedad de la tierra por unos pocos latifundistas.

A mediados de siglo, con la Revolución Nacional de 1952, muchas de las tierras de hacienda que circundaban la ciudad son liquidadas y sus sirvientes o pongos pasan a poblar las laderas, especialmente aquéllas ubicadas entre La Paz y lo que después sería El Alto (Cuadros 2003; Gutiérrez-Condori 2009). Referencias orales indican que en esta época se dan los primeros establecimientos urbanos en la ladera este de la ciudad, en el actual macro-distrito de San Antonio. Sin embargo, la mayor tendencia de crecimiento sigue una dirección lineal hacia el occidente para alcanzar los 4.000 msnm de la planicie altiplánica (zonas de El Tejar o La Portada, en el actual macro-distrito de Max Paredes). Esto se debe especialmente a la lógica de la red ferroviaria que unía La Paz con el resto del país y el exterior, formándose –muchas veces a partir de estaciones ferroviarias– los primeros barrios alteños. A la vez, desde las décadas de 1950 y 1960 se conforman barrios planificados de vivienda social y gestionada por los crecientes sindicatos fabriles, ferroviarios, gráficos, de periodistas, maestros, policías, entre otros, que tienden a ocupar zonas relativamente estables de cuencas aluviales y mesetas.

Desde los años de 1960 y especialmente durante la década de 1980, de crisis económica y sequía, la agudización de las migraciones conlleva un proceso de urbanización acelerado y no regulado (Cuadros 2003). Por un lado, la urbe se extiende por las laderas empinadas hasta donde lo permite el relieve montañoso; por otro, se extiende desde el límite altiplánico o Ceja de El Alto hacia el occidente, sin restricciones topográficas. Este crecimiento no está acompañado por planificación ni inversión pública en servicios básicos, ocasionando un malestar generalizado entre los habitantes de El Alto –lo que lleva eventualmente a la separación administrativa de La Paz en 1985. El Alto, la ciudad más joven de Bolivia, ha seguido una trayectoria de crecimiento tan violenta que hoy es la segunda más poblada del país, sólo detrás de Santa Cruz de la Sierra y justo por delante de La Paz (INE 2013)[5].

Este crecimiento acelerado tiene, predominantemente, rostro de indígena Aymara y de minero relocalizado[6], estamentos sociales que vieron en La Paz un polo de empleo y actividad comercial, no dudando en construir sus casas "aunque sea en la punta del cerro" (Duran 2007). Inicialmente El Alto fue considerado una ciudad "dormitorio" para trabajadores poco remunerados que desarrollaban sus actividades en La Paz. Sin embargo, con el auge económico de la última década, El Alto viene generando sus propios espacios de actividad de manera creciente. Aun así, y como consecuencia del crecimiento rápido y poco planificado de ambas urbes, muchas zonas de El Alto y de las laderas de La Paz son desatendidas y precarias. Estos barrios adolecen, entre sus muchos problemas urbanísticos[7], de una inseguridad ciudadana que prolifera ante la insuficiencia, inacción, corrupción o complicidad de las autoridades policiales.

Es en ese contexto, a partir de finales de la década de 1990, que la particular expresión material que intentamos caracterizar aparece, o al menos encuentra su mayor repercusión mediática. Muñecos de trapo de tamaño natural, vestidos con ropas viejas, son colgados de los faroles del alumbrado público y postes de varios barrios. Frecuentemente simulando a un individuo ahorcado, y ostentando en el pecho carteles con leyendas como "LADRÓN PILLADO SERÁ LINCHADO" o similares, representan desde entonces la respuesta vecinal, de barrio organizado, ante la constante amenaza de atracos a transeúntes, y asaltos a domicilios y negocios.

Algunos estudios recientes han destacado la cercana vinculación de estos muñecos con los efectivos linchamientos de ladrones, como sugiere Risør (2010) para el barrio de Santiago Segundo, en El Alto. Según esta autora, la memoria del linchamiento permite a la comunidad urbana plantear al muñeco anónimo, "sin rostro", como la contraparte del ladrón "desenmascarado". En esta instancia, el vecino que lincha, convertido en anónimo dentro del colectivo de la turba, es el que "pierde el rostro". Otra visión de los muñecos alteños, desde el barrio de Villa Adela, es más bien semiótica y plantea directamente al muñeco como un mensaje emitido desde el barrio hacia los antisociales (Magne y Peñaloza 2009). Desde este punto de vista, el muñeco es una suerte de elemento preventivo más que conmemorativo, una alerta.

Nosotros elegimos abordar los muñecos colgantes desde su materialidad, no asumiéndolos como mensajes codificados dentro de un proceso de semiosis ni como representaciones, sino como presencias físicas en contextos de experiencia sensorial. Además elegimos no centrarnos en El Alto, sino en la propia ciudad de La Paz. Aunque para el imaginario colectivo los muñecos son una expresión alteña que "desciende" recientemente hacia La Paz, tenemos datos orales cada vez más confiables de que en realidad los muñecos se originaron en las laderas pobres de La Paz, décadas antes de su "salto a la fama" en El Alto. Sin embargo, el motivo de trabajar sobre los muñecos colgados paceños no se relaciona tanto a las hipótesis sobre su origen, sino a las posibilidades que entregan las múltiples experiencias sensoriales definidas por los caprichos de la topografía paceña.

Nuestro trabajo de campo realizado en el año 2014 tuvo las características de una auténtica prospección urbana, recorriendo –a veces a pie y a veces en automóvil– una amplia muestra de los muchos barrios que conforman la ciudad de La Paz. De este modo, georreferenciamos, fotografiamos y describimos sistemáticamente muñecos colgantes y entornos sensoriales, recogiendo, cuando era posible, testimonios orales de los vecinos. Asimismo, construimos bases de datos estadísticas y relacionamos a los muñecos con "modos de hacer" locales, analizando su ubicación según aspectos históricos, económicos y sociales de la conformación de los barrios paceños. Sin embargo, en este escrito incidimos específicamente en la sensorialidad de los muñecos y sus entornos. Para ello recurrimos a la narración experiencial en primera persona, complementada eventualmente con algunos testimonios orales. Aunque reconocemos que esta forma de presentar los datos puede ser escasamente rigurosa, es la mejor manera que hallamos para expresar esta sensorialidad fenomenológica del modo en que se nos presenta: contingente, abigarrada, formada por estímulos mezclados y cambiantes según los entornos respectivos.

La experiencia de la ciudad colgante en La Paz

Un aspecto primario a notar es que los muñecos de La Paz no están distribuidos de modo homogéneo ni aleatorio, sino que se concentran en las zonas escarpadas de ladera, habitadas usualmente por personas con menos recursos[8] (Fig. 5-1). A la vez, son menos frecuentes en las zonas centrales de planicie aluvial en que se ubican las viviendas más acomodadas, los edificios administrativos y varias zonas comerciales. Esta división fundamental nos permite reconocer dos experiencias de ciudad muy distintas: la ciudad plana, sin muñecos, y la ciudad colgante, con muñecos, en la que se concentran nuestras descripciones.

Como mencionamos, gran parte de este conjunto de laderas –que denominamos la ciudad colgante, a diferencia de la ciudad plana de las zonas céntricas– tiene sangre de indígena Aymara y Quechua; tiene en gran medida rostro de minero relocalizado. Es una ciudad de ladrillo en

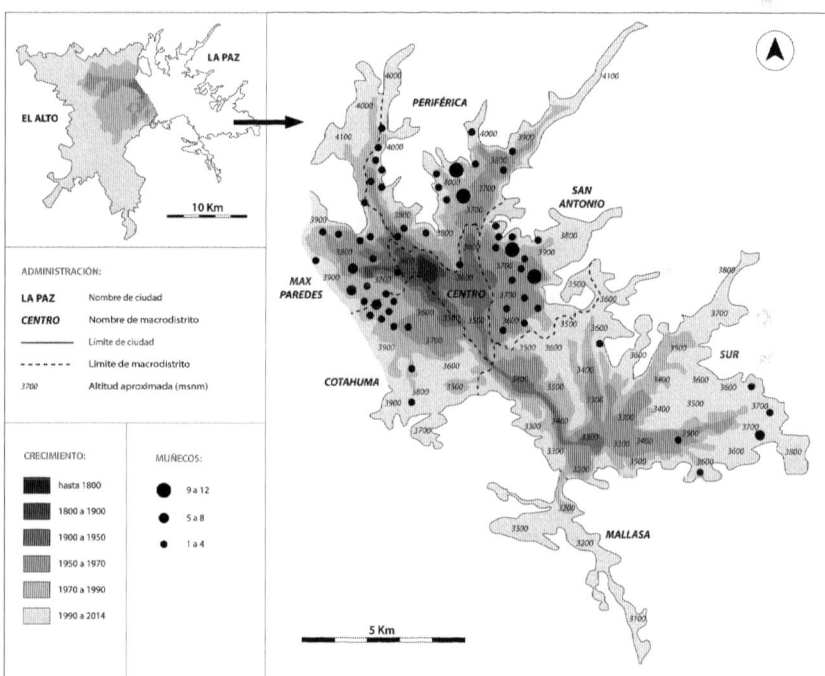

Fig. 5-1: Concentraciones de muñecos colgados en relación con el crecimiento y divisiones administrativas de la ciudad de La Paz.

todo sentido, no sólo porque las casas están construidas en este material al igual que las de toda la ciudad, sino porque la escasez de recursos lleva a que las construcciones sean producidas en fases discontinuas. Así quedan incompletas o al menos con fachadas no cubiertas por pinturas ni revoques, con lo que el tono terracota del ladrillo es la textura preponderante.

En el imaginario colectivo, la ciudad colgante suele ser categorizada como pobre, con calles polvorientas por la ausencia de asfalto y graderías; precaria en sus servicios básicos por las deficiencias en alcantarillado y recolección de basuras; usualmente sucia, insegura y peligrosa debido a la marcada ausencia de policías. Las zonas colgantes son etiquetadas como barrios que toman justicia por mano propia, en los que es frecuente la presencia de alcohólicos y malvivientes.

La sensación de inseguridad para el ajeno que visita la ciudad colgante es reforzada por la particular vialidad: sus vías discurren de modo tortuoso, desordenado, poco planificado, a manera de múltiples callejones, graderías y pasajes. Las calles y avenidas son usualmente empinadas, proponiendo un singular desafío para los motores. Siendo posible el acceso de la ciudad plana hacia la ciudad colgante sólo por vías amplias como avenidas troncales y secundarias, en muchos casos sólo existe una vía de acceso. Además, las vías menores que se reparten desde las avenidas suelen ser tan estrechas que grandes porciones de las laderas paceñas no son aptas para el tránsito de vehículos. De hecho, la geografía de la ciudad colgante involucra muchas más graderías y sendas zigzagueantes, siendo de dominio entero de los peatones. Es tal vez por eso que la ciudad colgante tiende a cambiar radicalmente de aspecto a lo largo del día.

En todo caso, la ciudad colgante presenta una paradoja visual. Vista desde fuera o "desde abajo", genera la inevitable sensación de que todas las casas te miran al mismo tiempo. Sin embargo, una vez dentro de ella, provee muchos recovecos para pasar inadvertido.

Para la mayoría de los habitantes de la ciudad colgante, las zonas planas del centro de la ciudad son los espacios de actividad primordial. A esa ciudad plana, de ambiente cosmopolita, descienden las "caseritas"[9] que venden sus productos en calles y mercados populares, compitiendo con supermercados y otros centros modernos de comercio. Los hijos e hijas de estas "caseritas" también realizan sus actividades educativas, laborales y profesionales en la ciudad plana, conviviendo y compitiendo con los habitantes de esa parte de la ciudad. La Paz es una de esas ciudades de clima frío en que muchas actividades comerciales no se posponen hasta muy entrada la noche. Sin embargo, para los habitantes de la ciudad colgante los tiempos de transporte hacia las fuentes de trabajo céntricas son mayores, por lo que la jornada empieza de madrugada, la pausa del mediodía es corta y el retorno a casa es a horas avanzadas de la noche. Así, el volumen de la cantidad de personas y vehículos, y el sonido de sus pasos, sean presurosos o cansinos, se han convertido –como veremos– en formas de señalar el tiempo.

El barrio muy de madrugada se despierta con las bocinas de los vehículos de transporte público, que esperan pasajeros para su traslado a la ciudad plana, especialmente los días de feria para quienes tienen actividad en el comercio informal. Posteriormente, con los primeros rayos de luz, gran parte de los habitantes de la ciudad colgante (la mayoría estudiantes) descienden hacia las avenidas troncales en busca de transporte hacia la ciudad plana. Calles y graderías testimonian un movimiento apresurado y febril de vecinos; el aire es frío y con algo de bruma, sin humo de vehículos dañando el olfato, sólo el vapor del propio aliento formando pequeñas nubes. A medida que uno se mueve casi verticalmente, la vista es despejada y permite observar paisajes extrañamente bellos, en que la ciudad plana figura como una isla alargada de edificios en medio de una masa caótica de inclinaciones de color ladrillo (Fig. 5-2).

168 - *Sentidos indisciplinados. Arqueología, sensorialidad y narrativas alternativas*

Fig. 5-2: Paisajes desde la ciudad colgante (macro-distritos): 1. Max Paredes; 2. Periférica; 3. Cotahuma; 4. San Antonio.

Los habitantes que se descuelgan, usualmente abrigados y con las manos en los bolsillos, se encuentran rutinariamente con los vecinos en el tránsito del descenso, saludándose apurada y poco efusivamente. Seguidamente, en el transcurso de la mañana y la tarde, la ciudad colgante se encuentra sorprendentemente vacía, con un tránsito esporádico de automóviles que proveen garrafas de gas, recogen la basura y ofrecen diferentes productos alimenticios mediante megáfonos. Es posiblemente en esos momentos vacíos que los muñecos, como guardianes mudos de los barrios, trabajan con mayor eficiencia. De todos modos, al mediodía se presenta una bulliciosa y corta pausa debida a los estudiantes, pues muchos de ellos toman clases en las mañanas y por tanto retornan a esta hora de sus unidades educativas.

Ya al atardecer, mientras la oscuridad se va imponiendo y algunos estudiantes retornan más lentamente, no sin cierta algarabía, la iluminación pública, aunque deficiente, se hace presente. Los vehículos de transporte público suben por las avenidas, lenta y sufridamente, y las graderías y callejuelas son escenario del retorno de los vecinos de la ciudad colgante. A diferencia del descenso, el ascenso es cansino y cansado, no sólo por la jornada laboral pasada, sino porque subir es un desafío aun para nuestras piernas y pulmones, habituados a los 3.800 a 4.000 msnm de estas laderas.

En esos momentos, paradas esporádicas debidas al cansancio permiten a los vecinos comunicarse, conversar y acompañarse en el ascenso. Las tiendas de barrio se convierten en puntos de descanso y de información para continuar ascendiendo a los hogares, destino final del ascenso. Esta hora también se aprovecha para informarse de lo que ha pasado en el barrio y convocar posibles asambleas vecinales. Para un ajeno al barrio, es imposible evitar sentir algo de aprensión al ascender en solitario por estas gradas en la oscuridad. Al caer la noche, cuando se apagan las luces de las casas y la ciudad colgante duerme, los muñecos colgados, siempre despiertos, retoman su labor.

La percepción del muñeco

Pero entonces, ¿cómo operan, sensorialmente, los muñecos? Desde luego, la percepción visual adquiere un valor preponderante y es tal vez por ello que los muñecos cuelgan de la parte alta de los faroles y postes, desde donde son fácilmente visibles y reconocibles. De acuerdo con la peligrosidad de las vías, las avenidas, calles, callejones y graderías adquieren diferentes densidades de información visual. Cabe notar que, por los testimonios recogidos en La Paz, el muñeco no se ubica de modo preventivo, sino siempre como reacción a un evento concreto, un asalto o atraco que tuvo lugar en el vecindario. A diferencia de El Alto, en La Paz se han registrado contados linchamientos efectivos (Jespersgaard Jakobsen 2014). Sin embargo, no es puramente conmemorativa la acción del muñeco, y su ubicación no siempre responde al lugar exacto del atraco. Un asalto tiene el efecto de impulsar la decisión organizada, vecinal, de colgar muñecos. Por ello los muñecos son colocados en lugares estratégicos, ligados a su impacto visual.

El muñeco, desde su aspecto significativo, está diseñado para ser obvio: es un monigote antropomorfo de tamaño natural, colgado a manera de un ahorcado –menos usualmente, a manera de un crucificado– de la parte alta de faroles y postes (Fig. 5-3). Está realizado con trapos viejos, esponjas o incluso botellas de plástico que rellenan una tosca figura humana de tela, cosida en los bordes. Frecuentemente el muñeco está vestido con ropa vieja aportada por los vecinos. Su nivel de detalle varía desde un simple monigote hasta un personaje bien definido, con gorros o capuchas en la cabeza; y guantes, medias o zapatos figurando manos y pies. Algunas veces, aunque no usualmente, tiene pintado un rostro.

Como objetos, los muñecos colgados no poseen esquemas cromáticos definidos. Aunque tienden a emplear ropas de colores brillantes para ser advertidos fácilmente, la forma de un bulto suspendido de la parte alta de un farol o poste parece ser lo más importante, pues facilita la visualización del objeto desde bastante lejos. Representar al muñeco con un vestuario similar al que llevaba en el momento delincuencial el ladrón "pillado" real, también es posible.

Las advertencias al posible ladrón, "pillo" o "maleante" en lenguaje coloquial, son inequívocas, incorporando usualmente los muñecos manchas de pintura roja que simulan sangre y desgarros intencionales, que no evocan la muerte inmediata del maleante, sino el largo, lento e intencionalmente doloroso proceso de linchamiento[10]. Para hacer el mensaje aún más obvio, suelen incorporarse carteles de cartón, madera o latón, con mensajes escritos que explicitan que el ladrón pillado será quemado, linchado, ahorcado, colgado o ajusticiado.

Claramente, en relación con las características paisajísticas y de tránsito de una vía determinada, existe de parte de los vecinos una rigurosa planificación de los contrastes visuales y de luminosidad para crear efectos perceptivos de amplitud, cercanía y verticalidad. Éstos, además, cambian por efectos de la luz a distintas horas del día. De modo especialmente llamativo, el muñeco suele ubicarse más en faroles del alumbrado público que en postes, y esto tiene el objetivo explícito de brindar iluminación y un efecto particularmente dramático al muñeco en horas de la noche.

Resulta bastante productivo interpretar el efecto del muñeco no como un ente aislado, sino en su relación con el paisaje visual. El muñeco se sitúa a lo largo de vías con diferentes grados de peligrosidad, pero un punto en común es que está siempre en el vecindario, siempre rodeado de casas y de muros que delimitan las calles y avenidas. Los muros pueden reforzar el mensaje del muñeco a través de grafitis y esténciles que repiten y refuerzan los mensajes de amenaza, ampliándolos a otros elementos extraños como vehículos desconocidos, y haciendo referencia al grado de organización del barrio. Por otro lado, el hecho de que el muñeco esté asociado a vías barriales y no a una casa o negocio en particular, y esté hecho con sobrantes de ropa de los vecinos, produce una sensación inquietante: el muñeco hace referencia a un colectivo, a la totalidad de un barrio organizado que puede estar temporalmente ausente o dormido, pero cuya peligrosidad es latente[11].

172 - *Sentidos indisciplinados. Arqueología, sensorialidad y narrativas alternativas*

Fig. 5-3: Ejemplos de muñecos colgados en la ciudad de La Paz: 1 y 2. Max Paredes; 3 y 4. Cotahuma; 5 a 7. San Antonio; 9 a 11. Periférica; 8 y 12. Sur.

Lo mismo puede decirse a nivel sonoro, pues si bien el muñeco es obviamente mudo, actúa en conjunción con estímulos auditivos peculiares de la ciudad colgante, generando una experiencia particular. A diferencia del caos vehicular que caracteriza a la ciudad plana, con el sonido de motores y bocinas como elemento casi omnipresente, habíamos caracterizado a la ciudad colgante como un entorno relativamente silencioso. Si bien en el día algún rumor de motor o los volúmenes altos de la radio o el televisor de alguna casa habitada son usuales, en la noche el silencio es mucho más pronunciado, sólo oyéndose un concierto de ladridos. En cualquier caso, esos silencios hacen más difícil pasar desapercibido el ruido de las propias pisadas sobre los callejones o graderías poco transitadas. Asimismo, voces usualmente acalladas cobran presencia: al introducirnos por los callejones de la ciudad colgante, el rumor de los ladridos delata que a diferentes distancias, muchas de las casas están resguardadas por perros, elemento siempre inquietante para quien es extraño al barrio.

En muchos casos, la sede social del vecindario, aquella instalación en que se realizan las asambleas barriales, tiene un megáfono mediante el cual es posible anunciar cualquier acontecimiento o anomalía. En aquellas sedes que no lo tienen, los vecinos se manifiestan por medio del soplido de silbatos, silbidos o finalmente a los gritos: "ladrón fue pillado", "salgan". Estas expresiones tienen una importancia trascendental, ya que al irradiarse por todo el barrio involucran acústicamente a todos los vecinos, modulando el espacio enfurecido de la comunidad y marcando el ritmo del evento. Al igual que a nivel visual, a nivel sonoro el muñeco es la materialización sensorial de la amenaza. En un paisaje casi mudo, el muñeco colgado o el esténcil anunciándonos el linchamiento de ladrones son silentes, pero establecen la posibilidad latente de los sonidos del linchamiento: anteceden o evocan al megáfono o los silbidos, los gritos de la turba, el ladrido de los perros, las sirenas de la policía y las ambulancias.

Así, en los barrios más inseguros de esta ciudad, los vecinos se organizan para defenderse de los delincuentes. Esta organización replica la lógica de acción de sus lugares de origen, sean comunidades campesinas, sindicatos o juntas vecinales. Los vecindarios apelan a los aspectos sensibles del muñeco al presentar las características más peligrosas de un potencial ladrón personificado en el muñeco de trapo; pero ante todo, introducen en la materialidad del ladrón la advertencia, la amenaza favorable a los intereses del barrio. De este modo, el ladrón o aquel extraño a la comunidad barrial percibe la necesidad de cuidarse de la misma desde varias sensaciones simultáneas: ver al muñeco colgado es sentirse observado por el vecindario, presunción que se hace cierta en el momento en que el silencio es roto por aquel vecino que indaga, frontal y directamente, sobre el porqué de tu presencia en la zona. El muñeco, entonces, no opera jamás como un elemento suelto, sino como parte de un sistema de alerta compuesto por muchos estímulos visuales, sonoros y motrices.

La ciudad plana: Otra experiencia sensorial

Esta experiencia de ladera, que incluye a los muñecos y hemos denominado ciudad colgante, difiere marcadamente de su contraparte baja y adinerada, la ciudad plana, en cuanto a experiencias sensoriales.

La ciudad plana ofrece una experiencia continua y recta, al contar con avenidas o calles relativamente amplias que articulan mutuamente zonas y barrios. En términos motrices, allí predomina una sensación horizontal; sobre todo, a lo largo de los ejes viales que articulan los barrios nuevos. Esto es especialmente notable a lo largo del eje que une los barrios residenciales del macro-distrito Sur con las áreas administrativas y comerciales del macro-distrito Centro, formado a partir del "cercado" colonial hispano. La vista es interrumpida por edificios altos, generando una sensación de inmersión que en no pocos casos es acompañada por una sombra permanente. Otro elemento visual muy fuerte en la ciudad plana son las gruesas marañas de cables que cruzan horizontalmente la línea de visión, y que se deben a la enorme congestión de oficinas y viviendas con servicios de cable, telefonía, electricidad e internet.

Tanto de día como de noche, la ciudad plana es ruidosa y se encuentra abundantemente poblada, con presencia de mucha gente y automóviles. De hecho, si la ciudad colgante es de dominio del peatón, en la ciudad plana se padece la tiranía del automóvil de modo patente. La atmósfera, con humo, puede hacerse densa y el sonido de las bocinas de coches es omnipresente. Peculiarmente congestionada de automóviles y transeúntes, especialmente en ciertas "horas pico", la ciudad plana ofrece la sensación de formar parte de un tumulto colectivo, situación nunca presente en la ciudad colgante. En la noche, la mayor parte de estas calles está muy bien iluminada. La presencia de policía, puestos de policía o casetas de seguridad privada otorgan una sensación general de protección.

Para los habitantes de la ciudad plana, la presencia de muñecos colgados en postes y faroles advirtiendo potenciales linchamientos implicaría una afección a la calidad de su entorno urbano. Una vecina de clase media en la zona Central nos comentaba que tras el asalto a una tienda de barrio, la dueña había optado por colgar un muñeco. Rápidamente los vecinos la obligaron a descolgarlo, argumentando que "eso de colgar muñecos es cosa de alteños". De ahí, la casi nula presencia de muñecos en estas zonas: la misma es considerada "retrógrada" o "salvaje", propia de migrantes indígenas y no de "tradicionales" vecinos paceños.

Las laderas suelen ser visibles desde la ciudad plana, entre los intersticios que dejan los edificios (Fig. 5-4). Sin embargo, los habitantes de la ciudad plana no tienen un acercamiento experiencial a aquella ciudad colgante. No suelen trasladarse nunca hacia las laderas, pues tanto sus trabajos y centros educativos como sus hogares están en las mismas zonas planas de la ciudad. La ladera se integra mediante una suerte de voyeurismo, como un telón de fondo cuyas propiedades estéticas son a veces alabadas y no pocas veces denostadas. Así, los habitantes de la ciudad plana experimentan a La Paz como un todo continuo, cuyas regiones se definen

Fig. 5-4: Paisajes desde la ciudad plana: 1 a 3. Centro; 4. Sur.

sólo por ciertos estilos arquitectónicos y algunos marcadores espaciales preponderantes, como plazas o monumentos. Además, la ciudad plana es homogénea temporalmente, pues al menos en el eje central, está activa tanto de día como durante gran parte de la noche. Sólo los ritmos más o menos frenéticos del tráfico vehicular permiten distinguir ciertas tendencias temporales.

Entonces, ¿en qué reside la principal distinción entre ambas experiencias de ciudad en La Paz? Definitivamente, en el hecho de que ambas son mutuamente distintas en cuanto a elementos sensoriales –incluyendo la presencia de muñecos sólo en la ciudad colgante. Sin embargo, creemos que existe otro motivo relacionado: a diferencia de los pobladores de la ciudad plana, quienes habitan la ciudad colgante suelen estar forzados a tener experiencias vitales partidas en dos. De noche y los fines de semana, practican actividades deportivas, recreativas y organizativas en el entorno comunitario, familiar, barrial, de la ciudad colgante. Pero durante las jornadas laborales, su vida se relaciona a rubros por demás variados de actividad que tienen lugar obligatoriamente en los negocios, oficinas y dependencias de la ciudad plana. Desde luego, esto implica experimentar cotidianamente el descenso y ascenso que acabamos de describir.

Ser propio y extraño frente al muñeco

Entonces, el habitante de la ciudad colgante tiende a tener una experiencia partida, mixta, doble, de la ciudad. No es sólo una visión paisajística; es una experiencia de vida en el terreno del otro. Tal vez de esta experiencia nazca esa noción más vívida y palpable del otro, del ajeno, del extraño. Es aquí donde regresamos al muñeco. El muñeco es un ente que forma parte de la experiencia concreta de la ciudad colgante; es un producto del barrio, de la organización barrial como un ente corporizado. Es una advertencia a ser experimentada no sólo por el ladrón, sino por todo potencial ladrón; es decir, todo ajeno. Ajeno es el que no es parte del barrio, el invasor extraño a la comunidad, que frecuentemente es identificado con aspectos "emblemáticos" de la ciudad plana –el automóvil, el hombre que se viste "bien", "disfrazado" de oficinista de camisa y corbata para entrar a la casa a robar.

Fue inevitable para nosotros, al acercarnos en automóvil a estos barrios para registrar muñecos en el marco de nuestra prospección urbana, sentirnos algo intimidados por los grafitis que rezan: "OJO! AUTO SOSPECHOSO SERÁ QUEMADO. VECINDARIO ORGANIZADO".

Inevitable sentirse intimidado por el vecino que asoma la cabeza a la ventana con extrañeza, preguntando simple y secamente: "¿quién es usted?", o "¿qué está haciendo aquí?". Minutos después, ante nuestra identificación como investigadores sobre el tema de inseguridad ciudadana, ese mismo vecino procedía con cierta calidez a señalar las virtudes de los muñecos de su calle, notando que "desde que hemos colgado los muñecos, ya no hay tanto ratero[12]". Casi exacto testimonio recogimos en unas tres ocasiones, en barrios pertenecientes a los macro-distritos de San Antonio, Periférica y Max Paredes, bastante alejados entre ellos.

Para aquel acostumbrado a la ciudad plana, la seguridad tiende a dejarse en manos de terceros –policía, seguridad privada, empresas de monitoreo. Muchos paceños acomodados de hecho desconocen que en La Paz existen muñecos (de ahí que sean considerados como "cosa de alteños"). Y es que nunca han transitado físicamente sobre esa "otra ciudad" que se agarra del centro plano de su propia urbe.

Sin embargo, en el imaginario de estas personas cuelga, amenazante, la ladera, conceptuada como una prolongación étnica de la meseta altiplánica. Los habitantes de la ciudad plana mantienen viva la memoria del cerco indígena de 109 días liderado por los aymaras Tupak Katari y Bartolina Sisa, que en 1807 obligó a los paceños criollos y mestizos del cercado a hervir suelas y baúles de cuero para comer (Cajías 2009). Recuerdan los bloqueos campesinos del 2002 encabezados por el dirigente de la Federación Sindical Única de Trabajadores Campesinos de Bolivia (CSUCTCB), el "Mallku" aymara Felipe Quispe, cuando los habitantes de la acomodada zona sur llegaron a trabar las puertas de sus garajes por temor al asalto de "la indiada". Persiste en ellos el temor a que las masas comunitarias indígenas desciendan desde lo alto, por las laderas, para asaltar esta ciudad "blanca", hispana o "mestiza", formada no por comunidades, sino por familias pequeñas de individuos "racionales y modernos", habitantes de barrios unidos sólo por la simple inmediatez física y no por una real experiencia de organización vecinal[13].

Quienes se acercan a la ciudad colgante y encuentran entre sus graderías, en una avenida o rotonda, uno o varios muñecos colgados, se saben fuera de lugar. La transposición de los umbrales entre ambas ciudades implica el paso de una experiencia sensorial a otra, e involucra un cambio inmediato en el modo de actuar: más cauteloso y aprensivo, el habitante del plano; tan acostumbrado a caminar rápida y frenéticamente, esquivando automóviles, en el centro. Para quien mora en la ciudad plana, el muñeco es un *survival* de costumbres bárbaras, que le recuerda silenciosamente que es todo un vecindario, estructura social prácticamente desconocida, el que está dispuesto a tomar la justicia en mano propia ante cualquier sospecha.

Del mismo modo, el muñeco permite al habitante de la ciudad colgante sentirse protegido y sentir sus propiedades cuidadas mientras duerme o deja su casa. Esto no parece estar implícito en la figura del muñeco en sí, sino en la práctica comunitaria, grupal, de construcción de los muñecos. Desde su materialidad misma y por su relación con un entorno sensorial concreto, el muñeco es un indicador de organización barrial que asegura al poblador de las laderas que, aunque él no se encuentre en casa, sus vecinos estarán siempre dispuestos a cumplir con las amenazas del muñeco.

En suma, los muñecos colgados son mucho más que una amenaza del vecindario hacia los "maleantes". Como agentes materiales que componen una y sólo una de las dos experiencias sensoriales paceñas, permiten actuar distintas formas de vida y definir las fronteras sociales de los habitantes de La Paz. Estas fronteras de experiencia sensorial y de práctica social están frecuentemente cargadas de valoraciones políticas, económicas, étnicas y raciales, que en no pocas ocasiones tienen matices discriminatorios e injustos.

Agradecimientos

En la prospección urbana de las laderas de La Paz contamos con la valiosa ayuda de Raúl y José Villanueva. Agradecemos asimismo a Pablo Quisbert por el apoyo bibliográfico, a Roberto Pellini por el interés en incluir este trabajo en un simposio del TAAS 2014 y en este volumen editado, y a todos quienes emitieron sus valiosos comentarios en dicha oportunidad. Este trabajo no hubiese sido posible sin la tolerancia, paciencia e información provista por varios vecinos de las laderas de La Paz.

Bibliografía

Cajías, F. *Historia Colonial de La Paz*. Colección Bicentenario, Tomo II. La Paz: Santillana–La Razón, 2009.

Cuadros, Á. *Ciudad y Territorio: La Construcción del Espacio Nacional*. La Paz: Cooperativa Holandesa, 2003.

Durán, J. *Casa Aunque en la Punta del Cerro: Vivienda y Desarrollo de la Ciudad de El Alto*. La Paz: Fundación PIEB, 2007.

Gutiérrez Condori, R. "Relación Histórica y Etnográfica de los Barrios Alto Pasankeri Sur, Huarikunka Norte, Chualluma Bajo y Unión Alto Tejar de la Ladera Este de la Ciudad de La Paz: Patrones de Asentamiento y Dinámica Social y Cultural de la Población Aymara Urbana". En *Anales de la XXII Reunión Anual de Etnología*, Tomo II, 241–261. La Paz: MUSEF, 2009.

Instituto Nacional de Estadística. *Censo Nacional de Población y Vivienda 2012*. La Paz: INE, 2012.

Jespersgaard Jakobsen, L. *Privatization of Security in Bolivia: Neighborhood vigilant groups in La Paz and El Alto*. Reporte de pasantía. Roskilde: Roskilde University, 2014. Ms.

Machiavelli, H. *Monografía de 69 Deslizamientos Acecidos en la Ciudad de La Paz*. La Paz: Fondo editorial municipal, 2013.

Magne, A. y L. Peñaloza. "Abordaje de los Muñecos Colgados en Villa Adela". En *Anales de la XXII Reunión Anual de Etnología*, Tomo II, 525–531. La Paz: MUSEF, 2009.

Risør, H. "Twenty Hanging Dolls and a Lynching: Defacing Dangerousness and Enacting Citizenship in El Alto, Bolivia". *Public Culture* 22, no. 3 (2010), 465–485.

Notas

[1] Ha habitado la ciudad colgante durante 15 años.

[2] Ha habitado la ciudad plana durante 28 años.

[3] La voz "cercado" denomina a las porciones amuralladas de varias ciudades criollas coloniales del occidente de Bolivia como La Paz, Oruro y Cochabamba.

[4] El último deslizamiento de laderas es bastante reciente, sucedió en el año 2011.

[5] Según el censo 2012, 67,3% de los 10 millones de habitantes de Bolivia viven en zonas urbanas. Santa Cruz de la Sierra concentra 1.453.000 habitantes; El Alto, 843.000; La Paz, 793.000.

[6] La relocalización se refiere al despido masivo de mineros en el año 1985.

[7] Que incluyen vialidad y transporte, servicios de alcantarillado, agua potable y electricidad, entre otros.

[8] El Municipio de La Paz se divide en nueve macrodistritos, dos rurales (Hampaturi y Zongo) y siete urbanos. Recorrimos los macrodistritos urbanos, detectando mayores concentraciones de muñecos en los macrodistritos de ladera o "colgantes": Periférica, San Antonio, Max Paredes y Cotahuma. La presencia de muñecos fue de escasa a nula en los macrodistritos "planos": Centro, Sur y Mallasa.

[9] Las "caseras" o "caseritas" son mujeres que venden productos en el mercado informal. Aunque menos comunes, existen versiones masculinas, los caseros.

[10] Algo que sostiene esta idea es que la sangre suele representarse pintada con tinta roja en las rodillas de los muñecos, indicando que en el proceso de linchamiento el ladrón será forzado a arrodillarse ante el vecindario.

[11] Éste no es el caso en la ciudad plana, donde los escasos muñecos existentes son iniciativa personal de quien sufrió un asalto o atraco, y donde de hecho los vecinos son poco proclives a colgar muñecos.

[12] "Ratero" es otro término coloquial para denominar al ladrón.

[13] Más allá de este desprecio y temor, el poblador de la ciudad plana admira veladamente esta forma de organización comunitaria que ha permitido a los vecinos de El Alto, nucleados en la Federación de Juntas Vecinales (FEJUVE), ser protagonistas políticos muy activos de las luchas sociales de las últimas dos décadas, y actores destacados dentro de la estructura gubernamental desde el año 2005. Claramente el peso político e incidencia de las juntas barriales de la ciudad plana es casi nulo, y su existencia es meramente testimonial.

Capítulo Seis

Arqueología, piel y quebracho

M. Bernarda Marconetto
Guillermo Gardenal
Patricio Barría

"Allá en mi tierra hay un árbol que es orgullo de mi raza, es símbolo de bravura, de fe, de amor y esperanza. Nacido entre remolinos fue creciendo en siestas largas, entre bramido de puma y música de Salamancas.
Fue madurando muy lento entre notas de vidala, entre dichos y leyendas, entre alabanzas paganas. Enraizado en suelo virgen, los vientos lo saludaron y los misterios del monte con el tiempo lo aclamaron.
Quebrachales de mi tierra, fuerza genuina hecha canto en versos de chacarera y repiquetear de malambos. Tienes muy dentro de tu alma la dureza del acero, la simpleza de la lluvia y el cantar de mil jilgueros.
¿Por qué será que el hachero y el quebracho se parecen? Tal vez porque son muy fuertes, muy machos y muy valientes. O quizás porque hay en ellos un potro arisco y salvaje, y silencios, y tristezas de sufrir en soledades.
De pronto un día callaron las cajas y las guitarras, cuando el dolor del tanino todas las hachas mojaba. La tarde se fue muy lenta al ver que tu tallo hería, pero al despuntar el alba, nuevos quebrachos nacían.
Y de aquel callado dolor, resurgió tu esencia pura, que es folklore y algo más, es himno de paz y bravura. Quebrachales de mi tierra, sangre pura de mi raza, tal vez por eso mi alma, siente pasión por tu estampa".

Recitado de Chacarera Quebrachales - Héctor Cruz[1]

La reflexión que da origen a este escrito tiene la particularidad de haber nacido de dos lugares no habituales para comenzar una indagación en arqueología: el silencio y la piel. El silencio apareció en términos de ausencia. La ausencia –o mejor, la mínima presencia– de árboles llamados quebrachos en contextos arqueológicos del valle de Ambato (Catamarca, Argentina) donde los mismos abundan. Por su parte, la piel de uno de nosotros cobró protagonismo al ser afectada por el *paaj* o mal del quebracho, incitándonos a una discusión que nos invitó a desplazar el lugar de las "plantas-recurso", tan caras a occidente y a las arqueologías disciplinadas, a un lugar de "predación", con alto potencial para repensar nuestras propias interpretaciones acerca de los contextos con los cuales trabajamos.

Introducción

La reflexión a tres voces[2] que presentaremos tiene su origen en un seminario de "Arqueología de las Plantas" dictado en la Universidad Nacional de Córdoba (Argentina). En uno de los encuentros, la relevancia de las "ausencias" se hizo presente. Discutíamos un trabajo de Picornell, Asouti y Allué (2011) acerca de una experiencia etnográfica en Guinea Ecuatorial, en la que los autores –entendiendo que la colecta de leña está culturalmente mediada– apelaban a esta herramienta a fin de ampliar sus horizontes sobre las prácticas que constituían aquello que es observable arqueológicamente. Los Fang, entre quienes trabajaron los autores, practican el sistema de roza y quema. Aparentemente, empleaban la leña resultante del despeje del bosque, con algunas preferencias por cualidades ligadas a la combustión, o evitando aquellos taxones que generarían molestias, como mucho humo. Hasta aquí todo parecía resultar predecible a los ojos de cualquier lector occidental. Sin embargo, en un momento surgieron las leñas cuyo uso estaba prohibido. Maderas que no iban a aparecer en el "registro de carbón". Se trataba del "ebaiñ" (*Pentaclethra macrophylla*) y "nuara" (*Tetrorchidium didymostemon*), árboles cuya madera era evitada. En general, solemos poner el acento en la presencia de determinadas materialidades; sin embargo, la ausencia puede pasar desapercibida. Desde una mirada disciplinada, las ausencias son difíciles de explicar o son explicadas en general desde sentidos funcionales, económicos o políticos. En el caso de los Fang, Picornell y sus colaboradoras dieron cuenta de que este evitamiento se ligaba con cuestiones ontológicas, en tanto las plantas, los lugares y los animales estaban imbuidos de ánimo y eran capaces de interactuar con la gente. "Ebaiñ" y "nuara" representaban entidades poderosas que las personas preferían mantener lejos de la aldea.

Entendiendo que las ausencias en arqueología pueden constituir un elemento muy potente para indagar en lógicas otras, nos interesó puntualmente el silencio o el susurro de ciertos árboles, los quebrachos, en contextos arqueológicos de una zona donde los mismos abundan: el valle de Ambato, en la provincia de Catamarca (Argentina) (Fig. 6–1). Al mismo tiempo, la entrada al problema abordado fue en buena medida por la piel, ejercicio que abrió algunas puertas interesantes para argumentar acerca de algunas interpretaciones o asunciones comunes sobre las plantas en arqueología.

La arqueología disciplinada suele ser un tanto temerosa. Teme a cuestiones como la etnografía, el folklore, las historias. Se aterra ante la posible analogía etnográfica directa, y curiosamente no se espanta de las efectivas analogías directas al presente occidental; de entender a las plantas como recursos económicos, de enraizar en el pasado y naturalizar, consecuentemente, la lógica de los agro-negocios. En un intento por dialogar con la ausencia de los quebrachos, recorrimos algunas sendas de la mano de experiencias etnográficas y relatos folklóricos que habilitaron a quebrar sentidos propios acerca del vínculo entre humanos y plantas. Los llamados "quiebra-hachas" acreditan una interesante trayectoria en el Chaco argentino, siendo posiblemente el caso más conocido y analizado "La Forestal" o la "Compañía de Tierras, Maderas y Ferrocarriles La Forestal Ltd." Este fue casi un Estado paralelo –aun con moneda propia– que creció en el seno de la República Argentina a principios de 1900 en torno al quebracho colorado (ver Gori 1965). "La Forestal" se apropió por igual de maderas y cuerpos, y extrajo tanino de los árboles y sangre de los hacheros.

188 - *Sentidos indisciplinados. Arqueología, sensorialidad y narrativas alternativas*

Fig. 6-1: Valle de Ambato, Provincia de Catamarca, Argentina.

En el norte argentino encontramos tres especies llamadas "quebracho". Dos de estas especies pertenecen a la familia *Anacardiaceae*: "el quebracho colorado chaqueño", *Schinopsis balansae* Engl.; y "el quebracho colorado santiagueño" u "horco quebracho-quebracho del cerro", *Schinopsis lorentzii* (Griseb.) Engl. (Sinónimos: *Schinopsis marginata* Engl., *Schinopsis lorentzii* –Griseb. – Engl. var. *Marginata*). En las provincias del Chaco y Formosa se encuentra *Schinopsis heterophylla* Ragonese & J. Castillo, que puede ser un híbrido entre *S. lorentzii* y *S. balansae*. Asignado a la familia *Apocynaceae*, el "quebracho blanco", *Aspidosperma quebracho-blanco* Schltdl., también crece en Catamarca, en Ambato, al igual que *S. lorentzii*. (Catálogo de Plantas Vasculares del Cono Sur. Instituto de Botánica Darwinion 2014) (Fig. 6-2).

Existe un rico acervo de relatos y cancioneros que tienen como protagonistas a los quebrachos. Una serie de prácticas se le vinculan; al quebracho se lo respeta, no se lo toca sin permiso y no se puede pasar junto a él sin saludarlo. Así es que, ante todo: "Buenos días, Señor Quebracho", esperamos nos deje conversar un momento con usted de arqueología.

Fig. 6-2: De izq. a dcha. *Schinopsis balansae*, quebracho colorado chaqueño; *Schinopsis lorentzii*, quebracho colorado santiagueño; *Aspidosperma quebracho blanco*.

Árboles y ánimos

Los árboles, según Rival (1998), no sólo brindan numerosos bienes y servicios económicos y ambientales, sino que también, en los contextos locales se tejen profundos lazos con ellos, llegando a jugar un rol significativo en los procesos de conformación de identidades colectivas. Más allá de esto, es abundante la literatura etnográfica que presenta a los árboles como seres dotados de intencionalidad y ánimo. Bonnie y Jean Pierre Chaumeil (2004) señalan que entre los Yagua, los árboles grandes y de madera muy dura pueden profesarse entre sí un odio sin límites, provocando entre ellos luchas fratricidas. Los vínculos de parentesco, amistad u hostilidad, ya sea entre plantas como involucrando a humanos, se han registrado entre diversos grupos (Rival 2004).

En diversos casos, por estar animado, se debe al árbol un tratamiento y respeto particular. Existen registros acerca de este punto. Green (2013) menciona, por ejemplo, que a ciertos árboles en San Pedro de Atacama se los corta "mientras duermen"; en el caso del chañar (*Geoffroea decorticans*), esto sucede entre mayo y julio, y en del algarrobo (*Prosopis* sp.), en septiembre y octubre. En diversas etnografías es notable el empleo de verbos o adjetivos, normalmente asignables al accionar y la intencionalidad humana, al referir a diversos árboles: "Una vez corté un chañar fuera de tiempo y botó un líquido como agua, daba a entender como que **estaba llorando**, hay que cortarlos en su tiempo, cómo será la naturaleza..." (L. Q. Séquitor, en Green 2013). También se ha asociado a la resina de los algarrobos con una manifestación de llanto: "A veces corre natural un fluido como miel, resina; dicen que **cuando el algarrobo necesita algo llora, pago será, otros dicen que llora porque quiere**" (J.R. Séquitor, en Green 2013).

Algunos ejemplos vienen también de Ambato; han sido recabados por Gadban (1999), refiriendo a árboles y extendiéndose al "monte": "Toda esa madera que voltea la hoja tiene su época para cortar", en tanto "en cualquier tiempo se le puede cortar porque ese monte nunca pierde la hoja, **vive vestido**". "Yo con sólo verlo al monte ya **sé si está enfermo o está sano**"; "el Monte está **liquidado**"; "el Nogal no tiene desperdicio, eso, **si está sano, si no está pasmado**". El "pasmo" es una afección que suele aquejar a los humanos y también a los animales, según se ha registrado en la zona; y los árboles parecen no estar ajenos a esta afección.

> "Yo con sólo verlo al monte ya sé si está enfermo o está sano, porque ya cuando echan los brotes algunos los echan amarillentos y cuando está sano echan siempre los brotes verdes. O que si arriba echa un gajo que está secarriento es porque el Coco está enfermo. Porque el árbol se seca de enfermo" (A. Seco, Los Castillos, Catamarca).

Asimismo, hemos notado que algunos términos se emplean tanto para referir a las plantas como a los animales: hay árboles que se crían solos; a otros, se los cría. En Ambato, la idea de "crianza" aplica a especies exóticas: el álamo y el sauce **se crían**. Sin embargo, la idea de criar no se restringe a estas especies; se extiende a los humanos, a los animales y a algunas plantas. Así se dice que una persona "se ha criado gorda", "¡cómo se ha criado la vaca!", o que "se han criado altas las chacras" (M. Bussi com. pers). Otro término análogo al empleado para los animales es el de "cimarrón", que alude a los que no han recibido cuidado humano: "Acá nogal **cimarrón** no hay, ya sólo para Escaba". Una particularidad de la madera puede también ligar a percepciones comunes acerca de la madera y su uso. "Del aliso se sacan todas las tablillas para los cajones de finado (muerto), y también para el fondo o la costanera. No es una madera buena".

Hace más de 15 años, una de nosotros salió a recolectar leñas con Justina, pobladora de Los Castillos en el Departamento Ambato.

Bernarda[3]: Buscaba armar una colección de referencia de maderas locales con las que luego comparar el carbón que iba a encontrar en los sitios arqueológicos. En ese momento no presté atención a algunas cuestiones que muchos años después encuentro muy valiosas. Charlamos mucho y, sin embargo, me limité a "traducir" a Justina en mi escrito. Me preocupaba por las propiedades de cada taxón, pensando en si dejarían un buen registro de carbón en los contextos arqueológicos. *Traduttore, traditore* reza un proverbio italiano que la antropología ha comenzado a recuperar en los últimos años. Lamento haber traicionado a Justina al traducirla; a pesar de ello, pude rescatar palabras que anoté al referir a cada planta cuando las buscábamos. Muchos de los adjetivos que ella usaba, al igual que en el caso de las acciones antes mencionadas, eran usualmente empleados para personas: "falsa", "linda", "hermosa", "hedionda", "firme", "floja" y hasta incluso un contundente "¡qué hija de puta esta!". Respecto de los quebrachos, el blanco y el colorado son los dos únicos *taxa* en los que no recuperé su voz en mi libreta; sólo la mía hablando de su calidad y la dificultad al cortarlos. Ese silencio curiosamente se reflejó en el registro; no encontré quebrachos en los sitios arqueológicos... o sí, muy pocos.

El material

El material que motiva la discusión fue recuperado en contextos arqueológicos del valle de Ambato en Catamarca, asignados a la llamada Cultura de la Aguada (González 1964, 1998). Se trata del sector septentrional del amplio valle de Catamarca en el Noroeste Argentino. El mismo se encuentra formado por el cordón montañoso de Ambato o Manchao al oeste, y por la sierra Graciana al este. Una de las clasificaciones fitogeográficas desarrolladas, que considera nuestra área de investigación, es la de Tortorelli (1956). Según este autor, el área se encuentra en una zona ecotonal entre el Monte Occidental y el Parque Chaqueño. Podemos encontrar especies arbóreas y arbustivas características del Parque Chaqueño, como "quebracho blanco" (*Aspidosperma quebracho blanco*) y "mistol" (*Ziziphus mistol*), observándose además presencia de "algarrobo blanco" (*Prosopis alba*), "yuchán" (*Chorisia insignis*), "samohú" (*Chorisia speciosa*), "chañar" (*Geoffroea decorticans*), "brea" (*Cercidium australe*), y "tintitaco" (*Prosopis torquata*). Es además especie característica de esta parte serrana el "horco quebracho" (*Schinopsis lorentzii*), llamado en la zona "quebracho colorado". También existe entre el arbolado "coco o cocucho" (*Fagara coco*), "chichitá" (*Lithraea molleoides*), "aguaribay o molle" (*Schinus molle*), "visco" (*Acacia visco*), "churqui o churque" (*Acacia caven*) y "atamisqui" (*Atamisquea emarginata*). Para el Monte Occidental, Tortorelli menciona una vegetación leñosa constituida por abundantes arbustos espinosos de porte tortuoso, varias especies del género *Larrea* (*L. divaricata, L. cuneifolia, L. nitida*) conocidas generalmente como "jarillas", especies del género *Prosopis* (*P. strombulífera, P. alpataco, P. globosa, P. argentina*), "chañar" (*Geoffroea decorticans*), "pichana" (*Cassia aphylla*), "piquillín" (*Condalia microphylla*), "molle rastrero" (*Schinus* sp.), entre otras. Entre las especies arbóreas, el autor señala que en los lugares más favorables pueden hallarse diseminados "algarrobo negro" (*Prosopis nigra*), "algarrobo blanco" (*Prosopis alba*), "visco" (*Acacia visco*) y "brea" (*Cercidium australe*). El valle de Ambato, al encontrarse en una zona de contacto entre las dos regiones fitogeográficas, presenta especies representativas de ambas, siendo notoria la diferencia entre las especies que crecen en las laderas al este y al oeste del valle.

En los sitios Piedras Blancas, Iglesia de los Indios, Martínez y El Altillo (Ver, Fabra 2002; Gastaldi 2010; Gordillo 2009; Laguens 2004, 2006) se recuperó abundante madera carbonizada. Esta abundancia es una de las particularidades de diversos contextos trabajados hasta el momento. Contamos con restos procedentes de diversas estructuras: de combustión, almacenado, en rellenos, en los montículos; también se recuperaron maderas empleadas en la construcción, conservadas debido a incendios que afectaron varios de los sitios excavados hasta el momento (Marconetto 2008; Marconetto y Gordillo 2008).

La identificación taxonómica de la madera carbonizada hallada en estos sitios, así como la información contextual, evidenció la existencia de prácticas de selección en relación con diversos taxones. Los resultados de estos análisis han sido discutidos en otras oportunidades; por tanto, no nos extenderemos aquí. Sí nos interesa específicamente el caso de los quebrachos, tanto blancos como colorados, en tanto su notable escasez parece contradecir algunas explicaciones esperables, ligadas a cuestiones como calidad, abundancia en la zona y/o tafonomía.

De 1.206 muestras recuperadas en 21 contextos diferentes, a los cuales se suman determinaciones sobre escaso material de los sitios Martínez 2 y 3, y material actualmente en proceso de identificación de la Iglesia de los Indios, sólo se determinó carbón afín a los géneros *Schinopsis* y *Aspidosperma* en unos pocos contextos y en muy baja frecuencia, exceptuando un único caso (ver Fig. 6-3 a 6-5).

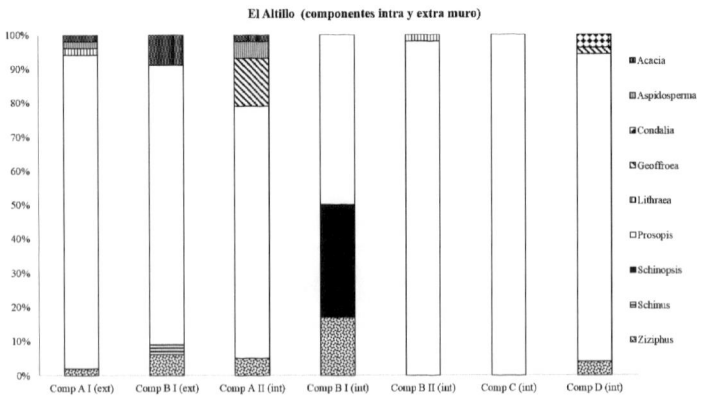

Fig. 6-3: Identificación de madera carbonizada recuperada en sitio El Altillo.

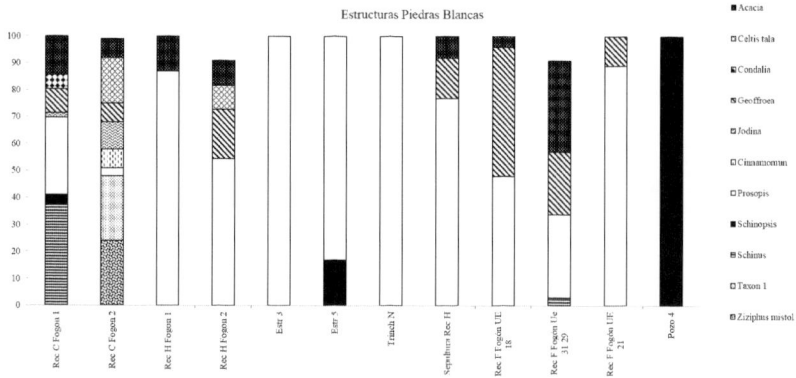

Fig. 6-4: Identificación de madera carbonizada recuperada en estructuras del sitio Piedras Blancas.

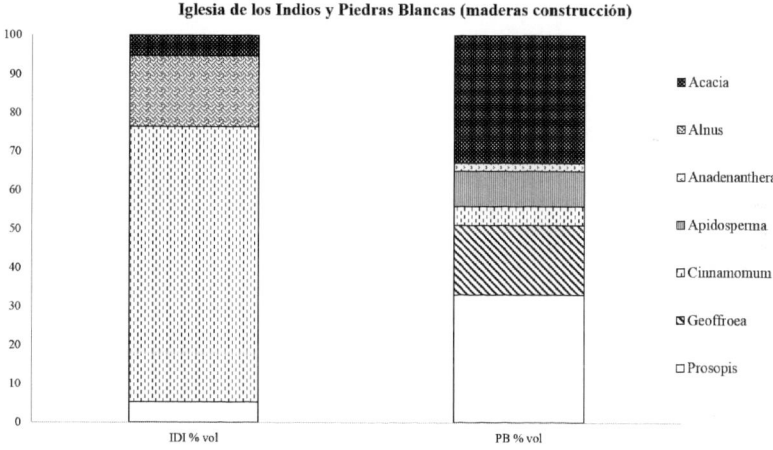

Fig. 6-5: Identificación de maderas empleadas en la construcción de los sitios Piedras Blancas e Iglesia de los Indios.

En el llamado recinto H del sitio Piedras Blancas (Fig. 6-6), destaca – en relación con el tema que nos ocupa– el único contexto que arrojó 100% *Schinopsis* (quebracho colorado). Se trata de un pequeño pozo de forma irregular, con un diámetro aproximado de 38 cm. y 14 cm. de profundidad (pozo 4 en Fig. 6-6 y 6-7), en cuyo interior se recuperaron fragmentos de carbón (18 cc.) y sedimento pedregoso diferente al de la matriz. El pozo se encuentra ubicado en el sector sur del recinto cercano a tres enterratorios: dos neonatos y un infante de cerca de 2 años (Fig. 6-8).

Un punto que creemos necesario señalar es que los registros definidos como Aguada en la arqueología del noroeste argentino han sido históricamente asociados a la dinámica cultural de los Andes (ver reseñas de la historia de las investigaciones en Gastaldi 2010; Gordillo 2009). Sin embargo, los vínculos de las poblaciones prehispánicas de esta región de Argentina con las llamadas tierras bajas, y aun con grupos amazónicos, vienen discutiéndose desde principios del siglo XX (ver reseñas de estos debates en relación con Aguada en Gastaldi 2010; Pazzarelli 2011). Asignar el registro acerca del cual reflexionaremos específicamente a uno de estos espacios (Andes/Amazonas, tierras altas/tierras bajas, ámbitos que los debates aún vigentes no logran recortar claramente) no es un objetivo viable de alcanzar aquí. Sin embargo, resultan interesantes como herramienta reflexiva los acercamientos analíticos entre estas dos regiones; puntualmente, aquéllos ligados al concepto de "multinaturalismo" en términos de Viveiros de Castro (2004), donde lo que humanos y no-humanos comparten es la cultura y no la naturaleza. Este solo punto representa una fractura crucial respecto de nuestra propia concepción, un quiebre ontológico, y genera un instrumento válido para intentar repensar materialidades de grupos prehispánicos de tierras altas o bajas. Se ha propuesto que la cosmología andina comparte los mismos fundamentos de esta economía simbólica presentada originalmente para el Amazonas (Calvalcanti-Schiel 2007), siendo ya diversos los trabajos etnográficos llevados a cabo en los Andes en esta línea (Arnold y Yapita 2000; Lema 2014; Pazzarelli 2014, entre otros). En cuanto a la –discutible– ahistoricidad que puede entenderse presentan los casos etnográficos, es necesario aclarar que los mismos son empleados aquí simplemente como elementos de quiebre de las propias miradas.

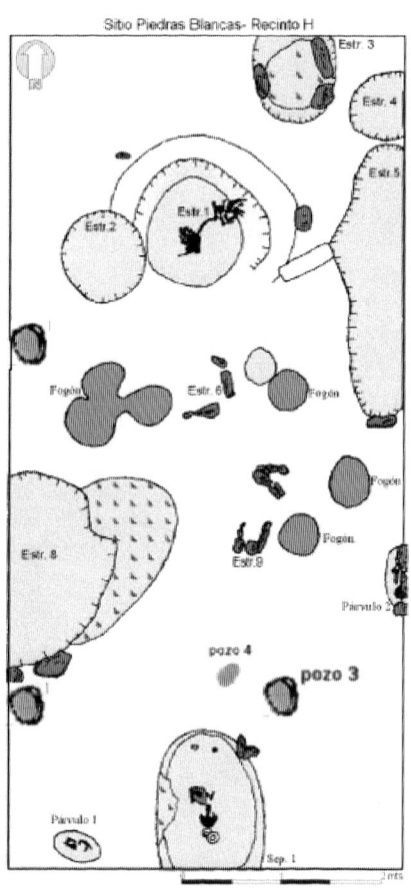

Fig. 6-6: Planta Recinto H del Sitio Piedras Blancas, sector en el que se recuperó carbón de *Schinopsis* sp.

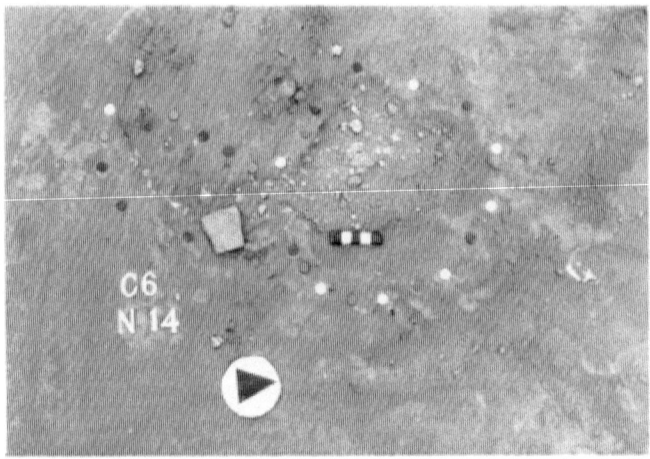

Fig. 6–7: Pozo 4, en el que se recuperó carbón de quebracho colorado.

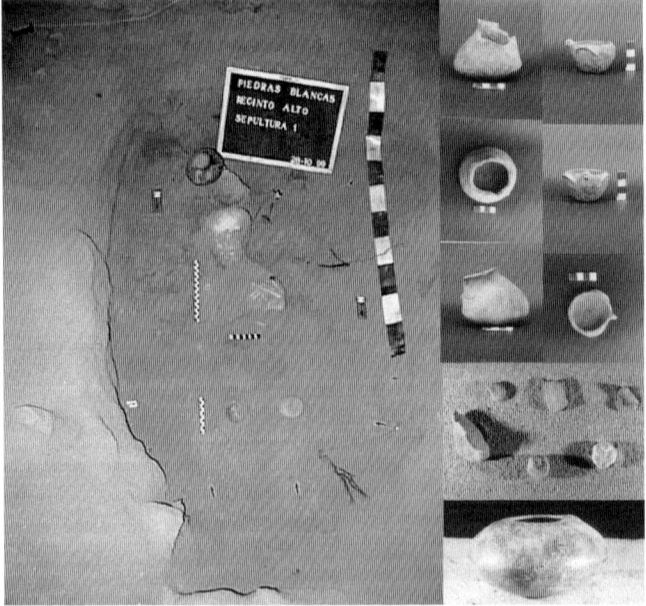

Fig. 6–8: Sepultura de uno de los infantes junto al pozo 4.

Preguntas en la piel

Intentando indisciplinar el problema, retomamos la discusión de Haber (2013) acerca de la marcada división entre el conocedor y el pasado cognoscible que la metodología arqueológica impone al definir su objeto. En la disciplina arqueológica, la relación con el sujeto de estudio es una relación epistemológica, y no ontológica. Así, la pretensión disciplinaria es que **mi** relación con lo arqueológico me afecta como conocedor, **no como ser**. Se marca así una ruptura metafísica que separa a los seres conocedores y conocidos como diferentes órdenes de seres. Y así, esa ruptura sólo puede ser atravesada por una relación asimétrica de conocimiento.

En este caso, la entrada al problema arqueológico por parte de uno de nosotros surge desde una afección al ser, al cuerpo, revirtiendo así, tal vez, la mencionada ruptura metafísica.

Guillermo: A comienzos del año 2014 me encontraba realizando trabajo de campo en el Parque Nacional Copo, en el límite noreste de la provincia de Santiago del Estero con el Chaco. El parque nacional abarca cerca de 100.000 ha. donde los quebrachos, en sus tres variedades, predominan focalizadamente entre otras especies arbóreas. Al tercer día de estar en el parque comenzaron a aparecerme marcas rojas en la piel, con una fuerte y constante picazón, diseminadas por todo el abdomen y muslos. Intrigado y molesto, le comento a un poblador de la región acerca de la afección, y éste me responde:

– ¿Has estado con los quebrachos?

– Sí, hasta he abrazado uno –le contesto.

– Ah, es eso entonces, te ha flechaò el quebracho; no te preocupes, te va a picar un tiempo, intenta no rascarte.

– ¿Por qué me ha flechado? –pregunto.

– Seguro no le has pedido permiso y te has acercado demasiado; se ha sentido amenazado –me contestó Mario, poblador del Copo.

Esta pequeña conversación dio una explicación a través de un saber nativo, relato oral o creencia popular a las marcas que cada vez más se iban expandiendo por mi cuerpo. Tres días después, ya en la ciudad de Córdoba, lugar donde resido la mayor parte del tiempo, comenzamos a investigar acerca de esta reacción, que se iba agravando cada vez más con el correr de los días. Una amiga santiagueña me comentó: "es el *páaj* o mal del quebracho, eso tienes, te ha flecha'o el quebracho, no puedes hacer más que volver y ofrendarlo, u ofrendar al quebracho más grande que encuentres". En ese momento era muy difícil volver al Chaco para mí, por lo que me puse a buscar algún quebracho en la ciudad para ofrendar. Al no encontrar ninguno, decidimos realizar el rito de disculpas a través de otro árbol, un eucalipto (*Eucalyptus melliodora*), de unos 40 m. de altura, el cual consideramos mayor dentro del parque donde se encontraba. Le ofrendamos cenizas y le pedimos que haga de comunicador con los quebrachos, pidiendo disculpas a éstos. Los síntomas comenzaron a aliviar al día siguiente y una semana después estaba curado.

La "flechadura" del quebracho siguió igual rondando, ya no a flor de piel, sino relacionada con cómo estamos pensando las relaciones entre humanos y no-humanos en la vida diaria y, como en el caso de este trabajo, en la arqueología y la antropología.

El acto de flechar

La mención al *páaj* ("el aire del quebracho", "la sombra del quebracho", "la ponzoña del quebracho"[4]) ejecutado sobre los humanos –y también sobre los no-humanos– a través del acto de **"flechar"** surge recurrentemente, como pudimos constatar tanto en relatos escritos como en conversaciones con pobladores del Chaco argentino durante el trabajo de campo de uno de nosotros. Asimismo, algunas menciones indican que se requiere de una serie de protocolos para lograr librarse del mal (ver Apéndice).

Referimos a lo largo del trabajo casi indistintamente a "los quebrachos". Si bien para la taxonomía linneana los quebrachos –colorado y blanco– corresponden a géneros de familias diferentes, la tradición oral los vincula estrechamente. En la zona chaco-santiagueña tenemos un relato muy extendido acerca de un guerrero que muere defendiendo a su grupo, mientras se desangra después de ganada la batalla. Recostado sobre un quebracho blanco, su sangre entra al árbol por medio de un hueco. La sangre del guerrero reemplaza a la savia del árbol, a la vez que su alma se transfiere a éste. De esa manera nace el quebracho colorado, y las virtudes del valiente guerrero se reflejan en la dureza de su madera y en la capacidad de ocasionar daño mediante la flechadura (Carranza y Lorda 1952).

Al buscar el significado del término *páaj* encontramos referencias que indican que era el modo en que se nombraba en lengua quechua a los árboles que luego se denominarían quebrachos: quebracho blanco, *páaj inianchú*, y quebracho colorado, *páaj puca* (Stuckert 1926). Por su parte, la etimología española del término remite a "quiebra-hacha", por la dureza de la madera y el efecto que produciría en las hachas al golpearlas. Martín Dobrizhoffer, misionero jesuita que residió largo tiempo entre los aborígenes del territorio chaqueño, relata:

"... Quebracho: se denominan entre los españoles, quebrachos o quebrahacho, porque si no intervienen hachadores o carpinteros expertos, ellos quiebran en pedazos las hachas al primer golpe, pues en dureza igualan al hierro" (Dobrizhoffer 1967 [1784]).

Esta referencia invita a reflexionar acerca de cómo la lengua española o castiza colonizó y continúa colonizando modos de relación, categorización y entendimiento. En relación con la ausencia o escasez de estos árboles en contextos arqueológicos, es notable cómo una primera interpretación remitió a la dureza de su madera (Marconetto 2008). También se llama "quebracho flojo" al árbol conocido como "sombra de toro" (*Jodinia rhombifolia*) (Stuckert 1926). Este taxón tampoco apareció en los análisis antracológicos llevados a cabo.

En cuanto al término "flechar", esta no es una acción privativa del quebracho. Según relatos populares, otros árboles lo hacen; por ejemplo, el "molle" (*Lithraea ternifolia*), que crece también en el noroeste y centro de la Argentina, o el "litre" (*Lithraea caustica*) en Chile. Es destacable que flechar no es una acción cualquiera; se trata de un quehacer digno de un cazador o un predador. Viveiros de Castro (2010) ha señalado largamente la relevancia de la predación en la filosofía amerindia. Incluso, el "perspectivismo" ha sido definido como una ideología de caza, concibiendo a la caza como una abstracción, más allá de la acción instrumental de cazadores concretos, ya sean éstos humanos como no (Weismantel 2015). Si bien para Viveiros de Castro tanto "... dioses, espíritus, muertos, habitantes de otros niveles cósmicos, fenómenos meteorológicos, vegetales, y aun a veces objetos y artefactos" (Viveiros de Castro 1996: 116-117) tienen un punto de vista propio, el protagonismo parece estar en los animales y los humanos, y la contra-predación caníbal –espíritu de la presa tornado predador– parece darse primordialmente entre el cazador y la presa animal:

"... [L]a humanidad pasada de los animales se suma a su actual espiritualidad oculta por la forma visible para producir un difundido complejo de restricciones o precauciones alimentarias, que o declaran incomestibles ciertos animales míticamente consustanciales a los humanos, o exige la desubjetivación chamanística del animal antes que se lo consuma (neutralizando su espíritu, transustanciando su carne en vegetal, reduciéndolo semánticamente a otros animales menos próximos a lo humano) bajo pena de represalia en forma de dolencia, concebida como contra-predación caníbal llevada a efecto por el espíritu de la presa tornada predador, en una inversión mortal de perspectivas que transforma lo humano en animal" (Viveiros de Castro 1996: 119, traducción de los autores).

Paradójicamente en los relatos que recuperamos, la acción de flechar está siendo ejecutada por un árbol, una planta. Las plantas son seres que desde la mirada occidental se encuentran en la base de la cadena trófica. Es interesante pensar, como en el caso que nos ocupa, que se da una inversión de roles entre predador y presa. En el monte, el hachero es predador y el árbol presa. Sin embargo, el árbol parece tener la facultad de defenderse deviniendo cazador y convirtiendo al hombre en presa, quien deberá seguir un protocolo para salir de esa situación y restablecer el orden.

El rol ambiguo de las plantas, análogo al de los chamanes, que pueden curar o matar, ha sido planteado en un análisis de la iconografía Aguada por uno de nosotros en un trabajo anterior (Marconetto 2015). Una antigua publicación de Yacovleff y Herrera (1934) reseña diversidad de motivos y representaciones de vegetales en los Andes plasmadas en diferentes soportes (cerámica, grabados, textiles, metales). Entre esas representaciones, un personaje interesante que resulta recurrente y atrajo nuestra atención, es el llamado por los autores "el portador de vegetales". Se trata de un personaje con una gestualidad específica, parado de frente con plantas en ambas manos. Plantas en las que destacan la parte aérea y las raíces. Plantas de diversas especies. Es notable que el gesto de estos personajes también se repite en diferentes diseños de la iconografía andina en personajes portadores de cetros, de cabezas trofeos, de hachas o armas.

Apelando a la idea de ambigüedad, fue interesante rescatar algunas imágenes recurrentes en diseños Aguada, a partir de las cuales trazar un posible eje de ambigüedad al que optamos por llamar "armas-plantas" (Marconetto 2015). En especial, referimos a ciertos personajes cuya gestualidad en Aguada remite a los portadores de vegetales que ocurren a lo largo de los Andes. Estos personajes en Aguada han sido descriptos en general como guerreros portando armas o flanqueados por ellas. Sin embargo, son notables algunas particularidades en la representación de estas "armas". En algunos casos, su flexibilidad remite a lo vegetal, así como la presencia de potenciales raíces y la morfología resulta fácilmente asimilable a las plantas.

Esta es una cuestión que fue esbozada en su momento, a fin de argumentar acerca del potencial de análisis de lo ambiguo. Sin embargo, la multi-referencialidad, en términos de Arnold y Yapita (2000), entre plantas y armas debe continuar explorándose, en tanto sospechamos es un tema difundido en América. "Flor del Arco", llaman a las flechas los Mbya Guaraní, según menciona Clastres (1978) –dato llamativo. El acto de flechar del quebracho volvió a poner la idea en la mesa de discusión. Asimismo, la relación de las comunidades del área del Gran Chaco con los quebrachos no sólo denota actitudes negativas para con este árbol-arma (con capacidad de flechar), sino que también es utilizado para sanar. Encontramos en las plantas la dualidad cura-daño, característica del modo en que se concibe el mundo de los chamanes, quienes al igual que las plantas pueden curar o matar (Kounen *et al.* 2008)[5].

El quebracho come niños

Otro punto que llamó nuestra atención al indagar sobre los quebrachos, fue el vínculo entre éstos, en especial el quebracho colorado, y los recién nacidos o no-nacidos.

Son diversas las prácticas y los relatos que vinculan a los niños y a los árboles en el mundo amerindio, desde crónicas coloniales sobre el ritual de *capac cocha* entre los chinchas (Guaman Poma 1980) hasta las festividades del *Niñuchanchik* llevadas a cabo en la actualidad en Andahuaylas; en Santiago Del Estero, tenemos relatos orales con vinculación directa al quebracho colorado (Cruz 2011). Esta relación, en vista del exclusivo contexto arqueológico que arrojó un 100 % de *Schinopsis*, ubicado en un sector asociado a tres entierros infantiles, merece un breve comentario – aunque sin dudas, es un tema a continuar indagando.

En ámbitos ontológicos donde singularidades y analogías cobran protagonismo y el peligro acecha, entendemos que lo ambiguo (entendido este término como pasible de ofrecer más de un significado) puede jugar un rol interesante. Algunos términos ligados a las plantas presentan sugerentes ejemplos en la América andina. *Mallqui* designa tanto a los árboles por su asociación con los antepasados, como a las semillas y también a las momias (Hastorf y Johannensen 1991); igualmente Sharon (2004) menciona una asociación antepasado-momia-semilla en el vocablo *mallqui*, interpretándola como una unidad conceptual. Asimismo, uno de los más recurrentes nombres dado a las semillas de *Anadenanthera*, Willca o Vilca también refiere al sol, lo sagrado y al árbol de semillas psicoactivas en aymara.

En la crónica de Santa Cruz Pachakuti de 1613 se mencionan, para épocas incaicas, dos árboles a los cuales Manco Cápac mandó a ornamentar con raíces de oro y plata, y figuras colgadas de metal dorado en forma de frutos; significando los troncos y las raíces a sus padres, y los frutos a los incas que en aquel momento gobernaban el Tawantinsuyo. Otro tanto ocurre con los relatos de la etnia panzaleos de los alrededores de Quito, en que el ancestro común del *ayllu* era un árbol, remitiendo a la idea de *huaca* y, además, a la de *pacarina* o lugar de origen. En estos relatos los árboles establecen la conexión entre diferentes generaciones, representando a su vez la interconexión entre los tres *pachas*; las raíces se hunden en el mundo de los ancestros y los brotes se erigen hacia el *Hanan Pacha*. Actualmente, la festividad de *Mallqui* en Andahuaylas o *Niñuchanchik,* se conforma como la versión local del nacimiento del niño Jesús. Dentro de este contexto festivo, que dura alrededor de un mes, tiene lugar un acontecimiento que nos remite nuevamente a la relación árboles-niños (en este caso, Jesús): en un predio se plantan eucaliptos; éstos son adornados con serpentinas, globos y ofrendas como frutas, sillas y vasos de plástico, entre otros; todo acompañado de abundante bebida, comida y danzas tradicionales alrededor de los mismos. En el momento cúlmine de la ceremonia se tumban estos árboles de navidad andinos, y los concurrentes se apresuran a conseguir algunos de los regalos con que se los ha cargado a modo de frutos. En la zona de Frías, en Santiago Del Estero, un difundido relato –"el changuito y el quebracho"– remite al vínculo árboles-niños. Esta narración trata sobre un quebracho colorado, que se incendia y transmite su alma a un niño que acaba de nacer. Como el nacimiento coincide con Navidad, el niño es nombrado Nazareno. El quebracho quemado es adornado con guirnaldas y adornos hechos de barro por los niños del lugar (Cruz 2011).

En estos casos, los árboles pueden ligar generaciones, o asociarse a nacimientos de niños –incluyendo al niño Jesús. No obstante, también hemos podido explorar la posibilidad inversa a la del nacimiento.

Uno de nosotros ha recabado un dato etnográfico en Copo, Santiago del Estero, donde una mujer menciona que ha tenido un "aborto" debido a que el quebracho se lo ha ocasionado por transitar durante su embarazo por determinados quebrachales: "... el quebracho se lo ha comido...". Al tiempo, un poblador, relató que su mujer embarazada había estado desmontando donde había pequeños quebrachos a los que cortó al filo del machete. Al mes aproximadamente, perdió el embarazo y asoció esta pérdida a la acción de haber matado a los quebrachos. Enterró luego los restos de su pérdida debajo de uno de estos árboles a modo de ofrenda y disculpa. Resulta indicativo también que ciertas partes de estos árboles son utilizadas en la medicina tradicional como abortivos (G. Martínez com. pers).

Resulta valioso en este contexto el concepto de inter-fagocitación empleado por Vilca (2009), retomando la idea de Kusch. En el espacio andino, diversos lugares potentes como ojos de agua, cerros o antigales, pueden enfermar de diferentes formas o matar a las personas que no respetan las relaciones de reciprocidad correspondientes. Vilca señala también a los árboles viejos como entidades poderosas, capaces de comer a las personas. En estos casos aparece la figura del curandero como el agente capaz de determinar cuál ha sido la falta cometida y los pagos respectivos para reparar la ofensa, siendo la restauración de las normas de respeto y saludo parte fundamental de la cura, en modo análogo a los protocolos para la curación del mal del quebracho colorado (ver Anexo).

Palabras finales

En una conversación entre los antropólogos Eduardo Khon y Phillipe Descola acerca del trabajo de campo de este último, surge un punto interesante en el que Descola refiere a la "sorpresa" de descubrirse en un mundo donde la "naturaleza" no existe: encontrarse en el corazón del

Amazonas donde, a priori, la naturaleza está tan presente para uno, pero no existe para la gente entre la cual uno está viviendo (Khon 2009). Podemos imaginar como cercana a esta experiencia, el encontrarnos en medio de un quebrachal, asumir que allí la leña abunda, así como la madera para construir, que hay de sobra combustible para hacer funcionar hornos, y sorprendernos con el hecho de que para la gente que allí vivió ese quebrachal tal y como lo concebimos –como una fuente de recursos– no existe.

Varios de los puntos expuestos en este escrito corren el eje de las potenciales respuestas disciplinadas a la ausencia de los quebrachos en el registro arqueológico de Ambato. Lo disciplinado podría hacernos indagar acerca de un cambio climático que explicara que no había quebrachos durante el primer milenio de la era en Ambato; sin embargo, podemos afirmar que esto no era así (Lindskoug y Marconetto 2014; Marconetto 2008). La tafonomía podría inquirir acerca de la posibilidad de que el carbón de quebracho no se conservara, como sí es posible que ocurra con diversos taxones ausentes en el registro. Tampoco esta es la respuesta en vista de las particularidades anatómicas de estos taxones. Una evaluación de costo-beneficio podría tentarnos a pensar en la inversión de energía en el trasporte desde los piedemontes del este del valle hacia el fondo del mismo. Si consideramos que la Iglesia de los Indios fue construida con maderas de las Yungas, selva de montaña a la que se accede a 50 km. al nordeste del valle, este razonamiento es poco plausible. Y menos plausible si recordamos que el sitio El Altillo se ubica en medio de un quebrachal, y que apenas aparece quebracho entre el muy abundante material recuperado. Si pensamos en el perjuicio que sufrirían las herramientas al cortar estas duras maderas, no debemos olvidar que esas mismas herramientas cortaron duras maderas de algarrobos y acacias. Asimismo, la dureza del quebracho blanco es menor a la del algarrobo. Los quebrachos, con sus hojas de flecha y su madera de sangre, nos invitaron a quebrar sentidos propios abriendo un abanico de posibilidades para indisciplinar.

Volviendo a la ausencia, la misma posiblemente cobra sentido en relación a la presencia. Y así como hay un silencio, hay un grito. El del algarrobo. Los gráficos de frecuencias muestran una abrumadora presencia de algarrobos. En Ambato, así como en todo el noroeste argentino, el algarrobo se come y se quema; su madera se encuentra en cada hueco de poste que sostuvo los techos de las estructuras que encontramos hoy quemadas. El algarrobo es "el árbol". Intuimos que la ausencia de uno y la abundancia del otro son parte de un relato indisociable. Pareciera que así como uno da, el otro quita. Uno es presa, el otro es predador. Si abrimos el camino a las dualidades –y un poco a la imaginación– tal vez será interesante explorar la masculinidad asignada al quebracho, expresado por ejemplo en la música folklórica del norte argentino.

Intentamos aportar elementos que discutan el lugar de los vegetales como seres pasivos, como recursos; es notable que en arqueología, en general, no son considerados más allá de esa frontera. Desde la arqueobotánica reconocemos la dificultad de estudiar la problemática de la relación de las sociedades humanas del pasado con las plantas, desde categorías surgidas en la reciente modernidad europea (Lema 2014; Marconetto 2015). Como arqueólogos, hijos del naturalismo en términos de Descola (2012), solemos proponer abordajes e interpretaciones que replican nuestra propia concepción de la relación entre humanos y no-humanos. La percepción de los no-humanos como recursos es potente en nuestra concepción y suele teñir fuertemente la discusión de nuestros resultados. Esta lógica prima en la sociedad occidental moderna, pero al ser extrapolada a las interpretaciones sobre el pasado, da lugar a un uso de cierta analogía que no hace más que naturalizar los presentes modos extractivos de relación con los no-humanos.

Esta propuesta intentó acoplar y ensamblar algunos materiales algo diversos. Algunas conexiones son parciales y no tienen ningún propósito conclusivo, lineal ni teleológico. Son piezas que disparan a pensar en torno a un circuito de asuntos: el temor de la arqueología a la analogía etnográfica, la posibilidad de pensar a las plantas como entes no pasivos, el intento de desplazar la mirada de las plantas-recurso –y agregaríamos femeninas– tan caras a la arqueología disciplinada a plantas-guerreras que cazan, que se defienden. El contraste, creemos, resulta potente para ilustrar las diferencias entre la postura epistemológica de la ciencia con sus árboles pasivos, y las prácticas otras con sus árboles activos. Esto permite poner en escena, en discusión, y por qué no en batalla, al árbol-recurso y al árbol-guerrero que provoca abortos y que caza hombres.

Bibliografía

Arnold, D. y J. de D. Yapita. *El Rincón de las Cabezas. Luchas Textuales, Educación y Tierras en los Andes*. La Paz: Editores UMSA e ILCA, 2000.

Bravo, D. *Diccionario Castellano-Quechua Santiagueño*. Buenos Aires: Editorial Eudeba, 1975.

Carranza, A. y L. Lorda. "Shiric. Flor del aire". *Petaquita de Leyendas*. Buenos Aires: Editorial Peuser, 1952.

Cavalcanti-Schiel, R. "Las Muchas Naturalezas en los Andes". *Perifèria: Revista de Recerca i Formació en Antropología* 7 (2007): 1–11.

Clastres, P. *La Sociedad contra el Estado*. Barcelona: Monte Ávila Editores, 1978.

Cruz, A. *La Leyenda del Changuito y El Quebracho*. Disponible en: http://albigasta.blogspot.com.ar/2011/01/la-leyenda-del-changuito-y-el-quebracho.html Acceso 22/01/2011.

Chaumeil, B. y J. P. Chaumeil. "El Tío y el Sobrino. El Parentesco entre los Seres Vivos según los Yagua". En *Tierra Adentro. Territorio Indígena y Percepción del Entorno*, editado por A. Surralleés y P. García Hierro, 83–96. Lima: Grupo Internacional de Trabajos sobre Asuntos Indígenas, 2004.

Descola, P. *Más allá de la Naturaleza y la Cultura*. Buenos Aires: Amorrotou Editores, 2012.

Di Lullo, O. "El Páaj: una Nueva Dermatitis Venenata". Tesis de Doctorado. Buenos Aires: Imprenta de la Universidad, 1930.

Dobrizhoffer, M. *Historia de Abiponibus, Equestri Bellicosaque Paraquariae Natione*. Traducción de E. Wernicke. Resistenncia: Universsidad Nacional del Nordeste, 1967 [1784].

Fabra M. "Producción Tecnológica y Cambio Social en Sociedades Agrícolas Prehispánicas (Valle de Ambato, Catamarca)." Tesis de Licenciatura, Universidad Nacional de Córdoba, 2002. Ms.

Gadban, L. "Materiales Vegetales Leñosos utilizados como Maderas y Combustibles en el Valle de Ambato (Provincia de Catamarca)." Tesis de Licencatura, Universidad Nacional de Córdoba 1999. Ms.

Gastaldi, M. "Cultura Material, Construcción de Identidades y Transformaciones Sociales en el Valle de Ambato durante el Primer Milenio d. C.". Tesis de Doctorado, Universidad Nacional de La Plata, 2010. Ms.

González, A. R. "La Cultura de la Aguada del N.O. Argentino". *Revista del Instituto de Antropología* 2-3 (1964): 205-253.

—. *Arte Precolombino. Cultura La Aguada, Arqueología y Diseños*. Buenos Aires: Filmediciones Valero, 1998.

Gordillo, I. *El Sitio Ceremonial de La Rinconada: Organización Socioespacial y Religión en Ambato, (Catamarca, Argentina)*. Oxford: British Archaeological Reports, International Series 7, 2009.

Gori, G. *La Forestal. La Tragedia del Quebracho Colorado.* Buenos Aires: Editorial Platina/Stilcograf, 1965.

Green, F. "Árboles, cultura e Identidades Colectivas en San Pedro de Atacama". Tesis de Maestría, Universidad de Chile, 2013. Ms.

Guaman Poma de Ayala, F. "Nueva Crónica y Buen Gobierno", editado por J. V. Murra y R. Adorno, traducciones del quechua por J. L. Urioste, 3 tomos. México D. F.: Siglo Veintiuno, 1980 [1615].

Haber, A. "Anatomía Disciplinaria y Arqueología Indisciplinada". *Arqueología* 19 (2013): 53–60.

Hastorf C. y S. Johannessen. "Understanding Changing People/Plant Relationship in the Prehispanic Andes". En *Processual and Posprocessual Archaeology, Multiples Ways of Knowing the Past*, editado por R. Preucel, 140–155. Southern Illinois: University at Carbondale, 1991.

Kohn, E. "A Coversation with Philippe Descola". *Tipití: Journal of the Society for the Anthropology of Lowland South America* 7, no. 2 (2009): 135–150.

Kounen, J., J. Narby y V. Ravalec. *Plantes et Chamanisme. Conversations autour de l'Ayahuasca & del'Iboga.* Paris: MAMA Editions, 2008.

Laguens, A. "Arqueología de la Diferenciación Social en el Valle de Ambato, Catamarca, Argentina (s. II - VI d.C.): El Actualismo como Metodología de Análisis". *Relaciones de la Sociedad Argentina de Antropología* 29 (2004) 137–162.

—. "Espacio Social y Recursos en la Arqueología de la Desigualdad Social". En *Contra de la Tiranía Tipológica en Arqueología. Una Visión desde Suramérica*, editado por C. Gnecco y C. Langebaek, 99–119. Bogotá: Universidad de los Andes, 2006.

Lema, V. "Criar y Ser Criados por las Plantas y sus Espacios en los Andes Septentrionales de la Argentina". En *Espacialidades Altoandinas. Nuevos Aportes desde la Argentina*, editado por A. Benedetti y J. Tomasi, Tomo I: Miradas hacia lo Local, lo Comunitario y lo Doméstico, 301–338. Buenos Aires: Editorial de la Facultad de Filosofía y Letras, 2014.

Lindskoug, H. y M. B. Marconetto. "Paleoecología de Fuegos en el Valle de Ambato (Catamarca)". *Intersecciones en Antropología* 15 (2014) 23–37.

Marconetto, M. B. *Recursos Forestales y el Proceso de Diferenciación Social en Tiempos Prehispánicos. Valle de Ambato, Catamarca*. Oxford: British Archaeological Reports, South American Archaeology Series no. 3, 2008.

—. "El Jaguar en Flor. Representaciones de plantas en la iconografía Aguada del noroeste argentino". *Boletín del Museo Chileno de Arte Precolombino* 20, no. 1 (2015): 29–37.

Marconetto, M. B. e I. Gordillo. "Los Techos del Vecino. Análisis Antracológico de las Estructuras de Construcción de los Sitios Piedras Blancas e Iglesia de los Indios". *Darwiniana* 46, no. 2 (2008): 213-226.

Pazzarelli, F. "Arqueología de la Comida. Cultura Material y Prácticas de Alimentación en Ambato, Catamarca (Argentina) siglos V-XI". Tesis de Doctorado, Universidad Nacional de Córdoba, 2011. Ms.

—. "O Rastro do Pastor. Criação de Animais e Técnicas para Fazer Carne em Jujuy (Andes Meridionais, Argentina)". *Anais do Seminário de Antropologia da UFCAR* 1, no. 1 (2014): 430–443.

Picornell G. L., E. Asouti y E. Allué Martí. "The Ethnoarchaeology of Firewood Management in the Fang Villages of Equatorial Guinea, Central Africa: Implications for the Interpretation of Wood Fuel Remains from Archaeological Sites". *Journal of Anthropological Archaeology* 30 (2011): 375–384.

Rival, L. *The Social Life of Trees: Anthropological Perspectives on Tree Symbolism*. Oxford: Berg, 1998.

—. "El Crecimiento de las Familias y de los Árboles: la Percepción del Bosque de los Huaorani". En *Tierra Adentro. Territorio Indígena y Percepción del Entorno*, editado por A. Surralleés y P. García Hierro, 97–120. Lima: Grupo Internacional de Trabajos sobre Asuntos Indígenas, 2004.

Santacruz Pachacuti Yamqui Salcamaygua, J. de. *Relacion de Antiguiedades deste Reyno del Piru*. Ms 3.169. Biblioteca Nacional de Madrid.

Sharon, D. *El Chamán de los Cuatro Vientos*. México: Siglo XXI Editores, 2004.

Stuckert, T. "El Quebracho Blanco". *Revista de la Universidad Nacional de Córdoba* 1-3, no. 13 (1926): 27–64.

Tortorelli, L. *Maderas y Bosques Argentinos*. Buenos Aires: Acme, 1956.

Vilca, Mario. "Más Allá del Paisaje. El Espacio de la Puna y Quebrada de Jujuy: ¿Comensal, Anfitrión, Interlocutor?" *Cuadernos FHYCS-UNju* 36 (2009): 245–259.

Viveiros de Castro, E. "Os Pronomes Cosmológicos e o Perspectivismos Amerindio". *Mana* 2, no. 2 (1996): 115–144.

—. "Perspectivismo y Multinaturalismo en la América Indígena". En *Tierra Adentro, Territorio Indígena y Percepción del Entorno*, editado por A. Surallés y P. García Hierro, 37–79. Lima: Grupo internacional de trabajos sobre asuntos indígenas, 2004.

—. *Metafísicas Caníbales. Líneas de Antropología Posestructural*. Madrid: Katz Editores, 2010.

Yacovleff, E. y F. Herrera. "El Mundo Vegetal de los Antiguos Peruanos". *Revista del Museo Nacional* 3, no. 3 (1934): 243–322.

Weismantel, M. "Seeing like an Archaeologist: Viveiros de Castro at Chavín de Huantar". *Journal of Social Archaeology* 15 (2015): 139–159.

Wernicke E. *Historia de los Abipones*. Chaco: Universidad Nacional del Nordeste, Facultad de Humanidades, Departamento de Historia, 1967.

Notas

[1] https://www.dropbox.com/s/b2ujvsoqiy2omv9/Quebrachal%20-20%20 Hector%20Cruz%20-%20Video.mp4?dl=0

[2] El relato será aquí expresado en primera persona del plural (nosotros), sin embargo, el lector encontrará partes en primera persona del singular que expresan experiencias particulares de los autores. Algunas son confesiones y algunas otras son experiencias personales que creímos pertinente describir en términos propios de cada uno de nosotros.

[3] En 1998 iniciaba los trabajos de campo vinculados a la tesis doctoral que se llamaría *"Recursos forestales y el proceso de diferenciación social en tiempos prehispánicos en el Valle de Ambato, Catamarca"*. Universidad Nacional de La Plata, 2005.

[4] Domingo Bravo lo traduce simplemente como Quebracho (Bravo 1975: 231).

[5] La corteza de quebracho blanco es empleada en casos de apendicitis y disentería. Se seca la corteza y se muele para reducir a polvo, se disuelve una cucharadita de dicho polvo en un litro de agua y se hierve hasta reducir a la mitad, de ese preparado se bebe un vaso por día repartido en pequeñas fracciones. En ambos casos se emplea la misma receta. En la publicación alertan sobre la toxicidad de estos remedios, advirtiendo que no se deben dar a niños menores de 5 años y mujeres embarazadas. En Medicina veterinaria la corteza hervida en agua se emplea para bañar los animales como forma de combatir los piojos (Plantas del Chaco, II, Usos tradicionales Izoceño-Guaraní, Santa Cruz, Bolivia, 2002).

Anexo.

Algunos relatos

En este apartado acercamos al lector unos pocos ejemplos de relatos de diferente índole ligados al tema abordado, que invitan a problematizar y ampliar los horizontes metodológicos e interpretativos en arqueología, expandiendo el presente y proponiendo un pluralismo cognitivo entre recopiladores, investigadores, nativos, arqueólogos, lectores. Tomamos prestada la idea de Haber (2013) en la que expresa que:

> "... en la metafísica disciplinaria, la descendencia y la memoria están construidas como si estuvieran separadas de la relación de la disciplina con su objeto. Si existen, son relaciones no disciplinarias (…) Sin embargo, la descendencia y la memoria son tipos de relaciones muy comunes en el contexto social e histórico en el que se desarrolla la disciplina arqueológica" (Haber 2013: 55).

> "Este es Quebracho Colorado, éste debe tener casi 2 siglos. Tengo 77 años yo, y ya lo conocía, estaba en la casa de un bisabuelo que tenía yo. Lo trajeron de hachar leña, después lo tenía en una viga yo, y de ahí lo saqué y lo puse de puntal aquí. Pienso yo que no se va a podrir en la vida: me voy a morir yo, se van a morir los hijos y él va a quedar…".

> "Es Quebracho Colorado, legítimo Quebracho Colorado, que allá por la falda aquella hay y acá por la falda ésta también hay, pero arriba. Abajo no hay, antes si había pero ahora ya no…".

Agustín Seco, Los Castillos, Catamarca. 1999.

***

Jorge Washington Ábalos (1915-1979), maestro rural, entomólogo y escritor, caminador del monte santiagueño, relata lo siguiente en un libro de cuentos llamado "Shalacos" (1975):

– ¡Eh!... Ansha, ¿qué te ocurre?

El chango tiene la cara deformada por ronchones que engrosan su nariz, tuercen su boca y le dejan los ojitos soterrados allá lejos. Hasta las orejas están hinchadas y rubicundas.

– ¿Te han picado las avispas? A ver... vení.

No es solamente el rostro; son los brazos, las piernas... en todo su cuerpo están presentes las rojizas placas inflamadas. Coloco el dorso de la mano en una de las ronchas y siento la fiebre local.

– ¿Qué es lo que te ha pasado?

–No es nada, señor –me dice con voz tan desfigurada como su rostro.

–Tiene paaj, señor –interviene Mashi.

– ¿Paj?

–Paaj; es el mal del quebracho, señor. El aire del quebracho. La sombra del quebracho. La ponzoña del quebracho.

Ansha logra, dificultosamente, hacerse entender: él ha cortado, por error, un rebrote de quebracho colorado; al tocarlo, ha sido "flechado" por el árbol, produciéndole esta reacción. Tiene ahora dolores de cabeza, se siente como hético, y esas ronchas que le producen una comezón insoportable...

Ansha procura estarse quieto, pero el escozor lo martiriza y no sabe ya por dónde rascarse. Me dice que ha comenzado a medicarse: ha saludado al quebracho padre, y ha hecho una tortilla de ceniza amasada y la ha atado a su tronco con una tira de tela colorada.

Con eso espera aplacar la ira del árbol...

Nada tengo en el botiquín que pueda aliviarlo.

– ¿Amasaste bien la tortilla de ceniza, Ansha?

– Sí, señor.

– Entonces, sanarás.

Más allá de tratarse de un relato literario, tal vez no es inviable tomarlo como fuente etnográfica. Ábalos tenía contacto directo con pobladores del monte, escuchaba de ellos sus historias y luego las escribía en cuentos y novelas.

***

Orestes Di Lullo, médico rural, folklorista, escritor, se interesó en la medicina popular sachera (del monte), en el arte culinario tradicional, en el lenguaje y el canto nativo. La obra de Di Lullo abarca prácticamente todos los aspectos de la vida santiagueña. Vivió viajando por el interior santiagueño durante la primera mitad del siglo XX, realizó en 1930 su tesis doctoral titulada "El Páaj: Una nueva dermatitis venenata". Fue don Orestes quien nombra científicamente al mal del Quebracho o Páaj. Aun domesticada como enfermedad, disciplinada a través de la patologización, nos habla de una relación humanos–no humanos, árbol–persona (Di Lullo 1930).

En su rol de folklorista y recopilador de la memoria oral cuestiona el saber científico e indaga el modo en que los "indios o tradicionales" abordan la enfermedad:

"En este orden de ideas, es posible aún observar la intromisión de ritos y ceremonias en la terapéutica, porque persiste el concepto de que la enfermedad es el resultado de la acción o encarnación de espíritus maléficos, contra los cuales valen más los conjuros y exorcismos que la medicina misma. De ello dan cuenta las prácticas realizadas para prevenir 'el mal del quebracho', las que consisten en saludar, sombrero en mano, al árbol que lo produce, o las que efectúan para obtener la curación, mediante la ofrenda que depositan al pie del quebracho, consistente en una tortilla de ceniza que atan al árbol con un hilo rojo..." (Di Lullo 1947: 118).

***

José Ramón Farías, recopilador, investigador y difusor del folklore de la ciudad de Presidencia Roque Saenz Peña, Chaco, nos relata:

"La tradición oral alude al Mal del Quebracho, Aire del Quebracho o Flechazo del Quebracho. Y como en casi todas las leyendas del norte argentino la mujer resulta castigada por Dios, por no guardar una conducta de respeto a su marido, o los mandamientos divinos. Dicen los norteños que hace mucho tiempo vivía un paisano con su mujer en los montes del norte. Ésta era muy coqueta y flirteaba con los amigos de su marido o todo hombre que adulaba su singular belleza. Por supuesto que la actitud de la esposa producía sufrimiento en el compañero atormentado por los celos. Como la quería mucho y se resistía a perderla, decidió pedir su castigo al Dios del Mal, que en la tierra estaba representado en un viejo quebracho colorado en lo recóndito de los montes. Primero llevó una ofrenda que depositó al pie del añoso árbol y luego oró pidiendo el castigo de la mujer. Le fue revelado que debía llevarla hasta el lugar. Así lo hizo y llegados al viejo tronco, la ató fuertemente a él dejándola abandonada hasta el día siguiente. Cuando regresó encontró que la esposa estaba cubierta de una monstruosa hinchazón, la cual ocultaba su belleza. Por supuesto que al verse ella tan fea perdió su vanidad y además juró que jamás volvería a traicionarlo. Entonces el hombre la liberó y ambos regresaron al rancho. Esta es la explicación que esos pueblos se dieron tratando de descifrar el origen de la enfermedad. Desde entonces, cuando alguien contrae El Mal del Quebracho ó El Aire del Quebracho debe concurrir hasta el más añoso quebracho que conozca y hacerle una ofrenda. Ésta consiste en depositar a su pie una tortilla fabricada con ceniza y atar rodeando el tronco un hilo de color rojo, al tiempo que pronuncia las palabras: soy tu amigo... soy tu compadre... Terminada la ceremonia debe regresar de inmediato sin voltear la cabeza, de lo contrario la enfermedad empeora hasta producir la muerte. Este procedimiento debe repetirse durante varios días, sin saltear ninguno. Afirman los creyentes en Paaj que si la ceremonia no se realiza bien la persona enferma muere. Cuando se cumplen los pasos correctos no pasará mucho tiempo, que el enfermo sana completamente". (http://arbolesdelchaco.blogspot.com.ar/2012/01/quebracho-colorado.html).

Capítulo Siete

Sobre el ronquido del hacha y otras cosas extrañas: Reflexiones sobre la arqueología y otros modos de conocimiento

Mariana Petry Cabral

Como arqueóloga experimentada, quizás me haya olvidado de prestar atención a los materiales arqueológicos guardados en el sector de arqueología del IEPA (*Instituto de Estudos e Pesquisas do Estado do Amapá*), donde vengo trabajando en los últimos 10 años. De hecho, la mayoría de las colecciones fueron obtenidas por nuestro equipo en diferentes áreas del Estado de Amapá, una región periférica de Brasil ubicada en la desembocadura del río Amazonas. En 2009, el edificio atravesó una gran renovación y se colocaron paños de vidrio en el depósito. Esto permitió que los visitantes tuvieran acceso visual a las colecciones. De alguna manera, siento que nos acostumbramos a compartir la sala con todas esas grandes vasijas decoradas, urnas funerarias, hachas pulidas y toneladas de cajas con materiales arqueológicos (incluyendo huesos humanos). Ellos se volvieron parte de nuestra vida cotidiana.

En el comienzo de uno de sus libros más intrigantes –*Historias de Cronopios y de Famas*– Julio Cortázar (1995) describe cómo la vida es fácilmente convertida en una rutina sin retos, donde "... el hábito lame [las cosas] hasta darle[s] suavidad satisfactoria". Esto es exactamente lo que yo sentí cuando una mujer Wajãpi –que visitaba el depósito del IEPA– me preguntó por qué los huesos humanos estaban separados de sus urnas. Entonces me di cuenta del efecto de impacto de ese "lamido" del hábito en mis percepciones particulares sobre las colecciones arqueológicas.

Nazaré es la única líder mujer entre los Wajãpi, un grupo de indígenas tupí-parlantes que viven en el estado de Amapá (Brasil) y en la Guyana Francesa. Nosotras nos encontramos en los inicios de una investigación colaborativa, enfocada en los restos arqueológicos de la Tierra Indígena Wajãpi (Fig. 7-1).

224 - *Sentidos indisciplinados. Arqueología, sensorialidad y narrativas alternativas*

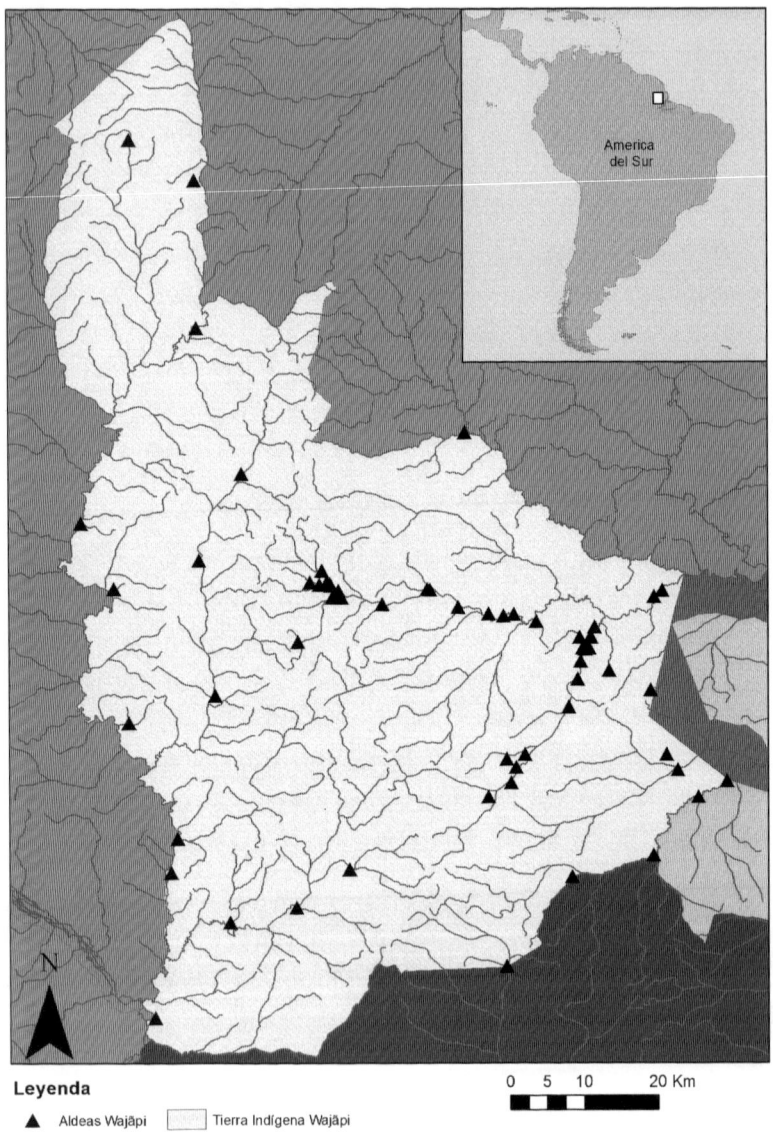

Fig. 7-1: Tierra Indígena Wajãpi, estado de Amapá, Brasil.

Fue a través de la antropóloga Dominique Tilkin Gallois que conocí a los Wajãpi. Gallois ha trabajado con ellos en las últimas décadas, y les ha ayudado de diferentes maneras a fortalecer sus prácticas culturales y sus acciones políticas. Desde 2005, coordina un programa enfocado en formar investigadores indígenas, que se dedican a elaborar un inventario de las tradiciones orales y las prácticas culturales (Gallois *et al.* 2013). Fue a través de este programa que conocí a los Wajãpi, participando en talleres y trabajos de campo para presentar a la arqueología como una disciplina científica. Yo fui la primera arqueóloga que ellos conocieron y me presenté como una experta en cerámica antigua. Esto los llevó a nombrarme *Tapengwera*, Tiesto Cerámico, o también *Tapengwera Jara*, Amo de los Tiestos Cerámicos[1], como una referencia a un amplio concepto indígena de Amazonia, el amo, quien posee y cuida de sus criaturas (Fausto 2008).

Las visitas de los grupos Wajãpi a las dependencias arqueológicas del IEPA empezaron en 2009. Al principio, yo estaba únicamente preocupada por explicar los procedimientos arqueológicos empleados en el análisis y la conservación de los materiales, como un medio para aclararles cómo trabajaban los arqueólogos. Sin embargo, sus comentarios y preguntas – tales como la que me hizo Nazaré– me forzaron a repensar esto. Había mucho más para saber (y sentir) sobre los hallazgos arqueológicos de lo que yo podía aprender dentro de las fronteras científicas, y ellos eran quienes me lo enseñarían.

Aunque utilice el formato convencional del texto, trataré de presentar aquí algunas de las lecciones que aprendí de los Wajãpi sobre las cosas del pasado. Yo estuve expuesta, según plantea Marisol de la Cadena (2014), a un exceso, a cosas que (desde un punto de vista arqueológico) yo no podía hacer frente –al menos no con las herramientas científicas con las cuales había sido entrenada. En medio de un proceso de extrañamiento, en lugar de disimular mi ignorancia, asumí esta falencia y opté por seguir a mis amigos y guías Wajãpi, que se esforzaron en enseñarme sus conocimientos sobre las huellas materiales del pasado. Esto ha sido un viaje a otra cosmología, que me afectó con conceptos, pensamientos y prácticas, obligándome a reconsiderar todas las ideas que tenía sobre las evidencias del pasado.

Siguiendo la sugerencia de Cortázar, tuve que salir del ladrillo de cristal. Si no lo hacía, sólo lograría la repetición, respuestas previamente catalogadas en la mente.

> "Solamente vendrá lo que tienes preparado y resuelto, el triste reflejo de tu esperanza, ese mono que se rasca sobre una mesa y tiembla de frío. Rómpele la cabeza a ese mono, corre desde el centro de la pared y ábrete paso" (Cortázar 1995: 2).

Espero poder llevarte allí.

Para empezar: El conocimiento

Esto es un experimento sobre el conocimiento. Elegí nombrarlo "experimento" inspirada por el ejercicio de "experimento mental" de Eduardo Viveiros de Castro (2013: 483–484, tradución de la autora), no "… como un intento de pensarse uno mismo dentro de otra forma de experiencia, sino más bien como una manera de experimentar por uno mismo la forma de pensar del otro". Los pensamientos que me interesan son las ideas de los Wajãpi sobre los vestigios materiales del pasado, que no son una categoría dada de su propio pensamiento, sino un marco que dibujé sobre su sistema de conocimientos que es mucho más amplio. Por lo tanto, estoy trabajando con la relación entre sistemas de conocimiento, estableciendo comparaciones entre los modelos de explicación de los arqueólogos y de los Wajãpi.

En las últimas décadas, el conocimiento tradicional se convirtió en el centro de atención de la mirada occidental, no solamente en los circuitos académicos (aunque la mayor parte de las veces, de manera subordinada), sino también en los contextos políticos y económicos. Según afirma la antropóloga Manuela Carneiro da Cunha (2012: 441, traducción de la autora): "... hoy en día el tema del conocimiento tradicional está en todas partes –en el Banco Mundial, la Organización Mundial para la Salud, la FAO, la WIPO, la UNESCO y en otros círculos menos oficiales".

A pesar de este amplio reconocimiento, los sistemas de conocimiento tradicional no siempre han sido considerados como independientes y completos. Las aseveraciones científicas sobre el conocimiento real y genuino insisten en mantener a los no-científicos fuera de los círculos de autoría autorizados. Tal como describe Bruno Latour (2007: 54–55), los reclamos de autoridad científica son una paradoja:

> "Los hechos son producidos y representados en el laboratorio, en los escritos científicos, admitidos y autorizados por la comunidad naciente de los testigos. Los científicos son los representantes escrupulosos de los hechos. ¿Quién habla cuando ellos hablan? Los mismos hechos, sin duda alguna, pero también sus portavoces autorizados. Entonces, ¿quién habla, la naturaleza o los hombres?... En sí mismos, los hechos son mudos, las fuerzas naturales son mecanismos brutos. Y sin embargo, los científicos afirman que no hablan, sino que los hechos hablan por sí mismos. En consecuencia, esos mudos son capaces de hablar, de escribir, de significar en el recinto artificial del laboratorio o en ese otro, más enrarecido todavía, de la bomba de vacío".

La autoridad científica descalifica a los otros tipos de conocimiento, que a lo sumo son entendidos como apéndices de un presunto sistema universal. Los científicos movilizan un eficiente aparato para lograr que nos olvidemos de pensar en esto. De tal forma, terminamos por confiar ciegamente en nuestras propias afirmaciones sobre el pensamiento genuino. Al considerar seriamente las aseveraciones de los otros sobre los temas o las cosas que consideramos objeto de investigación –como los huesos humanos de una colección arqueológica–, somos llevados a cuestionar no sólo nuestros protocolos, sino también nuestra autoridad sobre determinado tema.

La entrada de los indígenas en la arena política para discutir la propiedad intelectual forzó a los antropólogos a reflexionar sobre la naturaleza del conocimiento tradicional (ver, por ejemplo, Carneiro da Cunha 2009, 2012; Cesarino 2010; Gallois 2007, 2012). Se ha tomado en cuenta que los sistemas de conocimiento científico y tradicional pueden ser mutuamente atractivos cuando se realzan sus diferencias, no sus similitudes. Las comparaciones entre ambos sistemas no deben llevar a fusiones, sino que deben establecer puentes, senderos para el intercambio (Carneiro da Cunha 2009).

El peligro reside en la profunda asimetría existente entre las aseveraciones expresadas por cada uno de los grupos. Los científicos claman por un conocimiento universal, mientras que los pueblos tradicionales –particularmente los grupos indígenas amazónicos– insisten en adoptar múltiples perspectivas, enseñándonos importantes lecciones sobre la tolerancia (Grupioni *et al.* 2001). Al trabajar con indígenas, mi esfuerzo reside en considerar la existencia de explicaciones diferentes, tratando de comprender otro punto de vista que está arraigado en un lugar completamente extraño para mí –en este caso, el sistema de conocimiento Wajãpi.

Tal como vienen mostrado las recientes etnografías sobre los Wajãpi (Gallois 2012; Oliveira 2006, 2012a), las afirmaciones sobre el conocimiento deben conectarse con las personas, con sujetos activos que son continuamente recordados para garantizar autoridad. Según planteó Eduardo Viveiros de Castro (2002: 358), mientras el sistema de conocimiento occidental lucha por objetivar (o "desubjetivar") las afirmaciones del conocimiento, los sistemas amerindios hacen lo opuesto: conocer es subjetivar, es elaborar relaciones entre los sujetos. El sistema de conocimiento Wajãpi, tal como destaca Oliveira (2012b), necesita de toda la red de relaciones involucradas en su producción, mientras que el modo científico intenta borrarlas (Latour 2007).

Al seguir las ideas de los Wajãpi sobre los vestigios materiales del pasado, observé un proceso similar. Cada vez que un hallazgo es dado a conocer, éste debe estar conectado con un sujeto para tener sentido, para ser parte de una historia. No hay evidencia sin sujetos. Trataré de aclarar esta idea presentando algunas experiencias que tuve al trabajar con los Wajãpi.

Como arqueóloga, tuve la oportunidad de participar en viajes, talleres y en la vida en las aldeas junto con los Wajãpi mientras investigaba los vestigios del pasado. A pesar de que era consciente de que ellos explicarían las cosas desde una perspectiva diferente –desde un sistema de conocimiento particular–, en principio no me había dado cuenta que podían tener ideas diferentes sobre los propios hallazgos que estábamos estudiando. Ingenuamente, pensaba que podíamos compartir el mismo conjunto de evidencias, tal vez porque los tiestos cerámicos fueron nuestro primer mediador.

Sin embargo, en algún lugar a lo largo del camino, se me hizo muy claro que los Wajãpi se apoyaban en un conjunto mucho más amplio de restos materiales para conectarse con los eventos del pasado, del que yo podía imaginar. Las diferencias no residían sólo en el modo de explicación –en el aparato intelectual– sino también en la materialidad, en las cosas consideradas como evidencia, en las diversas formas de percibirlas. Me di cuenta que el modo Wajãpi de construir narrativas del pasado basadas en las huellas materiales podía ser entendido como correlativo al modo arqueológico de explicación. De pronto, yo estaba mucho más interesada en la revelación de este modo de conocimiento que en registrar los sitios arqueológicos.

Sobre cosas extrañas (o no tan extrañas, después de todo)

Empecemos con el ronquido del hacha. Cuando escuché por primera vez esta expresión, pensé que había escuchado mal. La mayoría de los hombres adultos Wajãpi habla portugués por fonética, pero el que me contó sobre el hacha fue un agente de salud de la comunidad, que habla un portugués fluido. Aun así, como era una idea tan rara, seguí dudando de que hubiese algún problema de traducción. Como mi conocimiento de la lengua Wajãpi es limitado, tuve que esforzarme más para entender lo que Wynamea estaba tratando de decirme.

Hacía sólo un par de noches que estaba en su aldea, cuando partimos en búsqueda de un viejo lago que quedaba a una distancia de tres días de caminata. Éramos un grupo de ocho investigadores Wajãpi (como parte del programa coordinado por Gallois), dos ancianos y un par de esposas. Estaba volviendo del río, después de un baño temprano por la mañana –para quitar la pereza, como dicen ellos– cuando Wynamea y Aikyry (un profesor y un joven líder) me llamaron para ver algo. Aikyry sostenía una pequeña lámina de hacha de piedra pulida (Fig. 7–2), similar a muchas otras que yo había visto en tantos años de investigaciones en la región.

Fig. 7-2: El hacha roncadora en la mano de un niño.

Cuando le pregunté dónde la había hallado, Wynamea me contó la siguiente historia: una noche, mientras él y su familia estaban en sus hamacas antes de dormir, él escuchó un ronquido *-rooarr*. Noche tras noche, Wynamea y su mujer volvieron a escucharlo, hasta que él decidió averiguar de dónde provenía. Siguió el ruido y se dio cuenta de que venía del suelo, cerca de la casa. Marcó el sitio para averiguar más la mañana siguiente. Al excavar en el lugar, encontró el hacha. El ronquido se silenció –al menos por un tiempo.

Wynamea y Aikyry me explicaron que el ronquido venía del hacha –lo que significa que podía roncar. Pero el ronquido era también una expresión de su amo, un concepto de su dueño, de alguien que cuida de sus propiedades. Los profesores Wajãpi escribieron un libro hace un par de años sobre diversos amos que ellos perciben (Professores Wajãpi y Gallois 2007), y en la tapa se puede leer: "Todo tiene un amo. No existe nada sin un amo".

El concepto de amo –o dueño– es una categoría ampliamente difundida entre los indígenas amazónicos e implica una forma de relación entre humanos y no-humanos (seres visibles e invisibles), que son fundamentales para la sociabilidad amazónica (Fausto 2008). La existencia misma de un amo significa que él se ocupa de un colectivo. Si todas las cosas (o todas las personas –lo que realmente no importa aquí) tienen un amo, se deduce que existen muchos otros seres que comparten este mundo con nosotros, aunque no siempre sean visibles. El concepto va más allá de esto, en tanto uno está lidiando con los amos la mayor parte del tiempo –cuando él/ella caza, pesca, recolecta y camina en los alrededores. La cosmología Wajãpi reitera esta idea (Gallois 1988; Oliveira 2012a) y advierte que uno siempre debe tener cuidado con ellos.

Por lo tanto, el ronquido era un medio de comunicación entre el sujeto invisible (el amo del hacha) y los sujetos Wajãpi. Por más sorprendente que pueda parecer, esta fue una manera muy eficiente de encontrar una lámina de hacha enterrada. Yo podría haber tomado este caso como un cuento de hadas, pero esto me habría obligado a ignorar la realidad que Wynamea y Aikyry me estaban contando. Ellos estaban compartiendo conocimiento, ofreciéndome un medio de penetración para percibir las huellas de otros sujetos y otras temporalidades. La audición es un sentido importante para el conocimiento Wajãpi, mucho más allá de lo visible (y el hacha estaba enterrada; por lo tanto, resultaba invisible al ojo humano).

Unos meses después de este encuentro, me reuní con Aikyry en su aldea, ubicada a un par de horas río abajo de la casa de Wynamea. Como durante ese tiempo no había podido visitarlo, Wynamea me mandó un mensaje: estaban escuchando ronquidos de nuevo. Escucharon ronquidos durante varias noches, temiendo excavar y encontrar huesos humanos. Como los ruidos no callaban, Wynamea hizo lo mismo que había hecho antes: excavó en el sitio para silenciar el ronquido. Trabajó muy bien, pero esta vez encontró una vasija de cerámica volcada. Ellos pensaban que debíamos realizar una excavación arqueológica en el lugar.

Más desconcertante aún fue un encuentro que tuve, hace pocos meses, con Asurui, otro agente comunitario de salud. Primero, yo había visitado su aldea –llamada Pairakae– con su madre, quien es una alfarera muy activa. A pesar de que Pairakae está ubicada encima de una antigua aldea, ellos no fueron conscientes de esto hasta que se empezaron a encontrar tiestos cerámicos en la superficie. Su familia siempre ha prestado gran apoyo a las investigaciones arqueológicas y, cada vez que nos encontrábamos, ellos me preguntaban sobre mis viajes, hallazgos y las explicaciones que me daban los otros Wajãpi. En una oportunidad les conté sobre el ronquido del hacha encontrado por Wynamea, lo que no les causó ninguna sorpresa.

Entonces, después de nuestro último encuentro, yo fui la única que quedó sorprendida. Asurui me contó que había encontrado algunos fragmentos cerámicos durante una pesca que hizo con su esposa, y los había encontrado porque escucharon su ronquido. Me dijo: "tú sabes, yo sólo los encontré porque tú me enseñaste sobre los ronquidos". Inevitablemente tuve que hacerme la pregunta: ¿cómo es que yo le enseñé, si no soy capaz de escuchar el ronquido?

Aquí se impone una cuestión de transmisión y comprensión del conocimiento. Como he mencionado antes, el conocimiento –para los Wajãpi y para los indígenas amazónicos en general– está profundamente conectado con los sujetos. Mientras yo tenía reparos para aceptar la existencia de un ronquido generado por cosas enterradas – fundamentalmente, porque me han enseñado que los restos arqueológicos no roncan– a Asurui le pareció absolutamente razonable. Mientras yo pensaba las cosas como objetos, él concebía algún tipo de subjetividad alrededor de las mismas –ya sea, al nivel de las cosas propiamente dichas o al nivel de su amo. Desde su punto de vista, la audición era un sentido razonable como cualquier otro para percibir otros "sujetos". Desde mi punto de vista, todavía estaba tratando de percibir el "objeto" enterrado, sesgando de esta forma mi habilidad de aprender.

Los debates recientes entre los etnólogos amazónicos han subrayado que muchos grupos indígenas consideran que los objetos actúan, que forman parte de las relaciones sociales, que son actores sociales (Lagrou 2007; Santos-Granero 2009; Van Velthem 2003). En este sentido, los objetos son sujetos y, por lo tanto, son capaces de relacionarse con otros sujetos, como nosotros mismos. Cuando Asurui escuchó mis relatos sobre el ronquido de las cosas, no le pareció extraño, ya que ello se conectaba con muchas otras experiencias que había tenido a lo largo de los años. La audición es un sentido tan bueno como cualquier otro.

Aquí no me interesa desarrollar cuestiones metodológicas sobre estrategias de prospección, tales como el empleo de los conocimientos nativos en las prácticas científicas (aunque esto sería posible). Estoy interesada en las diferentes ideas sobre las evidencias del pasado, en los medios para llegar a los eventos pasados, en la construcción de las narrativas en torno al pasado. Esta es exactamente la lección que me dejó el ronquido del hacha de Wynamea. Desde la perspectiva de los Wajãpi, el ronquido es sólo una de las maneras que los sujetos antiguos tienen de llamarnos la atención. Pero no es la única.

Como parte de un proyecto de investigación dirigido a registrar los relatos sobre la cosmogénisis de los Wajãpi y mapear los lugares de la memoria (Gallois *et al.* 2014), participé de la prospección de un antiguo lago. Este lago era resultado de una pelea entre una anaconda gigante (amo de las aguas) y un ancestro de los Wajãpi. Consecuentemente, no era un rasgo natural (como los occidentales lo clasificamos), sino evidencia de las acciones de los sujetos del pasado. Aunque la mayoría de los adultos Wajãpi conocían el relato de este evento, pocos habían estado allí y ninguno de los jóvenes que participaban en el proyecto.

Después de una intensa búsqueda, no fuimos capaces de encontrar el lago y nuestro grupo estaba decepcionado. Durante dos días y medio, recorrimos un área de 6 km^2 en la densa floresta amazónica. Encontramos marcas muy claras de un antiguo sendero, pero no lo pudimos seguir porque las huellas desaparecían en una suave pendiente. Dos ancianos guiaban nuestro grupo, pero la última vez que habían estado allí eran niños pequeños.

Al tercer día, cuando caminábamos por el campamento de uno de los ancianos, él nos alentó. Había soñado con el sendero de acceso al lago, y podría llevarnos allí. Kasiripinã me explicó que había aprendido el camino a través del sueño:

> "Lo recuerdo porque recuerdo al amo. El amo del lago me habló. Yo soñé. Yo soñé con una mujer, una linda mujer. Ella me dijo: ustedes estaban muy cerca y regresaron. Entonces yo le pregunté: ¿quién es usted? Y ella me contestó: yo vivo aquí. Ella me preguntó si yo estaba bien, y yo le contesté que sí, pero no todo el grupo. Ella me hizo pinturas en el cuerpo y me dijo: mañana vas a encontrarlo, estabas muy cerca. Esto es porque puedo recordar; porque lo soñé, ayudó" (Kasiripinã 2013, relato oral, registro en audio, traducción de la autora).

Un par de horas después, estábamos disfrutando la vista del lago. Kasiripinã nos guió directamente hasta allí, como si siempre hubiera sabido la ubicación. Él aprendió del sueño.

Efectivamente, para los Wajãpi, el sueño es un importante medio para aprender y conocer. Gallois (1988) lo ha descrito como un estado en que el cuerpo está vacío porque la fuerza vital (*iã*) está viajando lejos. Ella explica que para los Wajãpi el sueño es concebido como un viaje del *iã*. "Cuando se preguntan acerca de sus sueños, los Wajãpi dicen: ¿*moma ne kery-pe*? Literalmente, ¿qué te pasó en el sendero del sueño?" (Gallois 1988: 146, traducción de la autora).

Esta noción crea la posibilidad de viajar, permitiendo tener encuentros con los parientes muertos y otros sujetos (como los amos). De hecho, los sueños permiten que los sujetos se relacionen, que establezcan conexiones. De esta manera, el sueño es –para los Wajãpi– otro medio de aprendizaje y de conocimiento. Como yo me permití aprender sobre estas percepciones, también me permití experimentar otras explicaciones posibles.

Yo aprendí que los Wajãpi son capaces de percibir diferentes señales de los sujetos del pasado. Algunas pueden ser compartidas con el conocimiento arqueológico, como los cambios en la vegetación, los rasgos del suelo, las marcas en el paisaje o los tiestos cerámicos. Pero muchas otras señales no encajan en los límites de la arqueología científica. Por ejemplo, además de escuchar y soñar, los Wajãpi pueden percibir los olores como evidencia de las acciones de otros sujetos.

Sin embargo, esto no es sólo cuestión de considerar diferentes conjuntos de evidencia; es una cuestión de naturaleza conceptual acerca del conocimiento. Para ser capaz de reconocer el amplio rango de huellas del pasado percibido por los Wajãpi, tuve que familiarizarme con una serie de conocimientos intangibles: relatos de la cosmogénisis. Sin conocer estas narrativas, sería incapaz de percibir las huellas y señales que eran –en definitiva– los resultados materiales de los eventos contados en esos relatos, las expresiones materiales del conocimiento intangible. Para lograrlo me apoyé en materiales etnográficos producidos por antropólogos (Gallois 1988; Oliveira 2012a) y también por investigadores y profesores Wajãpi (Professores y Pesquisadores Wajãpi 2008, Pesquisadores Wajãpi y Gallois 2008). Además, también escuché estas historias durante los viajes y talleres, cuando los relatos me fueron contados varias veces.

Mi interés en los eventos del pasado –en la historia, se podría decir– exige tratar con la temporalidad. Gallois (1994) ya discutió las categorías de tiempo de los Wajãpi, enfatizando que los relatos míticos e históricos podrían ser distinguidos, aunque no de la misma forma en que lo hacemos nosotros. Ambos tipos de relatos son considerados narrativas verdaderas, con la diferencia de que los relatos históricos remontan a los parientes conocidos.

Claramente, las narrativas de la cosmogénesis no están conectadas con dichos parientes. Asimismo, cuentan los hechos de la creación, incluyendo la creación del pueblo Wajãpi. Mientras mapeaba los sitios donde esos eventos se desarrollaron, tuve la oportunidad no sólo de visitarlos, sino también de observar cómo los Wajãpi los experimentaban, los percibían, los sentían. Me di cuenta de que se trataba de una concepción diferente de temporalidad. Diferente de un tiempo lineal, como acostumbramos a describirlo nosotros, ellos se relacionaban con el pasado como si todavía estuviera aquí. En este sentido, los eventos del pasado no resultaban ajenos.

En los remansos de los ríos, por ejemplo, se pueden escuchar los sonidos de aldeas, como la molienda de semillas o la tala de árboles. Esto sucede porque los remansos son aldeas sumergidas del pueblo Anaconda. Fueron construidas en los comienzos de los tiempos y actualmente sólo pueden ser vistas por los chamanes. Las personas comunes ven peces en lugar de los morteros de mandioca de los Anaconda, cocodrilos en lugar de sus taburetes, y tortugas en lugar de sus cuencos. Estas aldeas y sus habitantes existen en una temporalidad claramente distinta (ellos proceden de los tiempos primordiales), pero también es claro que viven en una realidad diferente, que no puede ser advertida por la gente común.

Una vez estábamos en un remanso. Un anciano nos hablaba sobre la aldea de los Anaconda. Nosotros escuchábamos con atención sus detalladas descripciones, cuando un pacú (pez de la subfamilia *Serrasalminae*) saltó en el agua. Si bien nosotros lo vimos como un pez, se trataba de una señal de los Anaconda. Todos los Wajãpi saben que el pacú es el pan de yuca de los Anaconda. Cuando el pez saltó en el agua, mis compañeros Wajãpi inmediatamente lo reconocieron como un pan de yuca. Todos vimos el mismo pez; sin embargo, utilizamos sistemas de conocimiento muy diferentes para atribuirle sentido y, en definitiva, percibimos cosas diferentes. Por un corto período, lo que duró el salto del pez, el mundo de los Anaconda –desde una temporalidad diferente– se encontró con nuestro mundo. Confieso que no he visto un pan de yuca, pero creo que he entendido cómo los Wajãpi lo percibieron.

Los antropólogos que trabajan con diferentes grupos indígenas en Amazonia señalan esta múltiple perspectiva. Seres visibles e invisibles no comparten la misma realidad (Vidal 2009), y muchas veces los sueños sirven para conectar realidades paralelas (Lima 1996). Cuando visitamos un sitio donde habitan seres invisibles –ya sea un remanso o un depósito de las dependencias del IEPA–, siempre existe la chance de encontrarlos. Tales encuentros son peligrosos, ya que están conectando diferentes perspectivas y temporalidades –nuestras y de ellos.

Durante las visitas al depósito arqueológico del IEPA (Fig. 7-3), los visitantes Wajãpi siempre enfatizan que los materiales son capaces de actuar sobre nosotros. Para los Wajãpi, las cosas tienen agencia.

Al principio, yo pensaba que las materialidades del pasado tenían agencia justamente porque estaban aquí, porque estaban en el presente. Sin embargo, es más que esto. Las materialidades del pasado –ya sea en el depósito o en un antiguo lago– son activas porque conllevan rastros de los sujetos que las hicieron. Ellas son, de cierta forma, residuos de las personas. El antropólogo Fernando Santos-Granero (2009) editó un volumen donde discute "la vida" de las cosas en muchos contextos amazónicos. Los etnógrafos muestran lo intrincadas que son las nociones relativas a las personas y las cosas para los grupos indígenas, con fronteras permeables tal como la percepción de los Wajãpi sobre los vestigios del pasado.

Fig. 7–3: Visitantes Wajãpi en el depósito del IEPA.

Efectivamente, para los Wajãpi, las cosas están preñadas de sujetos:

"A lo largo de la vida, una persona trabaja mucho y hace muchas cosas: casa, artesanías, flechas, etc. Por lo tanto, las marcas de las manos de las personas (*ipoãgwerã*) y de sus almas (*iã*) están para siempre en estos artefactos" (Professores y Pesquisadores Wajãpi 2008: 3, traducción de la autora).

Al igual que las relaciones establecidas por los sujetos durante el sueño, como lo describí anteriormente, la manipulación de las cosas de las personas del pasado también puede generar relaciones entre sujetos. Al sostener estas cosas, uno puede tomar contacto con aquél que las hizo o las usó. Para los Wajãpi, una marca personal no es sólo evidencia material, como una huella dactilar. Es una conexión, una suerte de sustancia que vincula parte de la persona con la cosa. Considerando que los materiales arqueológicos están impregnados con los seres ancestrales, ya sean parientes o enemigos, cualquier empresa arqueológica se convierte en una actividad de riesgo.

Por extraño que puedan parecer estos relatos, ellos revelan un rico conjunto de imágenes e ideas que se utilizan para explicar las huellas del pasado. Por lo tanto, la rareza de los relatos era resultado de mi ignorancia sobre el sistema que los sostenía. Como arqueóloga entrenada, llegué allí con un cúmulo de habilidades adquiridas durante años de vida académica. Con este bagaje fui capaz de encontrar tiestos cerámicos, reconocer cambios en la vegetación e identificar las materias primas líticas. Desgraciadamente, tales habilidades no resultaron muy eficientes para acompañar las ideas de los Wajãpi sobre los vestigios materiales del pasado; ellas parecían haber sesgado mis capacidades de aprender otro modo de conocimiento.

Recientemente, algunos arqueólogos han destacado de qué manera nuestra propia disciplina nos impide cuestionar sus límites (Bezerra 2013; Gnecco 2009; Haber 2012), ya sea de manera autoritaria (descalificando abiertamente otros modos de conocimiento) o por vías sutiles (simulando abarcar la diferencia). Los recientes debates sobre las habilidades sensoriales constituyen un esfuerzo por empujar estos límites, poniendo en discusión aquello que se asume como habilidades perceptivas (Pellini 2010). Lo que vemos y cómo lo vemos es parte de un contexto más amplio, que es cultural, que es aprendido.

A lo largo de mi experiencia de investigación con los Wajãpi, me sentí constantemente desafiada por interrogantes que parecen muy simples. Al igual que la pregunta de Nazaré sobre por qué separamos los huesos humanos de sus urnas, estas cuestiones revelan una profunda distancia entre nuestras lógicas, entre nuestros sistemas de conocimiento. Estos interrogantes son simples si son tomados como meras expresiones de malentendidos, como dudas en el interior de nuestra propia cosmovisión. Pero, una vez que son considerados como expresión de otro modo de conocimiento, como un ejercicio de traducción, se vuelven complejos. ¿Por qué Nazaré está preocupada por los huesos humanos? ¿Cuáles son los problemas de mantener los huesos y las urnas separadas? ¿Qué es un hueso humano, al final de cuentas? ¿Qué puede hacer?

Una vez que me permití acompañar este otro modo de conocimiento, no pude dejar de pensar en la arqueología de una manera diferente.

Conclusiones

La producción y transmisión son parte integrante de los sistemas de conocimiento. Ellos no operan de manera aleatoria, sino que pueden –y los hacen– transformarse. La arqueología, en tanto disciplina científica, se ha forjado como una práctica moderna de conocimiento y uno de sus medios más comunes de transmisión ha sido el texto: artículos científicos, tesis académicas, libros y capítulos. Al igual que éste.

Siguiendo los debates en diferentes ámbitos académicos, los arqueólogos están tratando de desafiar estas circusntancias. En la actualidad, la presentación de experiencias en las narrativas arqueológicas incluye a la poesía y el dibujo (Smith y Wobst 2005), así como también a la escritura de cartas y la simulación de diálogos (Reis 2007). Estos ejercicios de transmisión de conocimiento contribuyen a desafiar la autoridad científica, pues cuestionan las formas usuales de descripción y presentación. En realidad, estos esfuerzos retan nuestra propia percepción sobre la producción de conocimiento.

Si bien uso una forma habitual de escribir, he tratado de presentar una forma inusual de pensamiento, que aprendí entre los indígenas Wajãpi. Dicho modo de conocimiento –como lo veo yo– es correlativo con la arqueología, y me llevó a repensar todas las nociones y conceptos enquistados en la producción del conocimiento arqueológico.

Busqué comparar los modos de conocimiento vinculados con los vestigios del pasado como un ejercicio de traducción. Así como los Wajãpi podrían encontrar extraño el modo en que tratamos los restos materiales del pasado, yo me permití extrañar sus medios de vinculación con los vestigios del pasado. En este sentido, me desafié a mí misma a entenderlos como algo paralelo a la arqueología. Más allá de una disciplina científica, la arqueología también puede ser un proceso de vinculación con el pasado (Hamilakis 2008), una práctica de significación y percepción de sus huellas. Este giro conceptual me permitió mucho más que investigar los restos materiales.

Investigar el modo de conocimiento de los Wajãpi sobre el pasado y sus huellas ofrecía la oportunidad de develar los procesos de significación y vinculación con el pasado material. Al experimentar sus formas de relacionarse con los sujetos del pasado, me quedó claro que ese proceso era, de alguna manera, arqueológico. Si bien ellos se ubicaban en un lugar completamente distinto del mío, eso era arqueología. Una forma de arqueología practicada desde una perspectiva diferente.

Me di cuenta de que la arqueología científica no tenía un espacio destinado para muchos de los vestigios del pasado que los Wajãpi podían identificar. Pero una vez que la arqueología es entendida como una práctica de significación y percepción, hay espacio para una práctica arqueológica transformadora y permitir la existencia (y el fortalecimiento) de otro sistema de conocimiento. Especialmente al tratarse de pueblos indígenas, que sistemática e históricamente han sido subordinados a los estándares occidentales, los trabajos en colaboración tienen por objetivo reforzar las concepciones y prácticas nativas, encaradas como sistemas de conocimientos integrales (Tuhiwai Smith 1999).

Si al principio era la especialista que proporcionaría a los Wajãpi un tipo singular de conocimiento, de pronto me di cuenta que el conocimiento que ellos compartían conmigo era clave para entender su vinculación con el pasado material y, por lo tanto, necesario para construir puentes entre nuestras diferentes lógicas. A través de las narrativas de la cosmogénesis, además de empezar a conocer los eventos del pasado, también comencé a conocer los medios para percibir sus huellas.

A través de este proceso de aprendizaje, me resultó muy claro que los Wajãpi eran capaces de percibir una gran cantidad de evidencias de hechos pasados que no cabían en el modo científico de la arqueología. No obstante, estas evidencias operaban de la misma forma que los restos arqueológicos en la construcción de relatos sobre el pasado. Como tal, ellas tenían un vívido impacto sobre los jóvenes, que estaban cada vez menos interesados en las narrativas de sus abuelos (Gallois 2012).

Cuando nosotros visitamos los sitios descritos en los relatos, como el lago o algún remanso, los ancianos pudieron mostrarnos los vestigios materiales de los eventos del pasado. Al señalar algunos rasgos como evidencias de acciones de sujetos del pasado, los jóvenes quedaron asombrados por la fuerza del conocimiento tradicional. Las narrativas eran ciertas, no eran sólo cuentos; sus huellas estaban justo allí para ser vistas y percibidas. Tanto como cualquier otra evidencia arqueológica presentada por nosotros.

Teniendo en consideración la idea de que la arqueología es una práctica de significación y percepción, el modo de explicación y percepción de los vestigios del pasado de los Wajãpi puede ser entendido como una práctica arqueológica. Las percepciones sensoriales ejercen un rol muy importante en este contexto. No se trata sólo de la visión; hay que emplear la audición e incluso el olfato, sin mencionar los sueños y otros contactos con los sujetos invisibles. Se trata de una arqueología altamente sensorial. Pero es también una arqueología de sujetos, de subjetividades, según las ideas de los antropólogos sobre los sistemas de conocimiento de los indígenas amazónicos (Oliveira 2012a; Viveiros de Castro 2013).

Una vez que seguí a mis amigos y guías Wajãpi en esta jornada, me di cuenta de lo extraño que es separar los huesos humanos de sus urnas.

Agradecimientos

Un sincero agradecimiento a los Wajãpi de Amapá, por su amabilidad y por tantas enseñanzas. A la antropóloga Dominique Tilkin Gallois, quien me presentó a los Wajãpi, por su generosidad y amistad. A la

Fundação de Amparo à Pesquisa do Estado do Amapá (FAPEAP), por su apoyo económico a ciertas partes de la investigación. A Rodrigo Costa Angrizani (y su familia) por la traducción al español, y a José Pellini por su paciencia y ánimo para publicarlo.

Bibliografía

Bezerra, M. "Os Sentidos Contemporâneos das Coisas do Passado: Reflexões a partir da Amazônia". *Revista de Arqueologia Pública* 7 (2013): 107–122.

Cadena, M. de la. "The Politics of Modern Politics Meets Ethnographies of Excess Through Ontological Openings". *Fieldsights - Theorizing the Contemporary, Cultural Anthropology Online* (2014). Disponible en: http://culanth.org/fieldsights/471-the-politics-of-modern-politics-meets-ethnographies-of-excess-through-ontological-openings Acceso 08/08/2015.

Carneiro da Cunha, M. *Cultura com Aspas e Outros Ensaios*. São Paulo: Cosac Naify, 2009.

—. "Questões Suscitadas pelo Conhecimento Tradicional". *Revista de Antropologia* 55, no. 1 (2012): 439–464.

Cesarino, P. "Donos e Duplos: Relações de Conhecimento, Propriedade e Autoria entre os Marubo". *Revista de Antropologia* 53, no. 1 (2010): 148–197.

Cortázar, J. *Historias de Cronopios y de Famas*. Buenos Aires: Alfaguara, 1995.

Fausto, C. "Donos Demais: Maestria e Domínio na Amazônia." *Mana* 14, no. 2 (2008): 329–366.

Gallois, D T. "O Movimento na Cosmologia Wajãpi: Criação, Expansão e Transformação do Universo". Tesis de Doctorado, Universidade de São Paulo, 1988. Ms.

—. *Mairi Revisitada: A Reintegração da Fortaleza de Macapá na Tradição Oral dos Waiãpi.* São Paulo: NHII/USP/FAPESP, 1994.

—. "Materializando Saberes Imateriais: Experiências Indígenas na Amazônia Oriental". *Revista de Estudos e Pesquisas (FUNAI)* 4, no. 2 (2007): 95-116.

—. "Donos, Detentores e Usuários da Arte Gráfica Kusiwa". *Revista de Antropologia* 55, no. 1 (2012): 19-49.

Gallois, D. T., M. Petry Cabral, A. Wajãpi y J. Wajãpi. "Relatório Final: Jane Ypy: Documentação dos saberes wajãpi sobre a formação da terra e da humanidade". Convênio n.774915/2012-IPHAN/Iepé. Programa Nacional de Patrimônio Imaterial. São Paulo: Iepé e IPHAN, 2014. Ms.

Gallois, D. T., L. Szmrecsányi, A. Wajãpi, J. Wajãpi y Pesquisadores da Terra Indígena Wajãpi. "Saberes Wajãpi: Formação de Pesquisadores e Valorização dos Registros Etnográficos Indígenas". En *Otros Saberes: Collaborative Research on Indigenous and Afro-descendant Cultural Politics*, editado por C. R. Hale y L. Stephen, 49-75. New Mexico: School for Advanced Research Press, 2013.

Gnecco, C. "Caminos de la Arqueología: de la Violencia Epistêmica a la Relacionalidad". *Boletim do MPEG-Ciências Humanas* 4, no. 1 (2009): 15-26.

Grenand, P. y F. Grenand. "Em Busca da Aliança Impossível. Os Waiãpi do Norte e Seus Brancos". En *Pacificando o Branco: Cosmologias do Contato no Norte-Amazônico*, editado por B. Albert y A. R. Ramos, 145-178. São Paulo: Editora UNESP, 2002.

Grupioni, L. D., L. Boelitz Vidal y R. Fischmann (eds.). *Povos Indígenas e Tolerância: Construindo Práticas de Respeito e Solidariedade*. São Paulo: Editora da Universidade de São Paulo, 2001.

Haber, A. "Un-Disciplining Archaeology". *Archaeologies* 8, no. 1 (2012): 55–66.

Hamilakis, Y. "Decolonizing Greek Archaeology: Indigenous Archaeologies, Modernist Archaeology and the Post-Colonial Critique". *Athens* 3rd Supplement (2008): 1–15.

Lagrou, E. *A Fluidez da Forma: Arte, Alteridade e Agência em uma Sociedade Ameríndia (kaxinawa)*. Rio de Janeiro: Top Books, 2007.

Latour, B. *Nunca Fuimos Modernos. Ensayo de Antropología Simétrica*. Buenos Aires: Siglo XXI Editores, 2007.

Lima, T. S. "O Dois e seu Múltiplo: Reflexões sobre o Perspectivismo em uma Cosmologia Tupi". *Mana* 2, no. 2 (1996): 21–47.

Oliveira, J. Cabral de. "Classificações em Cena: Algumas Formas de Classificação das Plantas Cultivadas pelos Wajãpi do Amapari (AP)". Tesis de Maestría, Universidade de São Paulo, 2006. Ms.

—. "Entre Plantas e Palavras: Modos de Constituição de Saberes entre os Wajãpi (AP)". Tesis de Doctorado, Universidade de São Paulo, 2012a. Ms.

—. "'Vocês Sabem Porque Vocês Viram!': Reflexão sobre Modos de Autoridade do Conhecimento". *Revista de Antropologia* 55, no. 1 (2012b): 51–74.

Pellini, J. R. "Mudando o Coração, a Mente e as Calças. A Arqueologia Sensorial". *Revista do Museu de Arqueologia e Etnologia* 20 (2010): 3–16.

Pesquisadores Wajãpi y D. T. Gallois. *Jane Rekoa Werã*. Macapá: Iepé/ Apina, 2008.

Professores y Pesquisadores Wajãpi. *I´ã: Para nós Não Existe só "Imagem"*. São Paulo: Apina/Iepé, 2008.

Professores Wajãpi y D. T. Gallois. *Ija mãe kõ*. São Paulo: Iepé/ SECAD-MEC/ Núcleo Transdisciplinar de Pesquisas Literaterras-Universidade Federal de Minas Gerais, 2007.

Reis, J. A. dos. "Lidando com as Coisas Quebradas da História". *Arqueologia Pública* 2 (2007): 33-44.

Santos-Granero, F. (ed.) *The Occult Life of Things: Native Amazonian Theories of Materiality and Personhood*. Tucson: University of Arizona Press, 2009.

Smith, C. y H. M. Wobst. *Indigenous Archaeologies: Decolonizing Theory and Practice*. Abingdon/New York: Routledge, 2005.

Tuhiwai Smith, L. *Decolonizing Methodologies: Research and Indigenous Peoples*. Otago: University of Otago Press, 1999.

Van Velthem, L. H. *O Belo é a Fera: A Estética da Produção e da Predação entre os Wayana*. Lisboa: Assírio y Alvim, 2003.

Vidal, L. *A Cobra Grande: Uma Introdução à Cosmologia dos Povos Indígenas do Uaçá e Baixo Oiapoque - Amapá*. Rio de Janeiro: Museu do Índio, 2009.

Viveiros de Castro, E. "Perspectivismo e Multinaturalismo na América Indígena". En *A Inconstância da Alma Selvagem - e Outros Ensaios de Antropologia*, editado por E. Viveiros de Castro, 347-399. São Paulo: Cosac & Naify, 2002.

—. "The Relative Native". *HAU: Journal of Ethnographic Theory* 3, no. 3 (2013): 473-502.

Notas

[1] Para los Wajãpi de la Guyana Francesa, Pierre y Françoise Grenand relataron el uso de estos conceptos como una clasificación nativa atribuida a los científicos: Amo de los suelos, Amo de los pájaros, etc. (Grenand y Grenand 2002).

Capítulo Ocho

Sentidos de un pasado imaginado

Charles Garceau

Tinku Orqo era el sacerdote encargado de dirigir la procesión a la última provincia del *Kollasuyu*, la porción sur de la esfera del *Sapa Inka*[1]. Poco faltaba para establecer *ayni*[2] con la *waka*[3] más importante del territorio, el gran *Apu*[4]. De este modo, asegurarían el bienestar del *Sapa Inka* y abundancia de vida dentro de su *pacha*[5]. Después de una larga jornada estaban llegando al primer *tampu*[6], luego de cruzar las altas cumbres desde la tierra donde nace el sol. El número de jornadas parecía interminable desde que salieron del Cuzco.

Su entrada a este territorio desde las alturas estuvo marcado por la ceremoniosa transferencia de ofrendas de la *capacocha*[7] a las personas de este nuevo mundo[8]. La música y los himnos evocaban el nombre del *Sapa Inka* y recordaban sus deberes en estas lejanas tierras.

Bajaban ahora su cargamento para pasar la noche en el *tampu* de la montaña. Paredes de rocas verticales alcanzaban alturas abismales a ambos lados del cajón. El sol se ponía entre los cerros bajando por el valle, mientras el viento hacía su transición a un flujo suave, levemente cálido, proveniente de las tierras bajas.

Tinku Orqo era un sacerdote de sangre noble del Cuzco. Había adquirido status de *Villca*[9] varios años atrás, teniendo como función mantener relaciones con poderosas *waka*.

Los pensamientos atravesaban su mente, al mismo tiempo que las texturas de las paredes del profundo cañón cautivaban el flujo de su consciencia. El cuero envejecido de su cara y sus ojos acuosos habían visto muchos lugares. Ahora su porción nasal se elevaba, intentando recoger su esencia y el tibio aire que soplaba desde el valle.

Al volver al *tampu*, los sirvientes locales se movían de un lado a otro, y entraban y salían de sus chozas de servicio. Se murmuraban las voces de la nueva lengua. *Tinku Orqo* entró a la habitación que compartiría con sus dos asistentes, junto con *Cauri Pacsa*, el niño *capacocha*. Sus asistentes ya habían bajado al niño. Éste lo miraba con un gesto facial, como preguntando por el nuevo mundo adonde ingresaban ahora.

El niño movía suavemente sus piernas mientras permanecía sentado esperando su comida. Un sirviente del *tampu* de pronto entró con sus ojos bajos. Inmediatamente, el ambiente fue invadido por el agradable aroma de un guiso de llama preparado con papas, quínoa y ají. Fueron servidos con los preceptos de un festín de alta jerarquía. Pronto ingresarían a la fase de ayuno que los desprendería de la vida de los humanos y serían preparados para el encuentro con *Apu*[10].

Volvía a una tierra familiar, rodeada de montañas del macizo andino, en el corazón del valle central de Chile. Profundamente integrada en mi consciencia se encuentra esta geografía cortada por glaciares, llenada por sedimentos glacio-fluviales y piroclásticos. Antiguos habitantes del valle han poblado mi imaginario a través de la disciplina arqueológica. Cinco siglos atrás, los Inkas pasaron por este territorio. Ellos se relacionaron con las personas del valle y, por sobre todo, con los lugares de una manera totalmente distinta a la que concebimos hoy. Principalmente porque tales lugares eran considerados entidades vivientes, integradas a la sociedad.

En esta oportunidad me encontraba preparando una ascensión a Cerro El Plomo, un lugar poderoso con el cual se relacionaron los Inkas. Se trata de una cumbre de 5.434 msnm, ubicada de manera imponente frente a la ciudad de Santiago, en el valle del río Mapocho. En la década de 1950 se descubrió el cuerpo congelado de un niño sacrificado, junto a otras ofrendas, cercano a la cumbre. Este hallazgo permite situar a Cerro El Plomo como un santuario integrado al ritual imperial de la *capacocha*. Considerando el nivel de equipo técnico requerido para realizar una ascensión a esta montaña, resulta sorprendente que los Inkas no sólo hayan alcanzado la cumbre, sino que cerca de la cumbre construyeran una plataforma ritual de forma circular, llamada El Adoratorio; y un conjunto de tres estructuras, llamadas El Enterratorio –donde se excavó el suelo congelado y se enterró al niño, además de pequeñas figurillas humanas y de camélidos elaboradas en oro, plata y concha de *spondylus*.

Mi pregunta principal para hacer esta ascensión se enfocaba en explorar cómo los Inkas pudieron haber experimentado el encuentro con esta montaña, considerando la concepción que tenían (y que aún tienen algunas comunidades andinas) de relacionarse socialmente con estas cumbres como entidades que concentraban un gran poder de dominio y podían asegurar el florecimiento de la vida.

Me reuní en Santiago con Ricardo y Carlos para preparar el viaje. Al día siguiente comenzaríamos el ascenso a Cerro El Plomo.

Era la última noche en la villa al costado del río Mapocho. *Tinku Orqo* estaba sentado frente al fuego junto al jefe local (*kuraka*). Ambos masticaban hojas de coca, perdidos en pensamientos, mientras sus caras se veían iluminadas por el parpadeo de las llamas. La travesía interminable desde Cuzco había dejado trazas en su consciencia. Las personas y sus voces aún resonaban; lugares con sus cualidades, personalidad y temperamento habitaban su mente a través de imágenes y aromas. El viaje finalmente estaba llegando a su término.

Durante los últimos días en el valle del Mapocho, la comitiva ritual había estado ayunando en preparación para el encuentro final. El estatus del sacerdote se había desplazado y desprendido de la vida humana. Ingresaba nuevamente a la sociedad de las *waka*, asumiendo su estatus trascendental de *villca*. La voz de *Apu* ya comenzaba a resonar en su interior cuando realizaba su invocación durante los recurrentes rituales involucrados en esta fase de la *capacocha*[11].

Michimalonko se acercó a *Tinku Orqo*, haciendo reverencias con sus manos extendidas. Sin mirar a sus ojos, le habló en *quechua* indicándole que todo estaba arreglado para ellos. Le describió con detalle dónde estaba cada *tampu* en el camino para ascender a las alturas de *Apu*. También le describió la estructura circular instalada en el filo de la cumbre antes del glaciar, además de los otros recintos en lo más alto, destinados a dar residencia a las ofrendas.

Michimalonko era hijo del *kuraka*. Se había educado en el Cuzco y estaba familiarizado con los preceptos rituales del imperio. Meses atrás, los mensajeros (*chaski*) habían hecho el anuncio desde Cuzco que la *capacocha* alcanzaría su territorio. Ahora acompañaría a la procesión junto con algunos miembros de su clan para asistir en el ascenso hacia las alturas de *Apu*.

Era casi el solsticio de verano y los primeros indicios del alba dejaban ver la silueta del Cerro El Plomo mientras viajábamos al oriente por una moderna autopista de Santiago.

Aún estaba oscuro cuando la procesión dejó la villa. Decenas de sirvientes locales cargaban todo lo necesario para el viaje hacia el dominio de *Apu*. Los músicos comenzaban a tocar las zampoñas, tambores y trompetas de caracol, mientras entonaban los himnos en honor al *Sapa Inka*.

Tinku Orqo, sus dos asistentes y *Pacsa Cauri* caminaron juntos. Una partida dirigida por *Michimalonko* estaría a cargo de llevar el resto de las ofrendas.

Los primeros rayos de luz aparecían en el horizonte mientras cruzaban el puente colgante del río Mapocho. A pesar de estar cerca el comienzo del verano, el río arrastraba aire frío por su lecho, proveniente de las alturas de *Apu*. Esto fue reconocido por *Tinku Orqo* como uno de los primeros indicios de su *camay*[12] impregnador[13].

La carretera tomó por quebradas que se internan en el macizo andino y dan origen al río Mapocho. A través de una ruta serpenteante adquirimos rápidamente altitud, al mismo tiempo que advertimos la transición de una vegetación esclerófila a un paisaje de estepa de montaña, sin árboles. Era la transición del valle plano, fértil, estable y tibio, a un ambiente dinámico, gobernado por viento, lluvia, nieve y deshielos.

Comenzaban el segundo día luego de su partida desde la villa del valle del Mapocho. Atrás quedaba el campamento en lo más profundo del cajón. Una vez más la procesión asumía los emblemas e himnos del *Sapa Inka*, pregonando su presencia en estas lejanas tierras. Su esencia, sin embargo, venía en el corazón de la procesión en cada una de las ofrendas despachadas, las que habían sido impregnadas con su *camay* en el Cuzco[14].

Estaban ingresando a una tierra sin árboles. El aire frío penetraba con su filo la tibieza de la madre nutricia del valle. El cambio fue reconocido por *Tinku Orqo* como la entrada al dominio de *Apu*. Se acercaban cada vez más a su insurgente territorio indomesticado. Su personalidad masculina y dominante se definía por su dureza, rocas imponentes y verticales, además de un frío concentrado lleno de potencia.

Comenzamos la caminata al campamento base desde el complejo de esquí de Valle Nevado. En la ruta pasamos por el sector de Piedra Numerada donde se encuentra una gran vega, que constituye el último espacio de menor pendiente con presencia de parches de vegetación, subiendo por el cajón del río Cepo. Inmediatamente sobre este sector se encuentra un abrupto levantamiento del terreno, a causa de un afloramiento que de manera transversal corta el cajón. El río Cepo, por su parte, desciende sobre las rocas por una caudalosa y llamativa cascada de agua. Es justamente en la ladera oriental, frente a la cascada, que se ubica un pequeño conjunto de recintos que ha sido definido como una estación Inka en la ruta al Cerro El Plomo, llamado Piedra Numerada Alto. Justo sobre el conjunto, la huella que conduce al cerro atraviesa la formación rocosa por un pasaje angosto que probablemente fue erosionado a causa del paso de una antigua caída de agua del río Cepo. Es en este punto donde existe una transición a un ambiente aún más hostil y sin vegetación.

Terminaba el segundo día desde su partida de la villa en el valle del Mapocho. Se sentía el sonido del paso constante de las pisadas y el murmureo de la procesión mientras atravesaban una explanada de pasto por el fondo del cajón. Estaban casi llegando al último *tampu* antes de entrar a la capa más íntima de *Apu*, la que estaba separada por un portal rocoso.

Arribados al *tampu*, le indicó a sus asistentes que bajaran a *Pacsa Cauri* y que lo mantuvieran en buen estado. *Tinku Orqo* se dirigió a realizar el ritual de la *mocha*[15] en la entrada del portal, justo bajo el guerrero de piedra que celosamente custodiaba el paso[16]. Luego de ofrecer hojas de coca y *chicha* frente a la entrada, extendió sus brazos para comenzar la reverencia ritual. Manteniendo su cabeza gacha, dirigió toda su consciencia para transportarse al ámbito pétreo de la esfera de *Apu*. Le habló en un tono sollozante, anunciando la presencia de la procesión. Luego le rogó que recibiera los obsequios llevados ante él, que venían desde el Cuzco portando la esencia del *Sapa Inka* en la forma de *Pacsa Cauri* y las pequeñas figurillas *enqa*[17]. Manteniendo su postura podía percibir el otro lado gobernado por *Apu*. Podía sentir el olor a piedra fría y el enorme peso sobre sus hombros. Al levantar su mirada, se dio cuenta de que el guerrero de piedra había cambiado su fisonomía y su piel se volvía familiar. El paso de la procesión era permitido.

Luego de dos horas caminando arribamos al campamento base en Federación, ubicado a 4.160 msnm. Con el cuerpo aún activo por la caminata, me senté por el cansancio y un fuerte dolor de cabeza. El aire estaba helado y el cielo se cubría por completo de nubes, como es común en horas de la tarde en la montaña. Pude notar mi dificultad para respirar, mientras mis manos se adormecían con un hormigueo activo que recorría frenéticamente la extensión de ambos brazos. El miedo de perder el control invadió mi cuerpo, y tal parece que la hiperventilación alteró aún más mi estado de consciencia. Luego de unos minutos sintiéndome dislocado, intimidado y vulnerable, el calor nuevamente volvió a mi cuerpo y comencé a sentir la calma.

Próximo al surgimiento de las primeras aguas, coronando el borde del cajón, podían ver cómo se habían congelado algunas cascadas de agua, producto de la concentración de *camay*. Temprano habían cruzado la membrana del portal y ahora caminaban por el dominio de *Apu*. A cada miembro de la procesión se le recordó no mirar a los ojos de *Apu*, ubicados en la cumbre; de lo contrario, una gran calamidad podría caer sobre ellos[18].

Alcanzando la base cerca de los pies de *Apu*, *Tinku Orqo* comenzó a sentir cómo era despojado de su aliento, mientras sus manos se sentían adormecidas por un hormigueo que, como granos pequeños, se movían alocadamente por su piel. Los días de ayuno habían desplazado la adhesión a su forma humana. Su preparación para ingresar a la sociedad de las *waka* estaba haciéndole sentir la potencialidad de la materia energizada de *Apu*. Sus pensamientos eran lentos, como si no existiera más cabida que a su respiración y a la visualización de *Apu*. La procesión paró mientras sus dos asistentes comenzaron a frotar sus manos. Era necesario realizar la *mocha* una vez más. Esta vez, desde los pies del gran señor[19].

Tinku Orqo cerró sus ojos con los brazos extendidos. Podía visualizar su presencia como una esfera suspendida, creando un campo de energía que doblaba todo hacia sus límites. Una vez abiertos sus ojos parecía como si un manto de calma hubiera descendido sobre las laderas. Era la señal para retomar la marcha. En este punto, los músicos de la procesión se mantuvieron atrás mientras lanzaban por la ladera, hacia las alturas, los himnos y el piteo de las flautas.

Al día siguiente decidimos realizar un reconocimiento del entorno, al mismo tiempo que nuestros cuerpos se aclimataban a la altura geográfica. Las paredes cortadas por antiguos glaciares que se levantan al poniente del campamento poseían una fascinante disposición de estratos sinuosos y paralelos, testigos de contorsiones incandescentes de las profundidades de la tierra. Mi percepción sensorial aún parecía alterada. Mi visión se veía fijada al intrincado ordenamiento de contrastes originados por colores y texturas. Por su parte, resultaba intimidante la vista del cerro El Plomo, que con su blanco manto glaciar se levantaba de manera imponente hacia el oriente.

Realizamos un ascenso hasta el sector de "La Hoya" donde existe una pequeña laguna congelada, formada por recesiones y transgresiones de masas glaciares descendiendo de la montaña. Al estar parado en la orilla, el entorno cóncavo del sector produce una sensación de contención e intimidad, con un silencio que resulta ensordecedor.

La procesión pasó una pequeña laguna (*cocha*) congelada, ubicada en el ombligo de *Apu*. Aquí era donde su *camay* era guardado. Sobre este punto, su semen ya no guardaba forma líquida.

Enseguida continuaron subiendo arduamente hasta los hombros. La presencia de la procesión hizo exaltar a *Apu*. El viento comenzó a soplar y columnas de nubes subieron por la ladera.

Finalmente llegaron al adoratorio circular que había sido preparado por *Michimalonko* para recibir el último *ceque* proveniente del Cuzco[20]. La consagración del adoratorio sería realizada al alba del día siguiente, por lo que deberían pasar la noche haciendo vigilia frente al fuego[21].

Comenzamos el ascenso a la cumbre a las 4:30 am. El aire de la montaña estaba frío y estático, y la luna iluminaba todo. Pequeños destellos en el suelo, producto del rocío congelado, llamaron mi atención. Por su parte, el brillo reflejado de las masas glaciares de la montaña resultaba surrealista.

Comenzaba a aclarar cuando alcanzamos el refugio de Agostini, a unos 4.620 msnm. Reanudando la marcha el frío se hacía insoportable, mientras el sol permanecía detrás de la montaña. Comenzaba a moverme sin energías. A pesar de respirar tan rápido como podía, no parecía alcanzar el oxígeno que sentía necesario. Me encontraba en un estado mental difícil de describir. Sostenía un escaso reconocimiento de lo que estaba pasando, excepto respirar, caminar y una enorme presencia que sólo podría definir como "La Montaña". Alcanzando cerca de 5.000 msnm, la percepción del peso de mi mochila se hizo inaguantable. Luego de pedirle ayuda a Ricardo para transportarla, éste dejó en el suelo su propio bolso, el que en su momento comenzó a rodar por la ladera de la montaña sin control. Sin equipo para cruzar el glaciar del filo cumbrero, decidimos bajar e intentar recuperar la mochila. Bajando un poco, ya comencé a sentirme normal. Más tarde, en vista de la pérdida del equipo de Ricardo y de nuestro cansancio, decidimos retornar al valle.

Estaba aún oscuro mientras *Tinku Orqo* y sus dos asistentes estaban frente al adoratorio. Pequeñas lágrimas de plata de la luna (*Killa*) cubrían el suelo aún cargado con su brillo[22]. El fuego estaba alineado hacia la cabeza de *Apu* y el Cuzco. Era el último día y *Pacsa Cauri* encontraría ahora su residencia final junto a *Apu*.

Tinku Orqo iniciaba el ritual con sus brazos extendidos frente a él. Sus ojos estaban cerrados y sus labios hacían movimientos prácticamente imperceptibles. Se había tornado una entidad rocosa, adoptando una posición de mediación para un encuentro directo con *Apu*[23]. Sus sentimientos interiores eran llevados a un vacío crudo desde donde los sueños no surgían, desde donde la vida miraba transversalmente hacia *Uma Pacha*[24] y los ancestros.

Tinku Orqo realizó la consagración del adoratorio quemando hojas de coca, dos textiles finos, y rompiendo tres platos. El fuego quemaba fuertemente. Las puertas estaban ahora abiertas y recibían el *ceque* axial desde el Cuzco. Luego de un lapso sin tiempo, la *capacocha* estaba llegando a su clímax y *Apu* se integraba mediante *ayni*. A pesar de su sustancia concentrada y energizada, *Apu* estaba permitiendo la vida humana en su dominio.

Los primeros rayos de *Inti* se extendían a través del cielo. La etapa final para completar el *ayni* debía ser ejecutada transportando las ofrendas sobre el glaciar para alcanzar la cabeza de *Apu*. *Tinku Orqo* respiraba profusamente. Se sentía como en un trance, embriagado por las hojas de coca, la *chicha* y la sustancia de *Apu* que invadía todo su ser. Las palabras finales resonaban en su interior:

> "Recibe nuestros más preciados obsequios. Que nuestras voces sean oídas. Que tu *camay* infunda vida en nuestros cultivos y nuestras crías. Encuéntrate ahora con nuestro *Sapa Inka*. Recuerda el comienzo de la *pacha* primordial, cuando *Inti* y *Killa* se elevaron, y *Wiracocha*[25] irradió vida a todos los seres".

Justificación y teoría

Ha llegado el momento de justificar en el contexto de la disciplina arqueológica la utilidad de lo que he presentado hasta ahora en el presente capítulo.

Primero, considero que no hay que dejar de lado la importancia de una pregunta de investigación. En este caso: ¿cómo pudieron haber experimentado los miembros de la procesión de la *capacocha* su encuentro con el Cerro El Plomo? Esto en lo referente a la dimensión sensorial, situando el foco en estados de la mente dentro del flujo de la consciencia, así como de las reacciones, reconocimientos, visualizaciones internas y pensamientos.

Ahora, ¿cuál es la importancia de preguntarse por la dimensión sensorial de los sujetos del pasado? La respuesta, aunque parece obvia, se orienta a lograr una aproximación a las vidas de las personas del pasado y a cómo experimentaron el mundo. También guarda relación con lo que considero una necesaria expresión de la sensibilidad frente a los remanentes materiales de las historias del pasado.

El foco en el ámbito sensorial abre una dimensión que difícilmente pueda tratarse mediante macro-conceptos como subsistencia, estrategias de dominación, ideología o similares, que no hacen otra cosa que dejar un profundo silencio tras los restos materiales, "escotomizando" las vidas de las personas del pasado.

La forma de abordar esta dimensión no deja de tener dificultades. Primero, porque las experiencias subjetivas del pasado parecen ser inabordables, especialmente cuando no se cuenta con registros escritos. Aunque Michael Shanks (2012) no provee una solución al respecto, su noción de "imaginación arqueológica" puede orientar nuestros esfuerzos por recrear el mundo detrás del paisaje, por reanimar la gente detrás del fragmento de cerámica como trozos del pasado. Carmel Schrire (1995) plantea que sólo a través de la imaginación se pueden encarnar los sonidos y el sabor del tiempo pasado, anclando el gustillo de los momentos perdidos en la mezcolanza de los objetos que van quedando. Shanks (2012) plantea que, de hecho, la "imaginación arqueológica" siempre ha estado en el corazón de la disciplina.

A la imaginación se le debe dar su justa cabida para ofrecer entendimientos plausibles sobre el ámbito sensorial del pasado. De hecho, la contingente condicionalidad de lo que pudo o podría haber sido, investigando patrones que nos provean de algún grado de seguridad sobre nuestras inferencias, es inherente a la disciplina arqueológica (Crossland 2014). En este sentido, cobra importancia el reconocimiento de nuestra propia posición como autores de un texto arqueológico. Rosemary Joyce (2002) plantea que dicho texto contiene múltiples voces que producen un inherente dialogismo del tipo discutido en la obra de Mikhail Bakhtin, donde el autor, la audiencia que evalúa y las voces del pasado disciplinario (incluidas las expresiones materiales del pasado) se encuentran integradas. El reconocimiento de la naturaleza dialógica del texto arqueológico es útil para situar al autor, renunciando a una posición narrativa universalizante donde este último se vuelve invisible. Por otra parte, cuando se aborda la dimensión sensorial del pasado, es importante evitar –como autor– la pretensión de encarnar la percepción de las personas del pasado. A pesar de esto, el ejercicio de corporizar y exponerse a los sentidos en un plano de condiciones similares a las que pudieron experimentar las personas del pasado es fundamentalmente necesario. Así lo plantea Christopher Tilley (1994) en *A Phenomenology of Landscape,* quien estima que experimentar lugares es relevante en el intento de proveer recuentos sobre cómo se experimentó el paisaje en el pasado. Si bien esto podría aportar un gran punto de partida, al momento de poner en práctica su enfoque, Tilley parece sólo mantener una preeminencia en lo visual, en las vistas y movimientos por el paisaje, sin incluir otros sentidos, y en definitiva, sin abordar realmente las experiencias del pasado.

Si vamos a validar la imaginación para dar un recuento sobre las experiencias del pasado, surge entonces el problema de su relevancia dentro de la disciplina. Muy acertado ha sido Alfredo González-Ruibal (2006) al plantear que es importante distinguir una reflexión productiva de una reflexión narcisista del pasado. El autor agrega que el diálogo con el pasado es, sobre todo, un diálogo con nosotros mismos; y que el gran problema de los recientes trabajos enfocados en "lo subjetivo" de algunos arqueólogos/ antropólogos es que no aportan mucho, fundamentalmente porque no revelan nada. En este sentido, considero relevante que un pasado imaginado esté fundamentado en evidencia que autentique la narración.

Por su parte, Felipe Criado-Boado (2006) sugiere que los arqueólogos "domestiquen" sus interpretaciones y, por tanto, su impulso subjetivador. Al respecto considero que no se trata de domesticar la interpretación, sino de reconocer la posición subjetiva desde la cual estamos interpretando; especialmente cuando le damos cabida a un pasado imaginado, con tintes plausibles, desde la disciplina arqueológica y la evidencia.

Otro gran aspecto que se debe considerar cuando intentamos representar experiencias del pasado es el problema de tratar con una otredad. Mucho se ha discutido al respecto desde el postprocesualismo en arqueología, derivado de una crítica postmoderna y postcolonial, incluyendo el debate sobre la auto-reflexión. Esta línea teórica sugiere que hay múltiples maneras de ver, interpretar y entender el pasado, y que la producción arqueológica del conocimiento está fuertemente influenciada por el contexto social y político de cada época (Atalay 2006). Dentro de este cuerpo teórico ha habido una preocupación creciente por la aplicación de paradigmas que aborden cuestiones indígenas, contrastando con representaciones occidentales dualistas y fallidas (Alberti y Bray 2009).

Es posible que nunca poseamos una forma de abordar un modelo preciso del pensamiento indígena. Sin embargo, se deben utilizar guías que al menos logren contrastar y contar con recursos analíticos que permitan situar en perspectiva las nociones occidentales desde donde estamos situados. Al respecto, en el caso del estudio del imperio Inka cobra vital importancia la información etnohistórica y etnográfica disponible.

Comentarios finales

En este capítulo he intentado validar el uso de la imaginación para evocar aspectos de la experiencia sensorial de los integrantes de una procesión Inka de *capacocha*. He presentado una historia ficticia, escrita en tercera persona, con un sacerdote como personaje principal. La razón por la cual se escogió un personaje como éste tiene que ver con los preceptos imperiales, políticos y religiosos que alguien como él pudo haber internalizado. Tales preceptos seguramente definieron cómo un *apu/waka* como Cerro El Plomo pudo haber sido concebido en el contexto de la *capacocha*, además de la actitud y postura que se pudo haber adquirido frente al mismo. Si consideramos que un personaje como *Tinku Orqo* era el especialista destinado a encontrarse y a comunicarse con el *apu*, es muy probable que haya invocado su presencia visualizando su carácter según los criterios culturales establecidos.

Por su parte, la información etnohistórica y etnográfica presentada en las notas fue el recurso de autenticación de la narración imaginada. Esta estrategia no sólo ayudó a mantener dicha narración dentro de parámetros plausibles de lo que sabemos sobre la *capacocha*, además de la ritualidad y la concepción del mundo andino, sino que también sirvió como estrategia de contraste respecto de conceptualizaciones occidentales. La definición de algunos conceptos andinos contribuyó a comprender, por ejemplo, que una masa geológica como Cerro El Plomo era una entidad social poderosa con la que interactuaron y establecieron lazos de reciprocidad; y que Cerro El Plomo era capaz de infundir vida y fertilidad en un amplio territorio. Los conceptos considerados también permitieron comprender que la manera andina de enfrentar el mundo es esencialmente práctica, requiriendo constantes revitalizaciones –lo que puede ser vinculado al hecho de concebir todo de manera orgánica y en analogía con el cuerpo humano. Cerro El Plomo era una entidad telúrica poderosa y viva, y los movimientos por sus contornos se realizaban recorriendo la textura de su piel rocosa.

La narración en primera persona sobre mi propia experiencia de Cerro El Plomo, viene a agregar una capa necesaria para reconocer la posición desde donde surge parte del pasado imaginado. El registro en terreno sobre las apreciaciones de elementos del paisaje se utilizó como base para intentar definirlos, de acuerdo a distintas concepciones desde una perspectiva Inka/andina. Si bien el mal de altura (o mal agudo de montaña) sufrido no puede ser extrapolable a un sujeto Inka, sobre todo porque el grado de aclimatación a la altura geográfica no puede ser determinado, considero que en alguna medida las condiciones de altitud (sobre los 5.000 msnm) y el frío intenso fueron parte importante de la experiencia de la montaña. Esto, sobre todo, si consideramos la gran cantidad de trabajo invertido, tanto en la excavación del suelo congelado como en la construcción de las estructuras ceremoniales a tales alturas. La ausencia de equipo y vestimenta técnica para soportar tales condiciones no deben dejar de ser tenidas en cuenta. Finalmente, los ayunos rituales necesarios antes del encuentro con la *waka* pudieron ser un factor determinante en el estado de consciencia de los miembros de la procesión y su resistencia a las condiciones extremas de la montaña.

En términos generales, resulta de utilidad desarrollar las características de un personaje por las múltiples implicancias culturales y roles sociales que intervienen en la constitución de una persona. Mantener el foco en la persona no sólo permite hacer referencia a ámbitos de la experiencia, sino también a múltiples macro-aspectos sociales, económicos y políticos dentro del contexto donde se desenvuelve. En el caso de esta investigación, se pretendió –además– presentar una manera alternativa de representar el poder político Inka y sus aspiraciones territoriales, así como su interacción con entidades poderosas no-humanas, entre las cuales se cuentan las montañas.

A pesar de intentar validar la historia de la procesión a Cerro El Plomo mediante un marco de referencia Inka/andino, siempre van a existir sesgos, puntos ciegos o aspectos dejados de lado, tanto de manera consciente como inconsciente. Por ejemplo, el sufrimiento del niño inmolado en la cumbre de Cerro El Plomo (Fig. 8-1) es un aspecto "escotomizado" en la narración. Por otra parte, es probable que existan muchos contenidos que difícilmente puedan ser sorteados desde concepciones dicotómicas occidentales. Distinciones como sagrado/profano, naturaleza/cultura, no tenían cabida en el pensamiento Inka.

De cualquier forma, el reconocimiento de la propia posición es una capa fundamental que debe sobreponerse y entrar en diálogo con la imaginación. Asimismo, las expresiones materiales y otras evidencias deben jugar un papel fundamental de autenticación. Finalmente, se vuelve necesario que el análisis del pasado disciplinario entre en diálogo con el objeto de mantener una contestación y hacer relevante el ejercicio imaginativo. La última capa es, pues, la audiencia que entrará en diálogo desde este punto en adelante.

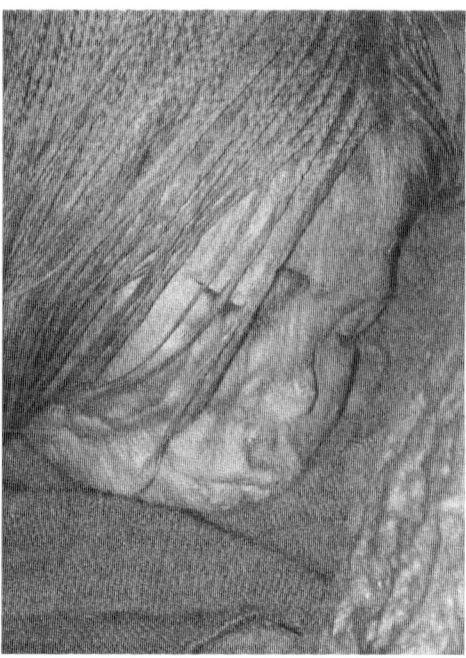

Fig. 8-1: El niño congelado del Cerro El Plomo. Tomado de Durán (2004/2005).

Bibliografía

Alberti, B. y T. L. Bray. "Introduction". *Cambridge Archaeological Journal* 19, no. 3 (2009), 337–343.

Allen, C. J. *The Hold Life Has: Coca and Cultural Identity in an Andean Community*. Washington, D.C.: Smithsonian Books, 2002.

Astvaldsson, A. "El Flujo de la Vida Humana: el Significado del Término/Concepto de Huaca en los Andes". *Hueso Húmero* 44 (2004), 89–112.

Atalay, S. "Indigenous Archaeology as Decolonizing Practice". *The American Indian Quarterly* 30, no. 3 y 4 (2006), 280–310.

Bastien, J. *Mountain of the Condor. Metaphor and Ritual in an Andean Ayllu*. Illinois: Waveland Press, 1985.

Besom, T. *Of Summits and Sacrifice: An Ethnohistorical stud of Inka Religious Practices*. Austin: University of Texas Press, 2009.

Classen, C. V. "Inca Cosmology And The Human Body". Tesis de Doctorado, McGill University, 1990. Ms.

Coben, L. S. "Other Cuzcos: Replicated Theaters of Inka Power". En *Archaeology of Performance*, editado por T. Inomata y L. S. Coben, 223–259. Lanham: Altamira Press, 2006.

Criado-Boado, F. "¿Se Puede Evitar la Trampa de la Subjetividad? Sobre Arqueología e Interpretación". *Complutum* 17 (2006): 247–253.

Crossland, Z. *Ancestral Encounters in Highland Madagascar. Material Signs and Traces of the Dead*. Cambridge: Cambridge University Press, 2014.

D'Altroy, T. "Killing Mummies: On Inka Epistemology and Imperial Power". En *Death Rituals and Social Order in the Ancient World: 'Death Shall Have no Dominion*, editado por C. Renfrew, M. Boyd e I. Morley, 404–422. Cambridge: Cambridge University Press, 2015.

—. *The Incas*. Oxford y Malden: Wiley Blackwell, 2014.

Durán, E. "El Niño del Cerro El Plomo: A 50 Años de su Hallazgo". *Revista de Arqueología Americana* 23 (2004/2005), 337–348.

Duviols, P. "La Capacocha: Mecanismo y Función del Sacrificio Humano, su Proyección, su Papel en la Política Integracionista, y en la Economía Redistributiva del Tawantinsuyu". *Allpanchis* 9 (1976), 11–58.

Dean, C. *A Culture of Stone: Inka Perspectives on Rock*. Durham: Duke University Press, 2010.

Farrington, I. "The Concept of Cusco". *Tawantinsuyu* 5 (1998): 53–59.

González-Ruibal, A. "Experiencia, Narración, Personas: Elementos para una Arqueología Comprensible". *Complutum* 17 (2006), 235–46.

Joyce, R. *The Languages of Archaeology: Dialogue, Narrative, and Writing*. Oxford/Malden: Blackwell Publishers, 2002.

Manheim, B. y G. Salas Carreño. "Wak'a Entifications of the Andean Sacred". En *The Archaeology of Wak'as: Explorations of the Sacred in the Pre-Columbian Andes*, editado por T. Bray. Boulder: University Press of Colorado, 2014.

Salomon, F. "The 'Beautiful Grandparents': Andean Ancestor Shrines and Mortuary Ritual as Seen Through Colonial Records". En *Tombs for the Living: Andean Mortuary Practices*, editado por T. D. Dillehay, 315–353. Washington, D.C.: Dumbarton Oaks, 1995.

—. "How the Huacas Were: The Language of Substance and Transformation in the Huarochirí Quechua Manuscript". *Anthropology and Aesthetics* 33 (1998), 7–17.

Salomon, F. L. y J. Urioste. *The Huarochirí Manuscript: A Testament of Ancient and Colonial Andean Religion (Often attributed to Francisco de Avila)*. Austin: University of Texas Press, 1991.

Schrire, C. *Digging Through Darkness: Chronicles of an Archaeologist.* Charlottesville: University Press of Virginia, 1995.

Shanks, M. *The Archaeological Imagination.* Walnut Creek: Left Coast Press Inc., 2012.

Tilley, C. *A Phenomenology of Landscape.* Oxford: Berg, 1994.

Notas

[1] Nombre asignado al emperador Inka, que quiere decir "El Único Inka" (D'Altroy 2014).

[2] *Ayni* es un principio de equilibrio y está en el centro de la moralidad andina, integrado a todo aspecto social. Esencialmente, se trata de dar y recibir para establecer lazos de reciprocidad. Por esta razón, la comensalidad y el servir están entre los aspectos más estructurados de la vida andina, desde el plano doméstico hasta el ámbito estatal, involucrando a cualquier entidad socialmente asignada (Manheim y Salas 2014).

[3] *Waka* puede ser definido como cualquier rasgo sobresaliente de la naturaleza, considerado como una manifestación de poderes transcendentales (D'Altroy 2015). Las *waka* más importantes eran lugares como fuentes de agua, cuevas, rocas imponentes, pero muy especialmente montañas. Tales lugares eran considerados personas con las cuales se interactuaba bajo los mismos términos de reciprocidad (*ayni*).

[4] *Apu* quiere decir "Señor"; también es el nombre que se le da a las cumbres más altas entre comunidades andinas contemporáneas. Los *apu* son considerados como grandes observadores y dueños de todo el territorio que abarcan desde su dominio visual (Allen 2002).

[5] *Pacha* quiere decir "mundo". Sin embargo, difiere radicalmente de la noción occidental. Esto es porque *pacha*, además de ser múltiple, refiere tanto al tiempo como al espacio, existiendo simultáneamente y afectándose mutuamente. Para complicar aún más, el pasado y el presente no se diferencian, concebidos como

adelante; mientras que el futuro se mantiene detrás y sin revelarse (D'Altroy 2014). Esto quiere decir que tiempos y espacios del pasado interactúan activamente en el presente.

[6] *Tampu* es una estación de descanso asociado a la vialidad Inka.

[7] La *capacocha* era una ceremonia Inka que consistía en visitar las *waka* o santuarios más importantes del imperio, desplegando una enorme cantidad de ofrendas, entre las cuales se incluían niños escogidos (Duviols 1976).

[8] Las ofrendas eran despachadas desde el Cuzco y su transporte era responsabilidad de cada etnia de los territorios por donde pasaba la procesión (Besom 2009).

[9] Salomon y Urioste (1991) señalan que las personas que entraban a la sociedad de las *waka* eran consideradas *Villca*, lo que en otros contextos puede ser traducido como cacique o autoridad.

[10] El encuentro con una *waka* requería un distanciamiento de la vida humana o muerte transitoria mediante ayunos y abstinencias (Salomon 1998).

[11] En comunidades andinas contemporáneas las *waka* tienen cualidades expresivas que pueden ser transmitidas a los seres humanos, y existen ciertos especialistas rituales que son capaces de "hacerlas hablar" (Astvaldsson 2004). También es interesante notar el caso de un famoso sacerdote colonial, llamado Hernando Hacaspoma, que alcanzaba un estado tal de compenetración en presencia de los ídolos (*malqui*) que experimentaba éxtasis, y el *camaquen* (espíritu energizado) se adhería a él y le hablaba (Duviols 1986, en Salomon 1995).

[12] El concepto de *camay* se relaciona con una energía que carga con ser a las distintas manifestaciones del mundo. Por su parte, *camac* es "creador", y en las comunidades andinas usualmente coincide con la *waka* de origen que revitaliza con su *camay* (Salomon y Urioste (1991). *Camay* tiene la propiedad de transferirse, tanto por contacto como por semejanza. Es importante notar que aprender un oficio implicaba adquirir el *camay* o energía para darle vida a algo (Allen 2002).

[13] Tanto las montañas como el flujo de agua activo que bajaba de éstas eran concebidos como una manifestación masculina, mientras que la tierra plana cultivable y el agua quieta eran una manifestación femenina (Besom 2009; Dean

2010). Por su parte, el flujo de agua hacia los campos de cultivo era concebido como una relación sexual, impregnando de fertilidad.

[14] De acuerdo a una descripción realizada por Hernández Príncipe en 1621, durante la *capacocha* las ofrendas provenientes del imperio (incluyendo niños) eran reunidas en el Cuzco, donde el *Sapa Inka* frotaba su cuerpo con las mismas antes de ser despachadas a distintas partes del imperio (Classen 1990). Es probable que de esta manera transfiriera su esencia o *camay*.

[15] La *mocha* es una profunda reverencia ritual realizada cuando se reconoce a una *waka* (Besom 2009).

[16] En el mundo Inka, las piedras podían volver a la vida humana y las personas podían transformarse en piedra. Así las montañas y los afloramientos rocosos podían ser ancestros o guardianes (D'Altroy 2014). La mitología Inka está llena de estas transformaciones. Catherine Dean (2010) sugiere que, para los Inkas, la piedra era una sustancia transferible a la humana y viceversa.

[17] Los Inkas crearon pequeños objetos, llamados *enqa*, que concentraban poder de lo que fuera que representasen. Se han encontrado estos objetos en forma de figurillas de oro, plata y concha de *spondylus*, principalmente en la cumbre de las montañas (D'Altroy 2014). Éstos se asocian en particular a ofrendas realizadas durante la *capacocha*.

[18] Se mantenían los ojos con la mirada baja cuando se realizaban los servicios a las *waka* (Classen 1990).

[19] En el contexto andino, las montañas (entre otras manifestaciones del mundo) son concebidas en analogía con el cuerpo humano e integradas orgánicamente. Por ejemplo, existe una comunidad Aymara que habita las laderas del monte Kaata en Bolivia, que asigna simbólicamente una anatomía humana a la montaña. No le rezan a la misma, sino que la alimentan con ofrendas para asegurar su vitalidad y poder (Bastien 1985).

[20] Las procesiones de *capacocha* seguían líneas rituales llamadas *ceque*. Tenían la función de interconectar las *waka* más importantes, pero también creaban jerarquías locales en conexión con otras *waka* que pudieron haber replicado la configuración espacial existente en Cuzco (Coben 2006; Farrington 1998).

[21] Los rituales Incaicos importantes eran realizados al alba (Besom 2009).

[22] *Killa* era la luna e *Inti*, el sol. Para los Inka la plata era concebida como las lágrimas de la luna, mientras que el oro era el sudor del sol (D'Altroy 2014).

[23] De acuerdo al cronista Murúa, durante la *capacocha* un sacerdote debía mantener una cara pétrea, sin mirar alrededor o hablar (Besom 2009). Al interactuar con una *waka* debían adoptar una postura más rígida y exaltada, como aquélla de seres poderosos (Salomon 1998).

[24] *Uma Pacha* es mencionado en juicios de idolatría como una dimensión donde los espíritus florecen de vuelta a una vida encarnada, como semillas (Salomon 1998).

[25] Viracocha es "el creador" en la mitología Inka.

Capítulo Nueve

La flauta y el flautista: Sones, recuerdos y sentidos

Layra Blenda
José Roberto Pellini

Es una noche calurosa, con la luna brillando más de lo normal. El reloj marca casi las 22:00 horas. El teléfono suena. Un viento fuerte agita el ambiente. ¡Vientos así siempre traen grandes cambios!

Zé: – Hola.

Layra: – Hola, Zé. Disculpá que te llame a esta hora; es que necesito hablar con vos. Estoy ansiosa y emocionada.

Zé: – No hay problema, para eso estamos los orientadores, ¿no? Ahora decime, ¿qué es tan importante como para que me llames en este momento?

Layra: – Creo que finalmente me decidí… Voy a trabajar con la flauta.

Zé: – Finalmente, ¡ya era hora! Me alegra tu decisión. Siempre dije que ese tema era perfecto para vos. ¿Qué fue lo que te hizo decidirte?

Layra: – Y... fueron varias cosas. Yo, así como muchos otros compañeros, estoy insatisfecha con la arqueología que practicamos hoy en día. Ese distanciamiento, esa objetividad… me incomodan. Es como que mi rol de arqueóloga es totalmente distante y diferente a mi vida como ser humano. No puedo parar de pensar en la flautista que fue exhumada en el sitio arqueológico Justino pero, al mismo tiempo, no quiero hacer de ella un "objeto de trabajo" en el sentido más frío del ámbito científico. Quisiera tenerla conmigo, y poder cantar y tocar la flauta con ella. Hacer aquello que llamamos "ciencia" sin dejar de ser yo misma. No quiero abrir un abismo entre mi trabajo y yo.

Zé: – Sé cómo te sentís. Parece que lo que producimos como científicos no se relaciona ni en lo más mínimo con la vida. Como diría el psiquiatra Laing, la ciencia moderna nos ofrece un mundo muerto, desvinculado, que al denigrar el papel de los sentidos denigra y relega también el papel de la ética y los valores, abandona el alma y la consciencia. Pero ese es un problema más grande, algo que afecta a la modernidad y no sólo a la ciencia. No podemos sentir más el mundo que nos rodea. Estamos anestesiados dentro de una política de fragmentación, racionalidad instrumental, conocimiento disciplinar y reduccionismo. Vivimos en una gran anestesia cultural, que se caracteriza por un vacío social y personal. Perdimos completamente el contacto con el exterior; perdimos la capacidad de escuchar al mundo, de saborearlo, de sentir sus texturas, sus aromas.

Layra: – Tengo exactamente el mismo sentimiento, que vivimos en un mundo muerto. Pero debo confesar que aceptar una nueva forma de hacer ciencia, con nuevas propuestas teóricas y metodológicas, me asusta. Yo todavía tengo cierto rechazo; incluso porque hay mucha incomprensión y resistencia en Brasil sobre la temática de los sentidos en arqueología. Vos sabés bien que en nuestro país la arqueología respira muy profundamente los aires histórico-culturales. Tengo miedo de convertirme en un chiste.

Zé: – No te preocupes por eso, ya que la vida es el mayor de los chistes. El problema es que no sabemos reír. Hace poco coordiné un simposio sobre Arqueología Sensorial en el Congreso de la Sociedad de Arqueología Brasileña, y me enteré que cuando recorría los pasillos junto con otros coordinadores, la gente decía: "ahí van los locos de los sentidos". Pero creo que es algo normal, ya que hay un gran desconocimiento sobre el tema. La arqueología debería ser la ciencia de los sentidos por excelencia: al final de cuentas, trabajamos con materialidades tanto del presente como del pasado; y si existe una ciencia que tiene una posición privilegiada en el vínculo entre cultura material y cuerpo es, justamente, la arqueología. Pero aún vivimos en una era ocular-centrista. Necesitamos entender que nuestra vida, como la del resto del mundo, no se establece únicamente a partir de aspectos visuales, sino que también es de esencia sinestésica. Yo parto de un principio básico: ¿somos seres con cuerpo?

Layra: – Sí.

Zé: – Entonces, como seres con cuerpo, nuestra relación con el mundo parte inevitablemente del cuerpo y los sentidos; o sea, nos vinculamos con la materialidad del mundo a través de lo sensorial. ¿Correcto?

Layra: – Correcto.

Zé: – Si nos relacionamos con el mundo a través del cuerpo y los sentidos, analizar cómo estos últimos son históricamente concebidos nos permitirá comprender cómo las personas interpretan y viven el mundo. Trabajar con los sentidos no se limita a "poner el cuerpo" en evidencia mediante relatos que evocan la vida corporal; también requiere abordar las ideologías concebidas a través de valores y prácticas sensoriales. Como diría David Howes, los sentidos no son simplemente un campo de estudio como el género, el colonialismo o la cultura material; los sentidos son el medio a través del cual experimentamos y damos sentido al género, la cultura material y el colonialismo. La construcción cultural de los sentidos determina cómo las personas perciben e interpretan la dimensión física del mundo, al establecer, por ejemplo, cuáles son los sentidos confiables o no para su apropiación.

Layra: – Pero el problema es que, por lo menos en Occidente, las personas no piensan los sentidos como elementos activos en el proceso de construcción del mundo. Se nos enseñó desde niños que los sentidos son herramientas fisiológicas, elementos corporales que no son influenciados por la cultura.

Zé: – Pero es ahí donde comienza el problema: la educación de los sentidos es tan fuerte que llegamos a naturalizarlos, al punto de ni siquiera acordarnos que existen. De esta forma, los sentidos pasan a ser agentes pasivos en el proceso de construcción del mundo. No nos damos cuenta de que normalmente usamos el paladar para calificarnos a nosotros mismos y a los otros, o que juzgamos moralmente con el olfato. Cuando decimos, por ejemplo, que alguien tiene mal olor, la expresión es un juicio moral implícito, ya que los malos olores están asociados a algo negativo, a la enfermedad, y a los estratos más pobres de la sociedad. Basta con ver las políticas de higiene de finales del siglo XIX e inicios del siglo XX, en ciudades como París, Valparaíso y Río de Janeiro, para entender cómo cuestiones vinculadas al olfato fueron determinantes en el reordenamiento urbano y social.

Layra: – O sea, la forma en que valoramos los sentidos determina la forma en que nos interrelacionamos con el mundo.

Zé: – Así es. Fijate, por ejemplo, el caso del paisaje. Nosotros, los occidentales, pensamos y entendemos el paisaje a través de los ojos, a partir de la vista. Así mapeamos el mundo mediante información visual. Pero existen grupos que piensan el paisaje a partir de sonidos o del olfato. Entre los Ongee, el olfato es el principal sentido a través del cual son concebidas las categorías de tiempo, espacio e individualidad. El olor representa la fuerza vital que mueve a todos los seres vivos, siendo la vida una especie de juego eterno, de escondidas, entre los olores. Así es como los Ongee escogen los animales que serán cazados a partir del olor, e intentan también ocultar su propio aroma, tanto de los animales que van a cazar como de los espíritus (ya que algunos espíritus cazan a los Ongee). En la concepción Ongee el espacio es dinámico, fluctúa, cambia con el tiempo y las estaciones. Tiempo y espacio son, entonces, estructurados a partir de los ciclos anuales de olor. Entre los Kaluli de Papúa Nueva Guinea el paisaje también es dinámico, y los lugares son formados a través de la música. La forma de los movimientos del cuerpo y las músicas comunales determinan la estructura del paisaje. Los Kaluli y los Ongee recuerdan el paisaje por el ir y venir, y no por los cambios en el espacio que se dan de acuerdo a los ritmos de la naturaleza. El mapa es incorporado como un cuerpo, conocido a partir de los sentidos, y retratado en las músicas y los olores. ¿Cómo podría ser mapeada la complejidad de estos espacios por la cartografía occidental? Estas diferencias en la forma de concebir el espacio, visual por un lado y sonoro por el otro, resultan en mundos completamente diferentes, paisajes y experiencias diversas.

Layra: – Eso me hizo recordar a los grupos Maxakali y Enawenê-Nawê, en Brasil. Para ellos, el aspecto acústico es central para la concepción del mundo. La música está presente en todos los aspectos de su vida. Para los Maxakali, el sonido se personifica, sale de lo abstracto y se convierte en algo real, palpable. En su universo, la música es disociable de los mitos y rituales. Cuando Alvarenga analiza la cosmología Maxakali, observa que la música en este universo no es fija, no se encuentra sujeta a ningún soporte:

> "Hablar sobre la música de los Maxakali es un ejercicio de comprensión, ya que nos encontramos ante una multiplicidad de posibles percepciones. Donde nosotros vemos notas, ellos tal vez ven seres. Donde encontramos sostenidos y bemoles, ellos pueden ver colores y cambios cromáticos. Lo que llamamos movimiento, ellos tal vez lo entienden como danza y movimiento corporales. Donde tenemos espacios en blanco, entre los renglones del pentagrama, ellos tal vez ven lo contrario. ¿Y por qué no? Lo que leemos verticalmente como acordes, ellos lo ven como una superposición ontológica. Todo puede ser todo".

Zé: – ¿Sabés qué?... Me hiciste recordar aquel documental producido por Virgínia Valadão, intitulado: *Enawenê-Nawê: El Banquete de los Espíritus*, que trata, entre otras cosas, sobre el ritual Yãkwa de dicho nombre. Si te fijás bien, la casa de las flautas queda bien en el centro de la aldea. Eso es un excelente ejemplo de cómo un grupo interpreta el espacio, y da cuenta de la importancia de un estímulo y el sentido asociado al mismo. De acuerdo a los Enawenê-Nawê, la casa de las flautas habría sido construida por las propias flautas sagradas. Asimismo, a lo largo de gran parte del año, los espíritus son reverenciados con alimentos, cantos y danzas. La importancia del sonido y la audición ha sido bastante estudiada en los últimos años por agunos arqueólogos; sobre todo, a través de los *soundscapes*. Scarre y Lawson, por ejemplo, recrearon sonidos ceremoniales de la Edad de Bronce, y Loose exploró los sonidos del grito y las campanas en rituales antiguos. Estos son apenas dos ejemplos de muchos otros grupos que tienen su sociedad orientada, principalmente, a la oralidad. Dos trabajos interesantes son los de Wassilowsky y Kolar. Ambos estudian aerófonos de la cultura andina denominados *pututus* o *waylla kepa*: instrumentos de viento elaborados a partir de caracoles marinos, o modelados en cerámica. Cuando Wassilowsky realizó los experimentos de producción, ejecución y caracterización acústica de más de 200 de estos aerófonos, observó la existencia de combinaciones entre determinados tonos, y constató que el desarrollo de los instrumentos estaba guiado por elecciones de características acústicas, sugiriendo también asociaciones simbólicas. Kolar, estudiando arqueoacústica en Chavín de Huantar, Perú, intentó establecer el rol del sonido en este complejo. La autora consideró la posible subjetividad de la experiencia humana cuando se crea acústica, buscando comprender cómo las personas son influenciadas por el sonido, lo que las personas hacen con él, y lo que esto significa para ellas y la sociedad. Al utilizar réplicas de instrumentos y realizar experiencias con los mismos dentro de las galerías de Chavín, Kolar comentó haber sentido en su propio cuerpo la resonancia entre el instrumento y la arquitectura. Para ella, la experiencia transformadora que vivió física y emocionalmente podría haber sido detectada de una forma semejante por los seres humanos en el pasado, aunque interpretada de manera diferente. Este abordaje permitió dilucidar características de los ambientes sonoros antiguos, discutiendo cómo el sonido pudo ser usado para comunicar e influenciar en la antigua Chavín.

Layra: – ¿Te acordás que en una de tus clases comentaste sobre el efecto material de los sonidos en el anfiteatro griego? Bueno, este año estuve en Segesta, Italia, y pude vivir en carne propia lo que dijiste. Fui hasta el centro del anfiteatro y canté, grité y quedé emocionada al sentir en cada centímetro de mi cuerpo el sonido volviendo y entrando en mi piel. Fue una sensación indescriptible sentir la materialización tangible del sonido. Casi en estado de *shock* me quedé observando el paisaje a mi alrededor y pensé: ¿Cómo es posible creer que apenas la visión nos permite conocer las verdades del mundo? Eso me hizo reflexionar también sobre cómo el sonido y la música invaden nuestra alma, teniendo la capacidad de potenciar o calmar sentimientos y sensaciones. La primera vez que fui al departamento de Música de la Universidad también fue fascinante. El clima estaba frío, diferente de lo que normalmente se encuentra en Aracaju. Era un martes, y ni bien entré al edificio me envolvió una atmósfera diferente de la que estaba acostumbrada en mi día a día. Por un momento, me pareció que ya no estaba más en la Universidad Federal de Sergipe, sino en medio de uno de mis sueños y pensamientos, completado con música de fondo. Los sonidos venían de todas partes, en diferentes tonos y acordes. De un lado, se sentía un canto lírico, acompañado de un lindo toque de piano; de otro lado, se escuchaba la famosa *"asa branca"* de Luiz Gonzaga; de alguna otra parte, se escuchaba una combinación de varios instrumentos diferentes con palmas, como si hubiese una ronda de danza. Y bien cerca de mí había dos chicos hablando sobre partituras, estructura musical, bemoles, sostenidos, corcheas y otros temas de los cuales no tengo ni idea. Lo más gracioso es que todos esos sonidos juntos no se sentían como "ruido". No sé cómo ni por qué, pero los sonidos armonizaban de una forma sublime. Algo imposible de ser traducido en palabras. Algo que escapa del poder de la descripción, que sólo puede ser entendido si es vivido.

Zé: – Ese es el poder de la música. Ella logra extraer diversas sensaciones de uno. Ahora te pregunto, ¿cuál es tu definición de música?

Layra: – Pensando en el aspecto físico, Allorto definió la música como las sensaciones producidas en el órgano del oído, a causa de las rápidas vibraciones de los cuerpos elásticos, sólidos o gaseosos.

Zé: – ¡¡¡Dios mío!!! Creo que no hay nada más distante de la música que esa definición.

Layra: – Para mí también. Es por eso que prefiero una perspectiva fenomenológica, donde la existencia real de la música sea percibida de forma espontánea, no siendo limitada a la audición.

Zé: – Sólo tenemos que recordar a Beethoven, que dirigía su orquesta sintiendo el toque de las vibraciones que la música producía en los objetos.

Layra: – Así es. Independientemente de las limitaciones físicas o no, el sonido y la música ocurren en la subjetividad del yo.

Zé: – Es justamente por eso que Buco dice que es imposible estudiar la música de forma aislada de otras manifestaciones artísticas. Para la autora, que trabaja con arte rupestre en el Parque Nacional Serra da Capivara, la música forma parte de lo que ella denomina "arqueología del movimiento". Buco dice que la música es la base para el desarrollo del baile, las alegorías y los rituales.

Layra: – Uno de los aspectos que creo importante destacar, es que la música, en muchos casos, sirve para consolidar y configurar la identidad. Al mismo tiempo en que la música puede ser un elemento colonizador, como la música estadounidense de hoy en día, ella también puede ser un elemento de resistencia, como en el caso de la época de la *tropicalia* brasileña. Es por eso que no entiendo por qué la arqueología tardó tanto en darle lugar a los sonidos.

Zé: – Más grave que no reconocer la importancia de los sonidos, es no dar la posibilidad a otras culturas de pensar los sentidos de forma diferente a la nuestra. Cuando actuamos a partir de un modelo visual de ciencia, estamos negando a otras culturas la posibilidad de pensar el mundo de una forma diferente a la nuestra. Esto limita las chances de entender al otro. ¿Cómo podemos entender a un grupo, a una sociedad que concibe el mundo a través de los sonidos, utilizando herramientas analíticas centradas en la visión?

Layra: – Eso es lo que estoy pensando últimamente. Necesitamos abrir nuestros sentidos a otras experiencias, con el objetivo de intentar capturar las vivencias del pasado. No estoy diciendo que vamos a buscar sentir lo que las personas sienten o sentían, en un intento por recrear sensaciones, ya que los sentidos son culturalmente formados y afectados por memorias, lugares y narrativas. Necesitamos entender cómo los individuos construían sus historias, su identidad, sus verdades, a través de la experiencia sensorial de la materia. Necesitamos pensar que, tal vez, otros grupos y sociedades comprenden el mundo de manera diferente a la nuestra; de otra forma estaríamos imponiendo a los "otros", tanto en el presente como en el pasado, un modelo de mundo burgués, blanco y masculino.

Zé: – ¿Y vos todavía decís que tenés miedo de encarar esta nueva arqueología? Creo que ya estás preparada. Por lo menos, ya estás haciendo las preguntas correctas, *padawan*, ¡jaja!

Layra: – Pero para mí, estas preguntas, estos cuestionamientos, vinieron en la forma de un llamado.

Zé: – ¿Llamado?

Layra: – Sí, parece que la flauta y la flautista no paran de llamarme.

Zé: – Bueno, no tengo dudas de eso. A veces mi varita de Harry Potter, o mi sable de luz *jedi,* me llaman. No siempre estoy disponible ni puedo contestar a sus pedidos, por lo que ellos terminan enojados y yo también. Pero no se lo cuentes a nadie; van a pensar que estamos locos.

Layra: – ¿Sabés que pienso tanto en la flauta y la flautista que terminé creando un lazo especial, íntimo y sentimental con ellas? Veo a la flautista como alguien muy cercano a mí.

Zé: – Me parece que esa relación es muy buena. De cierta manera, humaniza el enterratorio. Mientras tanta gente en arqueología todavía piensa en los enterratorios únicamente como huesos, evidencia arqueológica, yo no consigo evitar pensar que son individuos como nosotros. Tratarlos solamente como evidencia arqueológica, como datos, les quita individualidad y personalidad. ¿Será que a algún arqueólogo le gustaría que pusiéramos sus propios huesos en cajas con las famosas etiquetas? Creo que no. Pero ese pensamiento está asentado en la idea del cuerpo y la mente como elementos separados; siendo así, cuando alguien muere, la mente se va y sólo nos queda la materialidad inerte del cuerpo. Al mismo tiempo, pensar que los huesos son sólo datos o registro protege psicológicamente al arqueólogo.

Layra: – ¿Cómo es eso?

Zé: – Creo que mirar al enterratorio como a un individuo hace recordar al arqueólogo la brevedad de su vida. Así, al tratarlo de forma distante, como algo semejante a un fragmento cerámico o lítico, o sea, como mera evidencia de una acción pasada, el arqueólogo se protege.

Layra: – Es gracioso, desde que vi este enterratorio por primera vez, no puedo pensarlo como evidencia, como registro arqueológico. Veo una persona enterrada.

Zé: – Sí, ya sé. Pero ese no es un pensamiento común; principalmente entre aquéllos que pensaron el registro arqueológico como evidencia. Fijate, por ejemplo, los restos de esqueletos que están en el Museo de Antropología de Xingó. Se encuentran prácticamente tirados en un galpón, como si fuesen basura. Lo peor de todo es que fueron toqueteados, cortados, recortados, movidos y mucho más, sin el menor compromiso. De sólo pensarlo me vuelvo loco. Si no fuese por el Ministerio Público Federal y su intervención, ellos continuarían en esa situación, deteriorándose.

Layra: – En verdad, mi primer contacto con la flautista ocurrió en los primeros años de la facultad, pero yo todavía no sabía nada sobre ella. Ni siquiera sabía que era "ella", y no "él". Me pareció interesante el hecho de que estuviera tan involucrada con la música. Era fascinante. Al final, como vengo de una familia de músicos, ella nunca podría haberme pasado desapercibida. La observé algunas veces, pero siempre creí que yo no le interesaba. El tiempo pasó y terminé dándome por vencida.

Zé: – Pero ella te llamó de nuevo, ¿no es cierto?

Layra: – Me llamó. Y lo más gracioso es que eso pasó en un curso sobre técnicas de dibujo, algo súper positivista, distanciado, de tipo observador-observado. Pero al final, el dibujo fue nuestro cupido. Tal vez hubiese sido mejor no haber usado esa herramienta, ya que casi me hizo desistir de ella. Pero luego comencé a reflexionar sobre cómo me intrigaba. Fue ahí cuando, un bello día, mi amiga Jane me preguntó sobre la posibilidad de tenerla una vez más en mi vida. Me decidí. Estaba lista, y no había más tiempo. Era ella. Mientras, ¡cuál fue mi sorpresa, para no decir desdicha, al descubrir que no había nadie que apoyase nuestra relación! Terminé por desanimarme nuevamente. Hasta que cierto chico, muy "sensible", que venía del sudeste, apareció por estos lados.

Zé: – ¡Sí!

Layra: – Sin mucha confianza, decidí ir a hablar con él.

Zé: – Mmmm…

Layra: – ¿Se convertiría en otro intento fallido? Casi ni había terminado de hablar, cuando me di cuenta de que él estaba entusiasmado con mi historia. El soñó junto conmigo y me apoyó.

Zé: – ¡Creo que lo conozco! ¿Puede ser que sea un tipo fuerte, lindo e inteligente que apareció por estos lados en los últimos dos años?

Layra: – Lindo no es, ¡es pelado!

Zé: – Ojo con la discriminación estética en base a lo visual.

Layra: – ¡Jaja!

Zé: – Así es. Pero no te olvides que le estuviste dando vueltas o, mejor dicho, me estuviste dando vueltas, ¡por dos meses!

Layra: – Ya lo sé, estaba aprensiva, pero finalmente me decidí. Nunca imaginé esto, pero estoy enamorada del tema y el enterratorio. Esta flautista realmente me provoca algo, Zé. ¿Y sabés que me da más gracia? Que desde que descubrí que ella pertenece al mismo grupo de edad que yo, quedé más entusiasmada.

Zé: – ¡Ahora tengo escalofríos!

Layra: – Cuando lo descubrí me pasó lo mismo; por eso me terminé de decidir por ella.

Zé: – Vos sabés que te creo todo. En el fondo, creo que es posible que ella te haya escogido, que te haya llamado para hacer este trabajo. Por lo menos, ella tiene la certeza de que no va a ser simplemente un trabajo de medición y cuantificación. Va a ser un trabajo de humanización. Pero vamos a terminar acá; ya son las dos de la mañana y quiero dormir.

Layra: – No... vamos a hablar un poco más... estoy entusiasmada.

Zé: – Layra, chau.

Layra: – No, no cortés, vamos a hablar del sitio arqueológico Justino. Fue ahí que el enterratorio de la flautista fue encontrado...

Zé: – Chau, Layra...

Layra: – No, no, vamos hablar de las ideas que tuve. Quiero hacer un modelo 3D y...

Zé: – Tu-tu-tu-tu-tu-tu-tu.

La flautista y su flauta

Es un día caluroso en Aracaju. Hace más de 33 grados. El cielo está azul y limpio, como de costumbre. Nos estamos preparando para ir al Museo de Arqueología de Xingó, al que cariñosamente llamamos MAX, en Canindé de São Francisco. Es un viaje de alrededor de tres horas. Tiempo suficiente para charlar, pensar e imaginar.

Layra: – Amo el paisaje de São Francisco. El contraste que tiene me fascina. Pareciera que *O Velho Chico* (como se llama cariñosamente al río) refleja una alegría que contagia, con el fuerte sol besando su superficie. Veo, además, cómo baila sinuosamente, mientras canta en medio de la tierra seca; y ésta, a veces tan decaída por el calor, se encuentra triste con tantas rocas en las márgenes del río, interrumpiendo una posible relación de amor entre ellos.

Zé: – También puedo oír y ver cada detalle, cada contraste. Escuchar cómo los animales y las plantas, tan características del *sertão*, dialogan con los paredones y traen alegría a la triste tierra.

Layra: – ¡Exacto! Ah, como me gusta recorrer estos caminos… *O Velho Chico*, el sol, los animales, la *caatinga*, la tierra; es fascinante, te hace sentir vivo.

Zé: – ¿Qué es lo que más te llama la atención del paisaje?

Layra: – El hecho de que detrás de esta aridez, de la falta de agua, hay mucha vida, colores y olores pulsantes.

Zé: – ¿Sabés qué? Cuando las personas que no conocen la *caatinga* vienen por primera vez a estos paisajes, usualmente llegan con muchos preconceptos armados en la cabeza. Hambruna, sequía, calor, muerte y desventura. Pero cuando se encuentran con todo esto, quedan generalmente impresionados y enamorados. Algo así fue lo que pasó conmigo. Me acuerdo de mi primera caminata por este lugar. Lo que más me llamó la atención fueron los aromas y los sonidos. Pero contame, ¿qué anduviste investigando en estos meses? Comentame más sobre el sitio Justino. Ahí fue donde encontraron el enterratorio con la flauta, ¿no es cierto?

Layra: – Así es. Fue en una hacienda llamada Cabeça do Nego, que queda en el municipio de Candidé do São Francisco, durante los trabajos de impacto ambiental de la Usina Hidroeléctrica de Xingó. Se lo categorizó como un sitio a cielo abierto, localizado en una terraza fluvial. Fue excavado entre enero de 1991 y junio de 1994. El sitio ocupa un área total de 1.500 m², con una altitud media de 37 msnm. En el sitio fueron identificadas y exhumadas aproximadamente 200 personas, estando en su mayoría acompañadas de un rico ajuar funerario. La cantidad de individuos identificados hace del sitio Justino una de las mayores necrópolis descubiertas en Brasil. Los materiales arqueológicos rescatados suman alrededor de 55.000 piezas, ente restos cerámicos, líticos y faunísticos. El sitio fue divido cronológicamente en cinco fases ocupacionales, de las cuales las fases 01 y 02 corresponden al mismo período que el cementerio D; y la fase 05 al cementerio A. La flautista fue identificada en el cementerio B, o fase 04, que posee una datación del 3270-2530 AP.

Zé: – ¿Cuántos individuos fueron identificados en el cementerio B?

Layra: – Se identificaron 61 enterratorios y 10 concentraciones óseas.

Zé: – ¿Y cómo son los enterratorios? ¿Hay alguna información sobre el contexto?

Layra: – ¡Sí! Por lo que estuve investigando, el cementerio B coincide con el período de mayor intensidad de ocupación de Justino. Aquí se halló la mayor cantidad de artefactos, que incluyen fragmentos cerámicos, líticos, restos faunísticos, valvas carbonizadas, estructuras de combustión, capas con coloraciones características (oscuras, rojas, claras, grises), y enterratorios humanos, obviamente. Es en esta fase que el sitio alcanza su organización social más compleja, pudiendo observarse en la estratigrafía que, probablemente, no se habrían dado episodios de abandono del sitio. Es en este momento que el sitio pasa a tener una ocupación habitacional semi-permanente, relacionada con un aumento en la sedentarización del grupo. En este cementerio los enterratorios se disponen de forma circular, sugiriendo que habrían sido efectuados siguiendo el contorno habitacional.

Zé: – ¡¿Sólo eso?!

Layra: – El mayor problema de Justino es precisamente la falta de información. Como vos sabés, los datos de excavación se perdieron o están en manos de un particular. En el Museo no hay ningún cuaderno de campo de Justino, croquis estratigráficos, descripciones del suelo o de los ítems hallados. Por lo menos allí, no hay un registro de datos básicos como la orientación de los cuerpos enterrados o su asociación con los diferentes hallazgos. Asimismo, los pocos croquis disponibles poseen errores de identificación y registro de las piezas, como muestran los informes confeccionados por los técnicos del Museo a pedido del Ministerio Público Federal –que está investigando la desaparición de la información. Existen graves problemas con la conservación de los esqueletos, con los encargados del depósito; en fin, el cuadro es casi caótico, ya que lo único que poseemos en el Museo son los esqueletos y los objetos. La información sobre ambos elementos desapareció como por arte de magia. La falta de datos es tan grande que pareciera que la excavación ¡nunca ocurrió!

Zé: – Me pregunto: ¿Será que realmente se registró esa información? ¿Será que las personas que trabajaron en el sitio estaban realmente calificadas para un trabajo de tal envergadura? ¿Habrá habido algún otro interés aparte de la obtención de los propios objetos? Es ilógico que alguien excave un sitio de tal importancia, o cualquier otro, y que la información simplemente desaparezca. Cada vez que me encuentro con casos como el de Justino quedo indignado, ya que nos muestran una falta de compromiso ético con el pasado. Es como si a las personas que excavaron el sitio no les hubiera importado el pasado, los objetos y, sobre todo, las personas que fueron enterradas en el lugar. ¡Hubiesen dejado descansando a las personas que estaban allí! El distanciamiento con el pasado, con la vida del "otro", es tan grande que algunos arqueólogos piensan que pueden revolver los enterratorios sin mayores preocupaciones o consecuencias; al final de cuentas, ¡son sólo huesos! No es casualidad que gran parte de los esqueletos pasara más de 10 años abandonada en el galpón del museo.

Layra: – Cuando comencé mi investigación, quedé realmente impresionada por la falta de datos. Pero eso no es un problema exclusivamente mío, o nuestro, ya que otros investigadores indicaron el mismo problema. Como dice Luna: "... la falta de material, de informes de campo, de procedimientos técnicos y metodológicos que deberían haber sido ejecutados en los trabajos de campo, es también otro de los problemas que envuelve a Justino".

Zé: – La verdad es que eso es una pena, ya que los pocos materiales que vi me parecieron muy lindos.

Layra: – Así es, son muy lindos. Pero hablar del sitio Justino no es fácil, y esto no es sólo por la falta de datos. Una de sus problemáticas es también la de establecer –a partir del estudio de sus materiales– un paralelo cultural con grupos del mismo período. Por ejemplo, la idea de que solamente grupos Tupí-Guaraní y Aratu hayan poblado la región de São Francisco es actualmente rechazada. Como indica Luna, según el estudio del material cerámico, Justino no encaja en ninguno de estos grupos, sino que sugiere una ocupación de grupos independientes que producían su propia cerámica, incluso en un período anterior.

Zé: – ¿Y qué descubriste sobre la flautista y su flauta?

Layra: – Bueno, en primer lugar, aparte de la flauta que estamos examinando (la del enterratorio 142), tenemos como mínimo otras tres flautas. Una asociada al individuo del enterratorio 45, otra al individuo del enterratorio 138, y una tercera asociada al individuo del enterratorio 118. La flauta del enterratorio 142 presenta un buen estado de conservación. Presenta una fractura que seccionó el artefacto, pero sólo eso. La flauta está hecha de hueso, y tiene 16,6 cm. Posee una forma bastante regular, simétrica. Es liviana, resistente y fácil de manejar. La flauta del enterratorio 45 presenta mejor grado de conservación, con aproximadamente 13 cm.

También posee, en su diámetro distal y apical, marcas de corte y pulido. Por otra parte, la flauta del enterratorio 118 presenta un mal estado de conservación. La pieza fue restaurada sin ninguna atención a su forma, ya que los fragmentos que componen el artefacto fueron remontados sin ningún tipo de correspondencia entre las fibras óseas, comprometiendo –de esta manera– su forma física. Por último, la flauta del enterratorio 138 se encuentra bastante fragmentada, pero sus piezas se encuentran en buen estado. Por lo tanto, como sólo poseemos fragmentos, nos resulta difícil aproximarnos a su forma. Todas las flautas presentan indicios de pulido. Pero lo más interesante, es que las flautas de los enterratorios 142 y 138 presentan un trabajo de talla en forma de orificios que circundan la pieza, en forma de anillo. Mientras que la flauta del enterratorio 142 posee una línea de talla de orificios, la otra flauta (la del enterratorio 138) posee dos de estas líneas.

Zé: – Son muy interesantes esos diseños. ¿Tenés alguna idea de la función de las líneas talladas?

Layra: – No sólo son interesantes, sino también lindos. Según Rejane Harder, doctora en música, flautista y especialista en flauta transversa, como los orificios de la talla no están en línea vertical no alteran el timbre del sonido, como sucede en la flauta dulce, por ejemplo. En este caso, el tallado no poseía una funcionalidad sonora. Además, las flautas se parecen más a silbatos que a flautas.

Zé: – ¿Silbatos?

Layra: – Sí, ya que "silbato" es una categoría utilizada para los estadios iniciales de una flauta. Incluso, a veces, los silbatos son producidos con cáscaras de frutos secos; y, por lo que anduve investigando, a medida que el tiempo fue transcurriendo se introdujeron más orificios al instrumento. Pero esto no es una regla general para la confección de flautas, ya que sociedades como las egipcias y sumerias poseían, entre sus más tempranos ejemplares, flautas con tres o cuatro orificios solamente. A su vez, según Rejane, para que haya una modulación del sonido, una de las extremidades del objeto debía ser obstruida, ya sea con la mano o alguna pieza que no resistió el paso del tiempo.

Zé: – Sea cual fuere la "categoría" de flauta que corresponda, sabemos con seguridad que es un aerófono.

Layra: – ¡Sí! Hasta me puedo imaginar a las personas jugando, corriendo o usando las flautas en un ritual.

Zé: – Y en cuanto al pulido, ¿tenés alguna novedad?

Layra: – Un dato interesante sobre el trabajo de pulido viene de otro enterratorio, el 105. Éste es clasificado como un enterratorio secundario, y fue asociado a una persona de sexo masculino, de 1,60 m. de altura, y edad indeterminada. Lo curioso es que la persona enterrada tenía el borde de los huesos largos de sus miembros superiores e inferiores, cortados y trabajados con un pulido semejante a la técnica observada en las flautas.

Zé: – ¿Pero sabés cómo fue hecho el pulido de los huesos?

Layra: – La profesora Daniela Klokler, quien está trabajando con el material óseo de Justino, dijo que existen indicios que sugieren la cocción de los huesos antes de pulirlos.

Zé: – ¿Y sucede lo mismo con las flautas?

Layra: – Sí, ya que es el mismo tipo de pulido.

Zé: – Qué buena noticia.

Layra: – Otra cosa interesante es que, junto con la profesorsa Klokler, identificamos otros huesos en la colección de Justino que presentan este mismo tipo de tallado y pulido, indicando que son fragmentos de otras flautas.

Zé: – ¿La profesora Klokler pudo identificar de qué tipo de hueso está hecha la flauta?

Layra: – No me vas a creer… ella cree que hay una gran posibilidad de que sean humanos.

Zé: – ¡Qué increíble!

Layra: – ¡Sí! Pero hay que tener en cuenta que es sólo una posibilidad.

Zé: – Sí, lo sé, pero mi cabeza ya está volando. Pensá que las personas pudieron hervir los huesos no sólo para limpiarlos, ya que el líquido resultante del proceso pudo ser empleado como bebida. Imaginá que al ingerir esa bebida, las personas pudieron captar la esencia, la fuerza y las cualidades del flautista muerto.

Layra: – Podemos pensar que sólo los futuros flautistas bebían el líquido resultante de la cocción.

Zé: – Absolutamente. Pudo ser que el flautista fallecido otorgaba su herencia musical a la futura generación de flautistas.

Layra: – O sea, ¿vos sugerís que cuando un flautista moría, era ingerido por futuros flautistas y, a su vez, sus huesos servían para la confección de nuevas flautas?

Zé: – Algo así. Pudo ser una transferencia material de memoria a través del paladar, que luego resultaba reestructurada cotidianamente a través de la música de las flautas. El muerto pasaba sus dones musicales a través de la bebida, y éste renacía cada vez que la flauta era ejecutada. Acordate que la memoria es un meta-sentido. Es un proceso de construcción que se da a partir de relaciones, experiencias y *performances* de origen sensorial y sinestésico; o sea, nuestras memorias son una mezcla de olores, sonidos, luces, sombras, texturas, sabores, sentimientos. Como Jones sostiene, las memorias son evocadas materialmente por medio de horizontes sensuales encarnados, como el olor, el sabor, la textura y el color; y aunque la memoria sea sensorialmente formada en el pasado, resulta activada y reconstruida dinámicamente en el presente. Por lo tanto, el sonido de la flauta pudo actuar como un gatillo de la memoria, no sólo del muerto, sino también de los recuerdos específicos que fueron vivenciados a través del sonido y la música. La flauta y la música pudieron actuar, en este caso, como agentes que acortaban la distancia entre pasado y presente, transformando los recuerdos en algo vivo. Al mismo tiempo el sonido de la flauta, por su carácter mnemónico, pudo haber actuado como un elemento creador y fortalecedor del sentido de identidad individual y colectiva.

Layra: – Si pensamos de esta forma, no es necesario que la flauta haya sido hecha con huesos del flautista muerto, siempre y cuando el sonido haya gatillado la memoria.

Zé: – Concuerdo: el hecho de que las flautas hayan sido hechas de hueso humano sólo aumenta la relevancia de los ritos de memoria.

Layra: – Es una idea interesante. ¿Pero cómo podría trabajarla? Tendríamos que tener estudios de ADN y más información sobre los contextos para comprobarla.

Zé: – Sí, necesitaríamos más datos, pero no deja de ser una hipótesis interesante para pensarla.

Layra: – Pero, si al tocar la flauta el sonido hacía revivir al muerto por medio de la memoria, ¿no tendríamos que pensar que las flautas deberían haber tenido la misma forma?

Zé: – No necesariamente, ya que podemos pensar que los nuevos formatos y estilos no sólo pudieron expresar la individualidad del muerto, sino también la individualidad del flautista vivo. Lo más importante no es el formato, sino el sonido que produce. Imaginá que, de repente, el sonido de una flauta más estridente, más tranquila o más agitada, pudo estar asociado al carácter de la persona que otorgó los huesos para la confección de la flauta.

Layra: – Pero para eso necesitaríamos tener un modelo 3D de las flautas. Y en esta instancia de la investigación sería imposible, ya que los encargados del modelaje tuvieron muchos problemas para reconstruir la pieza.

Zé: – No hay problema. Sería interesante probar los sonidos, tener la oportunidad de escuchar. Pero eso quedará para el futuro. Bueno, resumiendo, ¿qué tenemos hasta ahora?

Layra: – En resumen: el sitio Justino debió haber sido ocupado por el mismo grupo, o por diferentes grupos conectados en forma de un *continuum*. Las primeras apariciones de flautas se dan en la fase de ocupación 04, o cementerio B, el período de ocupación más intensa del sitio, que tendría lugar entre el 3270 ± 70 AP. Estas flautas están asociadas a una niña, y otra a un hombre de edad avanzada. En la secuencia también tenemos fragmentos, que podemos suponer como flautas, durante la fase de ocupación 05, o cementerio A, asociados a un joven y a un niño. Las flautas de la niña y el niño presentan tallado; sin embargo, la flauta del niño presenta tallado doble. Las otras flautas pertenecientes a los individuos masculinos no presentan tallado, siendo evidentes solamente los orificios centrales. Esto sugiere que el tallado pudo estar asociado al género o a los grupos de edad. Además tenemos el enterratorio 105, proveniente de la fase más antigua de ocupación, que presenta –de acuerdo a las características de los fragmentos óseos identificados– lo que pueden ser pre-formas de flautas. Por último, existe evidencia de que las flautas fueron confeccionadas con huesos humanos; aunque no tengamos absoluta certeza, las probabilidades son muy altas.

Aquí viene la historia…

Al final, no creemos imposible que un bello día, envuelto por los sonidos de los pájaros y por toda aquella sinestesia que la región del Xingó ofrece, un cierto hombre haya decidido iniciarse en la aventura de ser "músico" de aquel grupo. Él era responsable de dirigir los rituales fúnebres de su pueblo, ya que en aquel momento ellos no se establecían durante mucho tiempo en un mismo lugar. Pero aquel lugar no era un lugar más; allí estaban enterrados sus ancestros. Así, aquel pueblo iba siempre, dirigido por el mismo músico, hasta aquel sitio a homenajear y encontrarse con sus antepasados. Infelizmente, un día llegó la noticia de la fatalidad: el que era responsable de traer alegría y entretenimiento, murió. No se supo cómo ni por qué, pero se sintió mucho su ausencia. El pueblo creyó que podría vivir sin él y sin su música. ¡Pero estaban engañados! Tan fuerte se sintió su ausencia, que decidieron eternizarlo de alguna manera, para que nunca más se alejara de ellos. Entonces, lo retiraron de su sepulcro y empezaron a tocar sus huesos; lo limpiaron, pulieron y esperaron con esto, tenerlo con ellos para siempre. Un gran silencio tuvo lugar.

Las personas intentaron tocar, hasta intentaron asumir su lugar, pero nadie pudo lograrlo. Hasta que pasado algún tiempo, la música volvió a sonar en las mentes de las personas del pueblo. Esta vez, un hombre que había crecido escuchando hablar del músico, creó una bella flauta. La aldea volvió a sonreír como antes, y a tener nuevamente sus rituales. En medio de esos momentos de alegría, fiestas, risas, alguien siempre prestaba atención al flautista. Era ella. Ella sentía que había nacido para tocar. Quería también ser flautista, pero ¿cómo desempeñaría tal función? Pensó, y pensó… y se dio cuenta de que, para ser como su abuelo, ella debería primero observar atentamente, y dejarse llevar por cada nota. Aquel sonido la fascinaba, pero ella estaba muy triste por no tener su propia flauta. Hasta que un día, después de haber salido a bañarse a las márgenes del São Francisco, ella volvió y se encontró con su abuelo flautista. Él, entonces, le entregó el mejor regalo que aquella chica, tan fascinada por la música, podría haber recibido: una flauta. Pero esta no era una flauta común y corriente. Era diferente. Hecha a medida de sus manos, que apenas podían creer lo que estaba sucediendo, ella podría ser una flautista, la flautista de Justino. La chica salió a saltar y bailar. Salió sin darse cuenta que había pasado en medio de los que estaban confeccionando herramientas de piedra, rompiendo los potes de cerámica, saltando con la mascota del cacique, hasta que decidió sentarse en el borde del *Velho Chico*, poner sus pies dentro del agua bien fresca, y se puso a tocar su bella flauta. Pi, pi, pi… "Guau, este es el sonido más lindo que escuché", pensaba. Pero mientras se dejaba seducir por el sonido, sus ojos lentamente se cerraron; la brisa era más dulce que nunca, y la chica prefirió dejar que sus labios sean tocados por la flauta, en lugar de a la inversa. ¡Cómo se arrepintió! En ese momento, una serpiente se acercó y le mordió la pierna. Nadie se dio cuenta. El momento del ritual estaba comenzando, y el flautista tomó nuevamente su instrumento y empezó a tocar. Todos fueron envueltos por la música, danzando y bailando alrededor de la fogata. Pero algo faltaba. El flautista tenía esa sensación de estar siendo observado. Miró alrededor, fijó su mirada en cada rostro de aquella tribu, pero su mirada no encontraba su par. Despacio, fue dejando la aldea mientras continuaba tocando. Cuando vio a su linda nieta acostada, la flauta pasó a tener un gusto amargo en su boca. Entonces lloró. Cargándola en sus brazos, la llevó hasta la aldea, y detrás de su propia casa la enterró. Todos los cuidados le parecían pocos. El viejo flautista acomodó los pequeños brazos, el cuerpo, y colocó una parte suya, la flauta más linda que alguien haya visto en todo Justino. Los días pasaron, pero el flautista no podía devolver la alegría a su flauta. Se sentía incompleto. Todos trataron de ayudarlo, pero fue en vano. Esto dolió a toda la tribu. La amargura fue tan grande, que no tardó mucho para que aquel señor de 60 años también fuese enterrado.

Un silencio nuevamente penetró la aldea. El tiempo pasó, y se comenzaron a presentar complicaciones. Las inundaciones del *Velho Chico* se volvieron más intensas; el clima comenzó a cambiar y, poco a poco, el lugar dejó de ser un buen sitio para habitar. Pero las historias del flautista nunca dejaron de ser contadas. Hasta existió un cierto hombre que se arriegó a "hacer un sonido" con una flauta hecha por él mismo. De vez en cuando, tocaba e intentaba, a través de la música, encontrarse con sus parientes, tal vez buscando un conocimiento musical. Pero no tenía mucho tiempo para esto; al final de cuentas, recientemente había nacido su bebé. Él le contaba historias a su hijo, acompañado por una bella música. Era lindo ver cómo se calmaba el bebé cuando escuchaba a su padre tocar. Sus ojos brillaban cuando veía la flauta.

El niño cumplió un año y medio de vida y, como era costumbre, el papá le continuó hablando y tocando. Pero un día, el papá no tocó la flauta. Era una de esas noches bien frías del Xingó. Estaba lloviendo, algo muy raro en la región. Y el papá fue a mirar el clima. Realmente las cosas estaban extrañas. Pensaba si lo mejor era quedarse o irse a otro lugar, como tantos otros de su grupo ya lo habían hecho. Pi, pi, pi… sus pensamientos fueron interrumpidos por un sonido que conocía. Se dio vuelta y vio a su hijo "babeando" la flauta. Era impresionante cómo parecía haber sido instruido por los antepasados. El sonido era diferente. Ni siquiera su propio papá podía imitarlo. Las preocupaciones se convirtieron en alegría, hasta llegar a un estado de euforia. Él continuó tocando y enseñando a su hijo. Ahora él contaba una nueva historia: que su propio hijo sería el siguiente "flautista". Pero infelizmente, ya conocemos el final. De este modo, los flautistas permanecieron y todavía permanecen silenciados.

Esta es sólo una nota de un acorde que aún existe.

Bibliografía

Allorto, R. *Breve Dicionário Da Música*. São Paulo: Edições 70, 2007.

Alvarenga, A. "*Música na Cosmologia Maxakali. Um Olhar sobre um Ritual do Xūnīm - uma Partitura Sonoro-Mítico-Visual*. Tesis de Maestría, Universidade Federal de Minas Gerais, 2007.

Buco, C. "Arqueologia do Movimento: Relações entre Arte Rupestre, Arqueologia e Meio Ambiente, da Pré-história aos Dias Atuais, no Vale da Serra Branca. Parque Nacional Serra da Capivara, Piauí, Brasil." Tesis de Doctorado, Universidade de Trás-os-Montes e Alto Douro Vila Real, 2012. Ms.

Carvalho, O. *A Bioanthropologie des Nécrolpoles de Justino et de São José II, Xingó, Brasil*. Canindé do São Francisco: MAX-Museu de Arqueologia de Xingó, 2007.

Fagundes, M. "Entendendo a Dinâmica Cultural em Xingó na Perspectiva Inter Sítios: Indústrias Líticas e os Lugares Persistentes no Baixo Vale do Rio São Francisco, Nordeste do Brasil." *Arqueologia Iberoamericana* 6 (2010a): 3–23.

—. "Análise Intra-Sítio do Sítio Justino, Baixo São Francisco - As Fases Ocupacionais." *Revista de Arqueologia* 23, no. 2 (2010b): 68–97.

Herrera, A. "Pututu and Waylla Kepa: New Data on Andean Pottery and Shell Horns." *Studien zur Musikarchäologie* VII (2010): 17–37.

Howes, D. *Sensual Relations: Engaging the Senses in Culture & Social Theory*. Ann Arbor: University of Michigan Press, 2010.

Jones, A. "Drawn from Memory: The Archaeology of Aesthetics and the Aesthetics of Archaeology in Earlier Bronze Age Britain and the Present." *World Archaeology* 33, no. 2 (2001): 334–356.

King, S. y G. Santiago. "Soundscapes of the Everyday in Ancient Oaxaca, Mexico." *Archaeologies* 7, no. 2 (2011): 387–422.

Kolar, M. "Tuned to the Senses: An Archaeoacoustic Perspective on Ancient Chavín." *Out Loud* 1, no. 3 (2014). Disponible en: http://theappendix.net/issues/2013/7/tuned-to-the-senses-an-archaeoacoustic-perspective-on-ancient-chavin Acceso 22/07/2014.

Loose, R. "Tse'Biinaholts'a Yalti (Curved Rock that Speaks)." *Time and Mind* 1, no. 1 (2008): 31–50.

Luna, S. "As Pesquisas Arqueológicas sobre Cerâmica no Nordeste do Brasil." *Revista Canindé* 8 (2006): 167–207.

Pellini, J. "Onde Está O Gato? Realidade, Arqueologia Sensorial e Paisagem." *Revista Habitus* 9, no.1 (2011): 17–31.

—. "Mudando o Coração, a Mente e as Calças. A Arqueologia Sensorial." *Revista do Museu de Arqueologia e Etnologia* 20 (2010): 3–16.

Pinto, T. O. "Som e Música. Questões de uma Antropologia Sonora." *Revista de Antropología* 44, no. 1 (2014): 221–286.

Scarre, C. y G. Lawson. *Archaeoacoustics*. Cambridge: MacDonald Institute for Archaeological Research, 2006.

Universidade Federal de Sergipe. "Salvamento Arqueológico de Xingó." En *Relatório Final PAX*, Museu de Arqueologia de Xingó, 2002. Ms.

Valadão, V. *Enawenê-Nawê. O Banquete dos Espíritos*. Film documental, 54 min., 1998.

Van Ede, Y. "Sensous Anthropology: Sense and Sensibility and the Rehabilitation of Skill." *Anthropological Notebooks* 15, no. 2 (2009): 61–75.

Vergne, C. "O Projeto Arqueológico de Xingó em Sergipe e Alagoas." CLIO – *Série Arqueológica* 11 (1996): 213–216.

—. "Estruturas Funerárias no Sítio Justino: Distribuição no Espaço e no Tempo." *Revista Canindé* 2 (2002): 251–273.

Capítulo Diez

Ontología, historia y la experiencia del arte rupestre en el centro-norte de Chile

Andrés Troncoso
Felipe Armstrong

Introducción

Los seres humanos establecen relaciones con su mundo –entendido como un conjunto de actantes, tanto humanos como no-humanos– a través de un involucramiento sensorial. Esto es posible dadas las características biológicas compartidas por nuestra especie, que nos permiten percibir un amplio rango de estímulos sensoriales. Sin embargo, y tal como ha sido planteado por diversos investigadores (por ejemplo, Hamilakis 2013; Skeates 2010; Tarlow 2012), nuestra capacidad para percibir los diversos estímulos no se basa exclusivamente en nuestra biología. Nuestra participación en un medio social, cultural e histórico específico juega su parte, haciéndonos más o menos sensibles a determinados estímulos sensoriales, privilegiando algunos sentidos por sobre otros. De acuerdo con Skeates (2010: 3, traducción de los autores):

> "... las formas en que la gente usa y entiende sus sentidos están fuertemente condicionadas por tecnologías particulares, prácticas culturales y aparatos conceptuales empleados por las sociedades humanas en un lugar y tiempo dados".

De esta manera, abordar la(s) sensorialidad(es) está estrechamente relacionado con ideas respecto del *embodiment* de las experiencias, y del rol jugado por el cuerpo en el conjunto de desarrollos sociales e históricos. Tal como Csordas (1990) ha discutido, el cuerpo debe ser abordado como un sujeto, tomando en consideración sus relaciones perceptivas y sensoriales con el mundo. El cuerpo es materialidad en y del espacio, y es a través de él que nuestras experiencias y prácticas en el mundo son inscritas (Merleau-Ponty 1997). Meskell (2000) ha propuesto que la investigación arqueológica debe considerar las experiencias realmente vividas por los cuerpos del pasado. Creemos que tal abordaje requiere de una comprensión de las formas en que los sentidos fueron estimulados y qué tipos de sensorialidades fueron construidas por medio de la relación entre los humanos y su mundo.

Skeates (2010) ha planteado que en los estudios antropológicos sobre los sentidos, la palabra sentido puede referir a una sensación corporal o a una sensación de estímulos aprehendidos por los órganos sensoriales, como a una comprensión mental, a un "hacer sentido". En el caso de la primera acepción, Skeates enumera los siguientes sentidos: vista, oído, olfato, gusto, tacto, equilibrio y propiocepción, y un sentido adicional que involucraría la percepción de las intuiciones. La combinación de estos sentidos crea la sinestesia, la experiencia multisensorial de ser, que puede ser arbitrariamente dividida en los diferentes sentidos sólo como ejercicio analítico (Skeates 2010). Estas experiencias multisensoriales, tal como ha sugerido Hamilakis (2013), pueden ser entendidas como conjuntos sensoriales (*sensorial assemblages*), que son resultado de la relación entre el cuerpo y una diversidad de posibilidades afectivas y sensuales puestas en movimiento por un conjunto de diferentes actantes.

Durante las últimas décadas, la arqueología fenomenológica, y particularmente Tilley (1994, 2008, 2010; Tilley y Bennett 2004), ha formulado un enfoque centrado en las experiencias y los sentidos. Esta propuesta ha sido criticada por su supuesto de base respecto a que la experiencia del investigador puede ser considerada transcultural y trascendental, sin reconocer las subjetividades implicadas y su naturaleza histórica (Bruck 1998, 2005; Fleming1999, Hamilakis 2013). Aún cuando especialistas como Hamilton (*et al.* 2006) han tratado de paliar estas deficiencias a través de la formalización y sistematización metodológica de las experiencias, sus esfuerzos no han continuado.

Creemos que para entender las experiencias y sensorialidades del pasado se hace necesario reconocer que éstas fueron parte de un conjunto más amplio de redes prácticas, espaciales y materiales desplegadas por las comunidades en su habitar el mundo. Tal como Ingold (2011, 2013) ha planteado, vivir es un proceso de continuo involucramiento con una multiplicidad de humanos y no-humanos a través del despliegue de nuestras prácticas de ser y estar, en y con el mundo. La sensorialidad es, entonces, un campo afectivo de disposiciones donde humanos (en su corporeidad), no-humanos, fenómenos y lugares se encuentran en constante relación. Siguiendo a Hamilakis (2013: 196, traducción de los autores):

> "... el campo de la experiencia sensorial es producido por flujos sensoriales infinitos con paisajes trans-corporales, estructurado por la carne de los humanos y la carne de las cosas, como también por la atmósfera, el clima y el cosmos".

El habitar el mundo y sus consecuencias fenoménicas son históricamente específicos (Hamilakis 2013), y se desarrollan a través de prácticas situadas espacial, material y temporalmente. Estas prácticas, como ha sido propuesto por Descola (2013), están relacionadas con la producción y reproducción de determinadas ontologías (ver también Robb y Pauketat 2012). En el centro de la construcción de ontologías encontramos al cuerpo, que con sus capacidades sensoriales hace posible la sociabilidad a través de las experiencias mediadas por él, así como a través de las prácticas corporales, que de una u otra forma hacen posible la historia. En este contexto, las experiencias sensoriales vividas por las subjetividades corporizadas de una determinada comunidad, y las ontologías que dan sentido y crean sus mundos se encuentran íntimamente entrelazadas. No es de sorprender, entonces, que la mayoría de los trabajos arqueológicos inspirados en el llamado "giro ontológico" se haya enfocado en la evidencia de prácticas corporales y representaciones de cuerpos (ver Alberti y Marshall 2009; Bray 2009; Herva 2009; Marshall y Alberti 2014; Harris y Robb 2012).

En este capítulo discutimos cómo abordar la sensorialidad a través del estudio del arte rupestre y las experiencias que éste promovió. Consideramos tanto a la sensorialidad como a las experiencias relacionadas con el arte rupestre como histórica y ontológicamente situadas. En este contexto, comparamos dos casos de estudio del centro-norte de Chile: pinturas rupestres de cazadores-recolectores y petroglifos de comunidades agrícolas (Fig. 10-1). Abordamos estos casos desde la perspectiva del hacer, discutiendo cómo la producción y consumo del arte rupestre formaron parte de conjuntos multisensoriales que cambiaron a lo largo de la historia. De esta manera, entendemos al arte rupestre como mucho más que una simple experiencia visual –una idea previamente introducida por Ouzman (2001). Finalmente, examinamos cómo estos diferentes conjuntos de arte rupestre son parte de ontologías específicas, discutiendo cómo los conjuntos sensoriales se relacionaron con la producción y reproducción de las ontologías de los cazadores-recolectores y las comunidades agrícolas de la zona.

Comprender las sensorialidades del pasado es más que sólo usar nuestros cuerpos para movernos y sentir antiguas materialidades o lugares. Siguiendo a Skeates (2010: 5, traducción de los autores), pensamos que para entender los conjuntos sensoriales creados y habitados en el pasado, es necesario considerar la variedad de "…recursos sensoriales y prácticas usadas por diferentes grupos dentro de una sociedad", pero también el rango potencial de recursos disponibles en el ambiente que pueda haber estimulado los sentidos creando sus conjuntos sensoriales (Hamilakis 2013). Esto ofrecería una apreciación comprehensiva de las relaciones entre diferentes actantes en contextos específicos, cuyas presencias y acciones afectaron los sentidos. Comprender las sensorialidades del pasado es un proceso complejo, incluyendo la caracterización del campo afectivo de disposición, o *meshwork*, en el cual humanos, no-humanos, fenómenos y lugares se relacionan a través de prácticas, asociaciones, citaciones y exclusiones específicas.

El arte rupestre del centro-norte de Chile a lo largo de la historia

El centro-norte de Chile es una de las áreas de los Andes del Sur con mayor evidencia de arte rupestre, con una secuencia ininterrumpida de más de 3.500 años de producción. Durante el Arcaico Tardío (2000 AEC) comunidades cazadoras-recolectoras produjeron arte rupestre por primera vez, práctica que se extendió hasta luego de la conquista española en el siglo XVI (Martínez y Arenas 2008; Troncoso et al. 2008).

Nuestra investigación en la Cuenca del río Limarí nos ha permitido caracterizar acuciosamente el arte rupestre de la región, incluyendo su distribución espacial (Fig. 10–1). La prospección de 150 km² y la excavación de sitios residenciales y de arte rupestre ha hecho posible la identificación y comprensión de los patrones de asentamiento y las características de los espacios domésticos de las comunidades que produjeron arte rupestre, así como las relaciones espaciales y prácticas entre áreas con arte rupestre y otros espacios de ocupación (Troncoso et al. 2016).

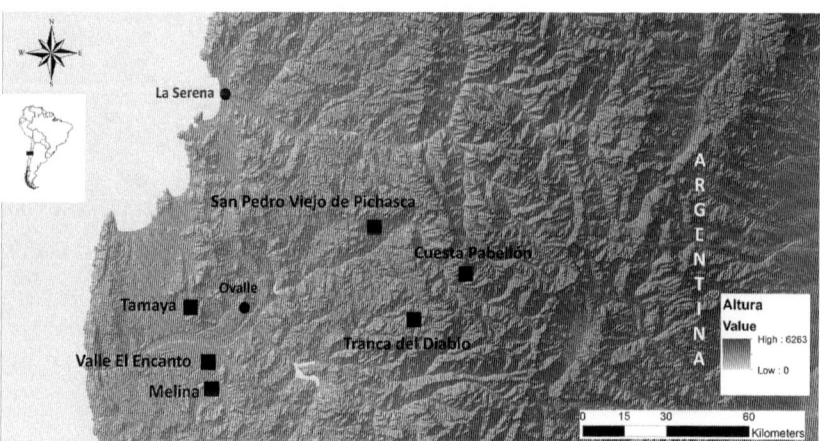

Fig. 10–1: Mapa del área de estudio con indicación de los lugares nombrados en el texto.

Como lo mencionamos anteriormente, en este capítulo comparamos dos conjuntos de arte rupestre vinculados a dos sociedades muy diferentes. El primer conjunto considera exclusivamente pinturas hechas por sociedades cazadoras-recolectoras del Holoceno Tardío (ca. 2000 AEC – ca. 500 EC). Tal como ha sido propuesto por otros investigadores, durante este período las sociedades cazadoras-recolectoras redujeron su movilidad, lo que se ha relacionado con un aumento poblacional y con una mayor dependencia de recursos vegetales, en comparación con tiempos previos (Méndez y Jackson 2004; Schiappacasse y Niemeyer 1964, 1995-1996).

El segundo grupo comprende petroglifos hechos por comunidades sedentarias con agricultura, denominadas Cultura Diaguita. Estos grupos habitaron la región desde aproximadamente el 1000 al 1540 EC, y se caracterizaron por una escasa integración espacial y una baja diferenciación social. Esto, a partir de la evidencia del patrón de asentamiento enfocado en el uso de terrazas fluviales por parte de unidades residenciales autosuficientes, de la ausencia de bienes foráneos, de la homogeneidad de las prácticas funerarias, y de los análisis de isótopos que no muestran diferencias relevantes en la dieta (Troncoso *et al.* 2008, 2016).

Una experiencia diaria: Las pinturas de los cazadores-recolectores

Las pinturas de los cazadores-recolectores son predominantemente no-figurativas, con motivos lineales, circulares y puntos (Fig. 10-2). Estos motivos se combinan siguiendo ciertos patrones de simetría, principalmente traslación horizontal, creando diseños de líneas paralelas o campos con puntos. Algunos de estos motivos también se produjeron en otros soportes, como por ejemplo en herramientas de hueso. Los únicos motivos figurativos identificados son dos positivos de manos encontrados en el alero San Pedro Viejo de Pichasca (Moya 2015; Moya *et al.* 2014). Las pinturas son monocromáticas, aunque hay unos pocos ejemplos en que dos o tres colores fueron usados (Moya 2015). Los colores empleados son el rojo (por lejos, el más frecuente), amarillo, negro y verde (Fig. 10-2).

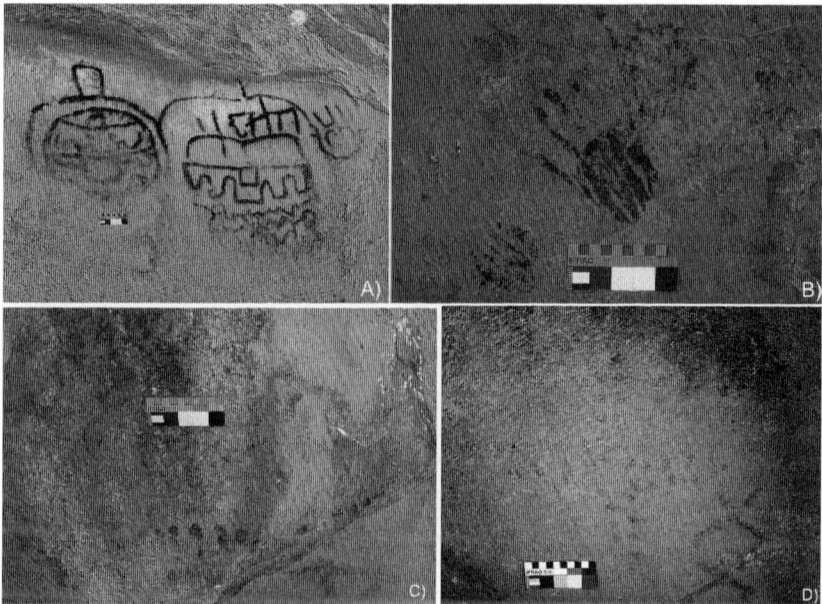

Fig. 10–2: Motivos presentes en las pinturas rupestres: a. Cuadrado con decoración interna; b. Impresiones de manos; c. Puntos en traslación horizontal; d. Puntos en traslación vertical y horizontal. Estas imágenes fueron digitalmente trabajadas usando D-Stretch.

Tanto las prospecciones como las excavaciones en sitios con pinturas han mostrado que en estos espacios se realizaron diversas actividades características de los campamentos residenciales. Particularmente, excavaciones en el Valle El Encanto, San Pedro Viejo de Pichasca y Melina

(Ampuero y Rivera 1946, 1969, 1971; Troncoso *et al.* 2014, 2016), han mostrado que en estos espacios y directamente asociados a las pinturas, se encuentran densos depósitos estratigráficos con cultura material y rasgos arqueológicos. Los conjuntos líticos de estos sitios consisten en instrumentos en diferentes etapas de producción, incluyendo puntas de proyectil, cuchillos y raspadores, sugiriendo una amplia variedad de actividades. También se han encontrado restos óseos quemados y muy fragmentados de guanaco (*Lama guanicoe*) –el principal mamífero explotado por las comunidades prehispánicas de la región–, así como restos malacológicos de moluscos del Pacífico, dando cuenta de relaciones con áreas costeras. Restos de carbón y fogones forman parte de estos contextos, e incluso algunos entierros aislados han sido hallados en algunos sitios. Finalmente, un elemento recurrente son las piedras tacitas, rocas con horadaciones para la molienda tanto de vegetales como pigmentos (Troncoso *et al.* 2016) (Fig. 10-3).

A pesar de su presencia en espacios residenciales, las pinturas no fueron producidas intensamente. En cada sitio hay sólo unas pocas rocas pintadas, alrededor de dos o tres, siendo la única excepción el Valle El Encanto, con 11 bloques (Fig. 10-4). Este sitio ha sido interpretado como un lugar de agregación social, lo que podría explicar la mayor intensidad en la producción de arte rupestre (Troncoso *et al.* 2016). Asimismo, cada roca intervenida tiene pocos motivos, dejando espacio donde otros diseños se podrían haber manufacturado. Esta información, en conjunto con el escaso número de superposiciones entre pinturas (n=4), refuerza el argumento respecto de que la producción de arte rupestre no fue una práctica intensiva. Estudios microscópicos de cortes de pigmentos y macroscópicos de trazos han mostrado que, una vez pintado, ningún motivo fue retocado o repintado.

Fig. 10-3: Sitios de arte rupestre con pinturas y piedras tacitas: a. Melina; b. San Pedro Viejo de Pichasca.

318 - Sentidos indisciplinados. Arqueología, sensorialidad y narrativas alternativas

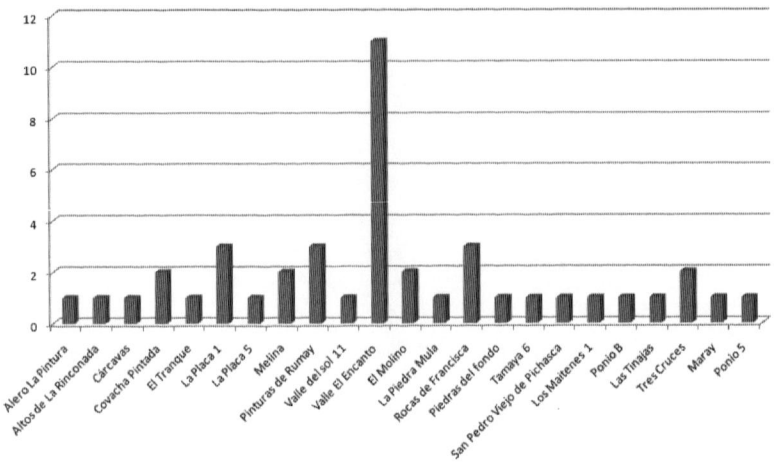

Fig. 10-4: Distribución de rocas pintadas en los sitios de cazadores-recolectores.

De esta forma, las pinturas coexistieron con un conjunto de otros materiales producidos y prácticas llevadas a cabo en los campamentos residenciales de los cazadores-recolectores del Holoceno Tardío, los que alcanzaron dimensiones de hasta 500 m². Esto supuso que al menos las etapas finales de la producción de arte rupestre se llevaron a cabo en el interior de estos mismos espacios, lo que ha sido corroborado por los hallazgos de pigmentos en estratigrafía y en las piedras tacitas, sugiriendo que la trituración de pigmentos ocurrió dentro de los campamentos.

Estudios de espectrometría Raman han mostrado que las pinturas negras fueron hechas con carbón –abundante en estos contextos–, sugiriendo también una producción local de las pinturas. Sin embargo, estos mismos estudios han indicado que los pigmentos rojos corresponden a hematita, los amarillos a goetita y los verdes a sulfato de cobre, sugiriendo que las primeras etapas de la cadena operativa ocurrieron fuera del sitio

(Moya 2015). Esto supone una red de relaciones más amplias en el paisaje regional, asociada a la adquisición de estos materiales. Aunque el uso dado a estos materiales fue preferentemente para la producción de arte rupestre, los pigmentos rojos fueron usados también para cubrir puntas de proyectil y cuerpos humanos enterrados en contextos domésticos.

Lo anterior nos permite plantear que la producción y el consumo de arte rupestre fueron experiencias comunales y multisensoriales, que de alguna u otra manera crearon relaciones experienciales de memoria y citacionalidad con un número de otras prácticas, lugares y materiales de estas comunidades. Al tener lugar en campamentos residenciales, las experiencias de producir pigmentos, pintar y relacionarse con el arte rupestre estuvieron vinculadas a otras actividades diarias, así como a otros actantes materiales. Estas experiencias también estuvieron afectadas por los ruidos propios de estas otras actividades, como la molienda de vegetales y minerales, la producción de instrumentos líticos, o la interacción de la gente entre sí; el olor de la comida siendo preparada, la madera quemada en la hoguera... una diversidad de conjuntos sensoriales producidos por las actividades llevadas a cabo por los miembros de la comunidad en su habitar diario. Independiente de sus identidades particulares –de género, edad, etc.–, los miembros del grupo que vivió en estos espacios compartieron sus experiencias cotidianas al alero de las pinturas, pudiendo verlas y tocarlas, moviéndose alrededor de ellas. Aun más, dado el tamaño de los sitios, es probable que las pinturas fueran visibles al realizar cualquier actividad en el campamento. En otras palabras, la producción de arte rupestre y la relación con él ocurrieron en un campo de relaciones que involucró a una multiplicidad de actantes, sentidos y prácticas desarrolladas a un mismo tiempo, excediendo de esta forma la mera visualidad de las pinturas. Así también, la experiencia del arte rupestre no implicó una ruptura o distanciamiento de las actividades cotidianas. Producir, mirar y sentir las pinturas fue al mismo tiempo mirar y sentir un conjunto de otras actividades, fue percibir y vivir la comunidad.

Los campos sensoriales y experienciales asociados a las pinturas se relacionaron también con la sensorialidad de los cuerpos al sentir las rocas. Estudios experimentales han mostrado cómo la aplicación de pigmentos se realizó por medio de pinceles o brochas y el uso directo de los dedos. En este caso, al tocar la roca y esparcir la pintura se genera una relación sensorial directa entre la roca y el ejecutor. Los positivos de manos son parte de este proceso de tocar y marcar, una experiencia que ha sido vista en distintos lugares del mundo entre cazadores-recolectores productores de arte rupestre (Nash 2012). Desafortunadamente, nuestro trabajo sobre las tecnologías de pinturas está aún en sus primeras etapas, lo que no nos permite identificar diferencias entre motivos pintados con instrumentos o con la mano.

Volviendo a la baja intensidad de la práctica, podemos plantear que las rocas pintadas no están creando una arquitectura significativa en el interior de los sitios, pero que sin embargo forman parte de una arquitectura mayor: la organización espacial del asentamiento. También, el escaso número de rocas pintadas podría sugerir que sólo algunas piedras afectaron a las personas y a los pigmentos de tal manera que pintarlas se hizo necesario. Esto supone que la experiencia de marcar las rocas no ocurrió con frecuencia, siendo una práctica ocasional, a diferencia de la experiencia de ver y sentir las pinturas ya hechas. De hecho, la acción de marcar las rocas puede ser entendida como una práctica a través de la cual los cazadores-recolectores animaron algunos de los espacios que ocuparon. Así, los pigmentos habrían sido actores privilegiados en estos procesos de animación de seres y espacios. El pigmento en puntas de proyectil y en cuerpos humanos nos habla del rol central jugado por esta materialidad en las prácticas de animación y en la vida social de estas comunidades.

El uso de pigmentos en estos distintos contextos nos permite pensar que el arte rupestre sobrepasa el espacio residencial al establecer relaciones materiales y de citacionalidad con otras prácticas, contextos y actantes del mundo de los cazadores-recolectores. La presencia de algunos motivos de arte rupestre en otros soportes también da cuenta de esta citacionalidad entre materias, prácticas y contextos. Este proceso ocurre también a un nivel más amplio, cuando los pigmentos son recolectados a través del movimiento en un paisaje regional, relacionando el acto de pintar con el espacio donde estas comunidades se movieron y habitaron. En este mismo nivel regional, la citacionalidad de producir pinturas rupestres en distintos sitios con motivos similares también da cuenta de cómo el arte rupestre formó parte de una amplia red de relaciones que funcionó desde lo regional hasta niveles locales.

Estas dinámicas regionales más amplias refuerzan nuestro argumento respecto de que este arte rupestre fue comunal y multisensorial. También muestran que fue un gatillo de las diferentes citas y memorias relacionadas con la movilidad, paisajes regionales, y otras prácticas y materiales que formaron parte del mismo campo de relaciones en que participó la producción de arte rupestre. Todo esto da cuenta de que el campo experiencial de las pinturas rupestres fue mucho más allá de su visualidad, involucrando una relación más compleja con el mundo.

Segregando experiencias: Arte rupestre en comunidades agrícolas

Las comunidades agrícolas del centro-norte de Chile produjeron una gran cantidad de petroglifos. Este arte rupestre, como discutiremos a continuación, se encuentra ubicado en conjuntos de relaciones prácticas, espaciales y sensoriales distintos si los comparamos con las pinturas hechas por los cazadores-recolectores. Los diseños dominantes en los petroglifos son no-figurativos, construidos a partir de la combinación de círculos, líneas y formas rectangulares, organizados sobre la base de patrones de simetría distintos de los de las pinturas –por ejemplo, traslación oblicua, vertical y rotación. Los diseños figurativos son escasos, y consisten principalmente en camélidos –identificados como guanacos (*Lama guanicoe*) (Troncoso 2012)–, antropomorfos simples hechos mediante la combinación de círculos y líneas, y cabezas, el diseño más complejo tanto en términos tecnológicos como visuales (Vergara *et al.* 2016). No se han identificado escenas en este conjunto de petroglifos, y los motivos no se produjeron en otros soportes, a excepción de las cabezas que también se encuentran en algunas vasijas cerámicas decoradas (Fig. 10–5). Sin embargo, los mismos patrones de simetría se encuentran tanto en el arte rupestre como en la decoración cerámica.

Los petroglifos producidos por las comunidades de la Cultura Diaguita fueron realizados con herramientas líticas expeditivas, hechas de materias primas disponibles en los mismos sitios de arte rupestre. Estas herramientas son principalmente clastos angulosos de tamaño medio, con bordes puntiagudos o redondeados, tal como se ha visto en excavaciones y en estudios experimentales (Vergara y Troncoso 2015). Ni las excavaciones, ni el estudio de los surcos de los petroglifos han evidenciado el uso de pigmentos relacionados con la producción rupestre.

La intensidad de la práctica de producción de petroglifos fue mucho mayor que en el caso de las pinturas de cazadores-recolectores. A la fecha, hemos identificado un total de 1.850 rocas grabadas, las que se agrupan en sitios que varían desde 1 a 400 rocas con arte rupestre (por ejemplo, el sitio La Tranca del Diablo). Esta intensidad también se evidencia en la gran cantidad de motivos producidos en cada roca, los que van desde 1 por roca hasta más de 100. Estimamos que el total de motivos en la región es de más de 20.000. No obstante esta intensidad y, como se señaló

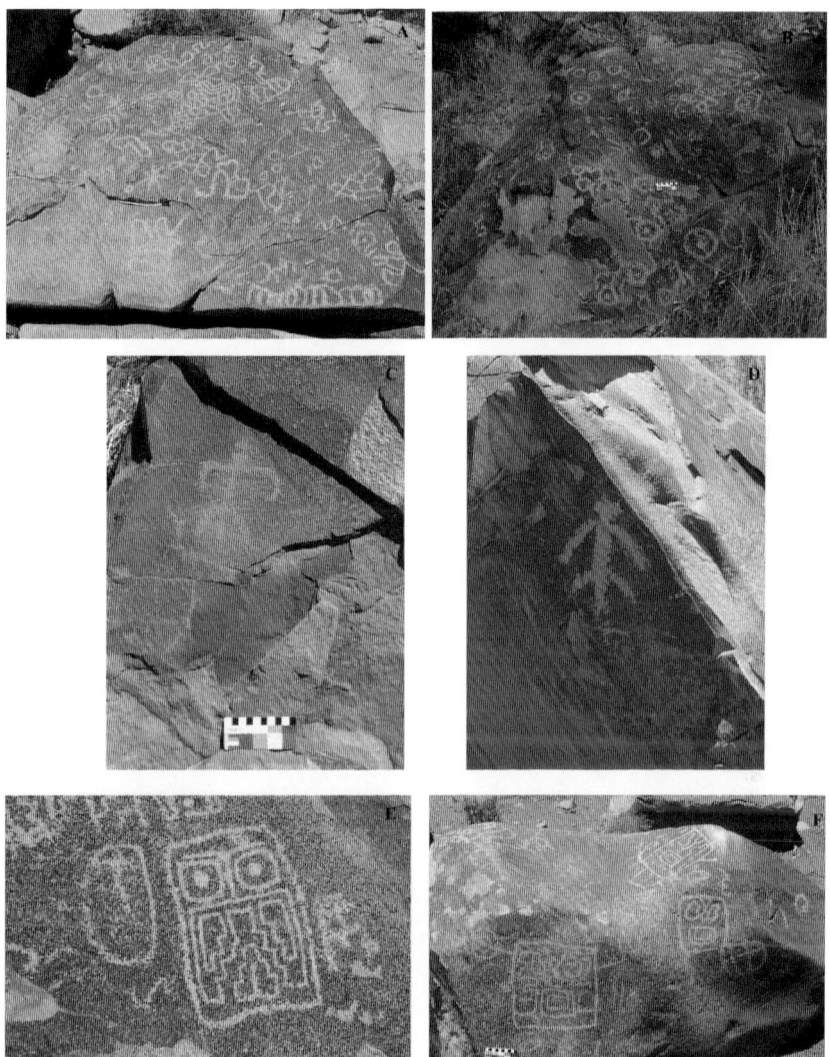

Fig. 10-5: Motivos presentes en petroglifos Diaguita: a y b. Motivos no figurativos; c y d. Motivos antropomorfos; e y f. Cabezas.

anteriormente, sólo los diseños de cabezas se encuentran también en otros soportes; las superposiciones son escasas (presentes en menos de un 1% de los motivos), y los diseños no son retocados o transformados a lo largo del tiempo –aunque una misma roca puede ser grabada en distintos momentos, tal como lo sugieren las diferencias en la pátina de los diseños de un mismo panel. La práctica de marcar rocas estuvo entonces organizada, respetando los diseños previamente grabados.

Esta intervención ordenada de los sitios también se evidencia en su disposición espacial. Todos comparten un patrón común donde las rocas grabadas se encuentran alineadas, con sus superficies marcadas siguiendo una orientación predominante. Esto crea una arquitectura espacial asociada con el movimiento de las personas que produjeron el arte rupestre o que visitaron el sitio y se relacionaron con él. Este movimiento es siempre en la misma dirección, creando una arquitectura que promueve un movimiento específico a lo largo del sitio (Troncoso 2008) (Fig. 10-6).

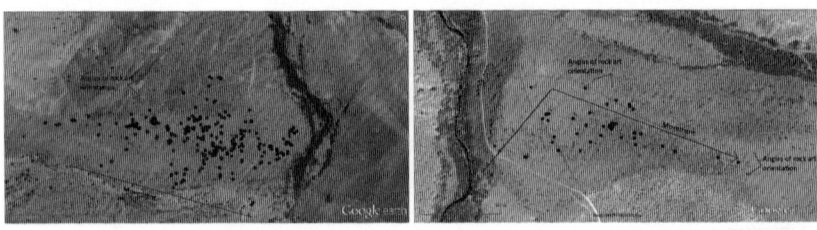

Fig. 10-6: Diagramas que muestran la organización lineal de los sitios de petroglifos.

En términos experienciales, uno de los aspectos más importantes de estos petroglifos es su ubicación: se encuentran separados de los sitios residenciales de las comunidades, los que se hallan en las terrazas fluviales aptas para la agricultura. Los sitios de arte rupestre, en cambio, están ubicados en las laderas de los cerros, cercanos a las bocas de quebradas que funcionan como rutas naturales que conectan los diferentes valles y permiten el movimiento entre ellos. Excavaciones arqueológicas en sitios de arte rupestre han dado cuenta de la ausencia de evidencia de ocupación humana, siendo los únicos hallazgos las herramientas utilizadas en la producción de petroglifos. Así, las únicas actividades que dejaron algún tipo de evidencia en estos sitios estuvieron relacionadas con la producción del arte rupestre (Troncoso et al. 2014, Vergara y Troncoso 2015) (Fig. 10-7).

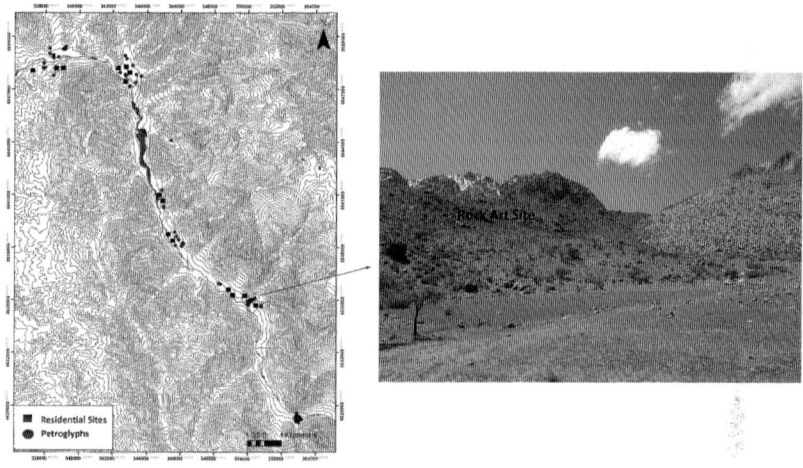

Fig. 10-7: Relaciones espaciales entre sitios habitacionales Diaguita y sitios de arte rupestre, con una vista del emplazamiento de un sitio de petroglifos (Cuesta Pabellón).

La ubicación, la organización lineal y el predominio de ciertas orientaciones específicas sugieren que la experiencia de producir e involucrarse con el arte rupestre se relacionó con prácticas de movilidad; específicamente, con un movimiento desde las áreas residenciales hacia territorios foráneos, dado que la mayoría de los petroglifos se orientan hacia el valle. Asimismo, los sitios de arte rupestre se ubican en los límites de los espacios ocupados por las comunidades Diaguita. Son espacios transicionales, tanto entre las comunidades y sus vecinos de valles cercanos, como entre las áreas ocupadas diaria y recurrentemente (las terrazas fluviales), y aquéllas no ocupadas (cerros y quebradas).

Todas estas características definen las dinámicas de producción y consumo de arte rupestre por parte de las comunidades Diaguita. También dan cuenta de que los conjuntos relacionales, experienciales y sensoriales, son completamente diferentes de aquéllos discutidos para los cazadores-recolectores. Dada la ubicación del arte rupestre, alejado de los espacios residenciales, las personas se tuvieron que desplazar de sus espacios cotidianos, alejándose de sus experiencias y estímulos sensoriales diarios. Se trasladaron desde sus espacios de habitación y campos de cultivo para entrar en un espacio diferente, donde la sensorialidad estaba marcada por la presencia de bloques de arte rupestre, así como por sonidos, olores y campos visuales producidos exclusivamente por actantes no-humanos.

Aun cuando no podemos decir cómo se dio esta separación, pensamos que el involucrarse con el arte rupestre no fue una experiencia compartida. Esto, debido no sólo a la distancia de los espacios residenciales, sino también al hecho de que no se han encontrado en los sitios de arte rupestre áreas adecuadas para agregar a un gran número de personas. De esta manera, el desplazamiento a los sitios de arte rupestre también supuso una separación de la comunidad/familia. Desafortunadamente, no tenemos forma de identificar de manera más específica quiénes pasaron por este proceso de separación. Características espaciales similares en otros contextos han sido interpretadas como producto de actividad chamánica (Whitley *et al.* 1999), pero en nuestra área no existe evidencia para sostener una interpretación de este tipo y, como discutiremos, la separación espacial se puede entender desde una perspectiva distinta.

Otro elemento a tener en cuenta en este contexto de separación, son las diferentes características geográficas de estos espacios. Por una parte, los espacios de habitación y producción de alimentos se encuentran en las terrazas fluviales y por tanto, en superficies relativamente planas; por otro lado, los sitios de arte rupestre están en zonas de pendiente, dificultando su acceso. Ciertas habilidades que no son necesarias para el uso diario de espacios vallunos son fundamentales en los sitios de arte rupestre, no sólo para acceder a ellos, sino también para producir petroglifos. Equilibrio, agilidad y fuerza en las piernas son necesarios para acceder y moverse por estos lugares, lo que nos hace pensar que no todos los miembros de una comunidad se pudieron relacionar de manera directa con los petroglifos, ya sea por condiciones de salud, edad o discapacidades (Fig. 10-7).

La falta de evidencia de otras actividades desarrolladas en los sitios de arte rupestre refuerza la idea de la separación de los sitios habitacionales y sus conjuntos prácticos y sensoriales. También, la ausencia de citacionalidad entre el arte rupestre y otros soportes marca esta separación, creando una experiencia y un campo de relaciones que no articula con ningún otro contexto de estas comunidades. Sólo existe citacionalidad entre distintos sitios de arte rupestre, creando redes de relaciones regionales amplias, que sin embargo excluyen otros contextos. La citacionalidad de los diseños de cabezas entre arte rupestre y cerámica evidencia la importancia política y simbólica de estos motivos, los que se habrían asociado a personajes relevantes dentro de las dinámicas políticas de los Diaguitas.

El movimiento habría sido uno de los aspectos fundamentales en las experiencias y sensorialidades del arte rupestre Diaguita, tanto en la separación de los espacios de habitación como en el movimiento intervalle. Así, el arte rupestre se habría relacionado con la circulación y la salida de personas desde sus comunidades. El movimiento también es parte de la experiencia dentro de los sitios, en la medida en que la arquitectura promueve un tipo particular de involucramiento corporal con el espacio. Fue una experiencia altamente cinética, desde la separación de los espacios residenciales, al movimiento dentro del sitio que requirió movimientos corporales específicos para seguir las restricciones impuestas por los tamaños de las rocas, sus formas naturales y la ubicación de sus superficies grabadas. Todos estos movimientos y gestos corporales se insertaron siempre en conjuntos sensoriales que involucraron estímulos diferentes de aquéllos presentes en los espacios habitacionales. La separación física conllevó entonces una separación sensorial, y por tanto la necesidad de ajustar los sentidos a los nuevos estímulos.

Este movimiento también supuso una experiencia trans-temporal. Los petroglifos establecen relaciones con diseños previamente hechos en las rocas, creando una conexión entre el presente y el pasado a través de una misma práctica, construyendo y reproduciendo una memoria y una tradición dentro de las comunidades Diaguita. Por medio de cada movimiento, y de cada acto productivo, se generó una experiencia que conectó con el pasado, vinculando a las personas con quienes estuvieron allí antes que ellos. Esto difiere fundamentalmente de la experiencia de las pinturas de cazadores-recolectores, toda vez que éstas no son producidas en una constante repetición de prácticas. Para las comunidades cazadoras-recolectoras, la conexión temporal se da a través de estar en un espacio, no a través de un proceso constante de marcar dicho espacio.

Finalmente, la relación entre los cuerpos y las rocas es también diferente al comparar el arte rupestre cazador-recolector y Diaguita. Para las comunidades agrícolas Diaguita, el hacer arte rupestre no implica el añadir pigmentos a las rocas, sino que es un proceso extractivo. Parte de la corteza de la roca es removida por medio del uso de otra piedra que media entre la roca y la persona. Esta herramienta debe golpear la roca varias veces y ser retocada durante el proceso para crear los surcos.

Esta mediación añade un elemento a la experiencia y sensorialidad de los grabados: el sonido del golpeteo, que en un espacio aislado donde no se desarrollan otras actividades, se amplificó, marcando momentáneamente el conjunto sensorial de ese lugar y de esa práctica.

La experiencia del arte rupestre: Sensorialidad, historia y ontología

La caracterización que hemos realizado muestra que las experiencias y conjuntos sensoriales asociados al arte rupestre difieren entre ambos momentos. Esto es lógico si consideramos que los cazadores-recolectores y los grupos Diaguita crearon campos de relaciones prácticos, espaciales y materiales completamente diferentes entre sí. Estas divergencias muestran cómo el arte rupestre y su producción estuvieron articulados con una serie de experiencias y conjuntos sensoriales que sobrepasaron lo visual, constituyendo al arte rupestre en una materialidad y práctica tanto histórica como experiencialmente situada. Producto de esto, el cuerpo fue afectado de maneras diferentes en ambos contextos, creando experiencias y *embodiments* históricamente específicos.

Para comprender estas experiencias y sus sentidos sociopolíticos, necesitamos insertarlos dentro de las ontologías particulares que produjeron y reprodujeron. Las ontologías son sistemas de larga duración de entendimiento cultural, sobre los cuales un conjunto de relaciones prácticas, espaciales, materiales y afectivas se despliegan (Robb 2012; Descola 2013). Por ello, las ontologías se expresan y producen a través de campos relacionales que conectan sujetos, objetos, lugares y prácticas, entregándoles sentidos y significados dentro de sus contextos históricos específicos. Concordamos en tal sentido con las propuestas de Hamilakis (2013: 91, traducción de los autores) relativas a que la experiencia multisensorial: "… no simplemente constituye una forma alternativa de conocer el mundo; no es puramente una epistemología alternativa. De manera más importante, su rol es ontológico o más bien ontogenético".

Las diferencias técnicas, gráficas y espaciales de los dos conjuntos de arte rupestre, sumadas a los diferentes campos de relaciones en los cuales participan, muestran cómo las ontologías en las cuales estos campos se despliegan son diferentes, particulares e históricamente situadas. Para aproximarnos a estas diferencias, pensamos que estas ontologías pueden ser evaluadas e interpretadas inicialmente siguiendo las propuestas de Descola (2013). Para este autor, independientemente del carácter históricamente situado de las ontologías, es posible clasificarlas en cuatro grandes conjuntos sobre la base de cómo se establecen las relaciones de similitud y diferencia entre las interioridades y "fisicalidades" de los distintos seres. Estos grupos son: i) animismo, donde se comparten interioridades, pero no fisicalidades, ii) naturalismo, donde se comparten fisicalidades, pero no interioridades, iii) totemismo, donde tanto fisicalidades como interioridades son compartidas entre los seres, y iv) analogismo, donde ni una ni otra se comparten. Estos cuatro grupos no tienen una relación histórica ni evolutiva, y pueden coexistir combinados dentro de una misma comunidad (Descola 2013). En tal sentido, las ontologías son principalmente esquemas organizacionales construidos y reproducidos a partir de las experiencias en el mundo, combinando elementos materiales e inmateriales por medio de los cuales se estructuran las prácticas y se crean sistemas relacionales, temporales, espaciales, identitarios y de figuración (Descola 2013).

Aunque el modelo propuesto por Descola puede ser considerado universalista, éste entrega un marco referencial inicial desde el cual comenzar a enfocar la discusión e interpretación ontológica. De hecho, la carencia de historicidad que su propuesta presenta debe ser superada por un enfoque que reconozca las particularidades de las dinámicas temporales de los grupos sociales, aportando a un entendimiento histórico, particular y contextual de las ontologías. Aunque las ontologías específicas pueden compartir algunas características con las de otros grupos, sus particularidades sólo pueden ser reconocidas a través de un profundo y detallado conocimiento de los contextos históricos, espaciales y culturales en los que se desarrollan, y que permiten su construcción y reproducción.

En nuestra zona de estudio no existe una discusión sobre las ontologías de los grupos prehispánicos. Sin embargo, pensamos que es posible abordar las ontologías sobre las cuales la vida social de los cazadores-recolectores y las comunidades Diaguita se desplegó, considerando las diferentes sensorialidades y campos de relaciones en los cuales las prácticas de producción y relaciones con el arte rupestre estuvieron insertas.

Como hemos visto en el caso de las pinturas, su producción fue una práctica que involucró un movimiento a lo largo del paisaje con el fin de obtener las materias primas para la elaboración de los pigmentos de distintos colores. De esta manera, el arte rupestre estuvo inserto dentro de las estrategias de movilidad de estos grupos, los que probablemente establecieron circuitos que conectaron la costa del Pacífico con las tierras interiores. Esta movilidad fue una práctica que incluyó a todo el grupo social, lo que nos permite suponer que el arte rupestre de los cazadores-recolectores no se basó sobre dinámicas de segregación entre los sujetos, sino que por el contrario, fue un arte orientado a la integración de diferentes elementos: las pinturas se integraron en el paisaje a través del uso de pigmentos recolectados en diferentes áreas y por medio de prácticas tradicionales de movilidad; también se integraron en el paisaje a partir de su disposición en los sitios residenciales, generando una experiencia compartida de arte rupestre; finalmente, se integraron sensorialmente dentro de un conjunto de sensorialidades que se desplegaron en la vida cotidiana dentro de los campamentos residenciales, sin involucrar una desconexión con estas experiencias diarias y sus estímulos sensoriales. Todo esto nos lleva a pensar que las pinturas se basaron sobre una lógica interna que no promovió distinciones o claros quiebres en los ámbitos espaciales, sensoriales, sociales o temporales de los cazadores-recolectores.

Pensamos que esta lógica interna de producción y consumo de arte rupestre puede ser parte de una ontología animista, siguiendo las propuestas de Descola (2013). Por un lado, las pinturas no representan humanos o animales, lo que se puede relacionar con el hecho de que en los sistemas animistas las nociones sobre persona y agencia yacen sobre una consciencia de la diversidad de actantes que habitan el mundo. Relacionalidad y perspectivismo hacen imposible la existencia de un único punto de vista y, por tanto, las pluralidades son priorizadas por sobre las particularidades, permitiendo la existencia de múltiples puntos de vista entre los seres que habitan el mundo. Más allá de las diferencias en las "fisicalidades", existe una interioridad similar (Descola 2013). Esto involucraría una ausencia de representaciones humanas o animales (Bird David 2006), las cuales serían reemplazadas, en caso de existir, por teriantropos (Descola 2006).

Por el otro lado, y considerando el rol de los pigmentos discutidos previamente, las pinturas pueden ser pensadas como otro tipo de habitante de los espacios cotidianos, al igual que otro miembro de la comunidad. Tal interpretación está basada sobre el hecho de que los pigmentos pueden ser vistos como actantes en sus propios términos, animando diferentes materialidades dentro de los contextos de los cazadores-recolectores. De esta manera, las rocas pintadas serían otro medio animado por el uso de los pigmentos. Aunque no directamente relacionado, Wallis (2009) ha mostrado cómo en sociedades no sedentarias de Europa las rocas pintadas fueron vistas como seres reales, posiblemente ancestros. En nuestro caso, pensamos que la animación de las rocas a través de pigmentos las hacen parte del grupo social.

Descola (2013) ha propuesto que el mundo de los grupos animistas está habitado por humanos y no-humanos que establecen relaciones entre ellos. Estas relaciones, así como aquéllas entre los no-humanos, toman la forma de las relaciones entre los humanos. Debido a que las pinturas fueron consideradas como parte del grupo social, no fueron retocadas o repintadas luego de su creación, a la vez que tampoco muestran sucesivos eventos de pintado. De esta manera, la producción de pinturas animó a estos seres, partícipes del grupo social, y luego de esta primera animación, no se requirieron más intervenciones.

Esta asociación entre cazadores-recolectores productores de pinturas y ontologías animistas se basa también en la identificación de prácticas animistas en diferentes sociedades de cazadores-recolectores, particularmente en Sudamérica (Viveiros de Castro 2010). En nuestro caso de estudio, los grupos cazadores-recolectores usaron tembetá, adorno característico de las comunidades amazónicas, que han sido tradicionalmente vistas como animistas. Hacia los momentos terminales de su desarrollo, la incorporación de prácticas fumatorias y la decoración cerámica también sugieren esta relación con el mundo selvático. Aunque estos últimos elementos son incorporados en momentos tardíos del desarrollo de estos grupos, la comparación de contextos y prácticas antes y después de la adopción de la cerámica no muestra grandes diferencias en la red de relaciones (Troncoso et al. 2016). Esto, junto con la idea de Descola (2013), respecto a que nuevas incorporaciones materiales y tecnológicas necesitan estar articuladas y en sintonía con las ontologías de las comunidades, permite sugerir una continuidad a pesar de las mencionadas innovaciones.

Como hemos visto, las experiencias y sensorialidades asociadas a la producción y consumo de arte rupestre entre los cazadores-recolectores están directamente relacionadas con la noción de totalidad del grupo social, siendo una experiencia colectiva enraizada en el espacio y compartida por todos. Así, la sensorialidad y las experiencias de arte rupestre se despliegan en co-existencia con diferentes seres animados que también son parte del grupo. La ubicación de las pinturas dentro de los campamentos residenciales, y los conjuntos sensoriales y múltiples experiencias asociados con ellos, son parte de las formas en que los miembros del grupo articularon entre sí, así como de las maneras en que la comunidad fue reproducida. Cohabitar con el arte rupestre, por tanto, es cohabitar con otros miembros del grupo animista.

La producción de pinturas rupestres fue entonces parte de un proceso de animar seres por medio del uso de pigmentos. Su constate aplicación sobre los cuerpos enterrados en las tumbas de esta comunidad puede dar cuenta del mismo proceso, esta vez asociado con la reanimación de los cuerpos muertos. Aunque no conocemos las propiedades asociadas a las pinturas en tanto miembros de estos grupos, el hecho de que ellas estén uniendo diferentes espacios, soportes y prácticas, posiblemente les entrega una posición relevante dentro de las comunidades. La monumentalidad e inmovilidad de las pinturas rupestres, por otro lado, enraízan a la comunidad de miembros humanos y no-humanos en un territorio que los define. Producir arte rupestre fue una experiencia asociada con la animación y puesta en movimiento de un actante particular de la comunidad cazadora-recolectora y, en la medida en que este proceso se relacionó con el colectivo social y sus conjuntos sensoriales y contextos fenoménicos, todos estos elementos fueron puestos en juego al experimentar y producir el arte rupestre.

Cohabitar con las pinturas fue vivir junto con otros miembros del grupo social, lo que necesariamente ocurrió en la unidad residencial, el colectivo que por definición caracteriza a los grupos cazadores-recolectores. La relacionalidad espacial creada por los pigmentos (tanto a través de su uso como adquisición), puso en movimiento la sustancia de este actante, identificándola con los movimientos que la comunidad efectuó a través del espacio. De esta manera, humanos, pigmentos y arte rupestre están localizados en un mismo plano de relaciones, tanto a nivel del sitio como regional, en tanto coautores de la comunidad y la vida social.

En el caso de los petroglifos manufacturados por las comunidades Diaguita, vemos que en oposición a lo que sucede con las pinturas de los cazadores-recolectores, ellos se localizaron fuera de las áreas residenciales. La producción y consumo de arte rupestre requirió, por tanto, una separación de los espacios de vida cotidiana que pensamos es el principio central sobre el que se basa su posición en el campo de relaciones de tal momento. Por un lado, la separación espacial nos lleva a sugerir que no todos los miembros del grupo social tuvieron acceso a los petroglifos, lo que es reforzado por la carencia de evidencias de cultura material asociada a otras prácticas que no fueran la manufactura de grabados, así como por la ausencia de espacios que permitieran la agregación de gente dentro de los sitios de arte rupestre. Por otra parte, la sensorialidad asociada con el arte rupestre es completamente diferente a la de los espacios domésticos. El arte rupestre se incorpora por tanto en campos sensoriales distintos, creando con ello una mayor separación entre el arte rupestre y las actividades cotidianas. Esta segregación de la vida cotidiana también implica la creación de un tiempo diferente, en el cual la repetición del acto de marcar rocas y de recorrer los sitios es central.

Las experiencias asociadas a la segregación de los sitios de arte rupestre se relacionarían con su ubicación en espacios liminales separados de lo cotidiano. Estas experiencias no entran en los espacios domésticos y, por el contrario, deben ser alcanzadas en lugares cargados de simbolismo y significados. Pensamos que la principal característica de estos sitios de arte rupestre es su centralidad en tanto mediadores entre espacios. Por una parte, hemos sugerido que debido a la escasa integración espacial de estas comunidades, los sitios de arte rupestre pueden ser vistos como espacios públicos por la intensidad y variedad con la cual los petroglifos fueron producidos –lo que implica que posiblemente diferentes miembros de la comunidad los visitaron. A través del arte rupestre, cada uno de los visitantes de los sitios e independientemente de su co-presencia, compartió un conjunto de significados y experiencias con otros sujetos sociales a través de la mediación de las rocas. Así, los sitios de arte rupestre pasaron a ser espacios públicos que articularon distintos miembros de la comunidad. Pero a su vez, estos sitios se ubicaron en puntos de mediación, en espacios transicionales entre las áreas usadas diariamente y los espacios no ocupados, y entre las diferentes comunidades, todo lo cual los convirtió en espacios centrales.

Esta idea de separación y lugares centrales para el arte rupestre Diaguita puede ser entendida siguiendo las propuestas de Descola (2013), en relación al analogismo como ontología. La Cultura Diaguita fue tempranamente interpretada y entendida como una comunidad que descansaba en principios ontológicos andinos, los que Descola (2013) define como analógicos. El mundo analógico está fundado por grupos de múltiples fuerzas y energías que lo habitan, los cuales se despliegan y tienden a organizarse por medio de oposiciones duales tales como masculino/femenino, que sin embargo son complementarias. El arte Diaguita, tanto en la cerámica como en los petroglifos, se caracteriza –de hecho– por el uso de patrones de simetría basados en pares opuestos

(González 2004), un aspecto típico del arte analógico (Descola 2006, 2013).

Clave para la reproducción de los grupos y el orden en los sistemas analógicos son los centros, puntos de mediación donde las diferentes energías y grupos que habitan el mundo se reúnen, permitiendo su reproducción y desarrollo. Para los Andes, esta idea ha sido claramente mostrada por diferentes trabajos. A manera de ejemplo, para el mundo Aymara estos espacios de mediación entre opuestos son llamados *taypis* (Cereceda 1988; Harris y Bouysse-Cassagne 1998). Un *taypi* es un espacio central que puede mediar entre distintos espacios, seres y energías, haciendo posible el equilibrio del mundo. Estos espacios centrales están siempre relacionados con nociones sobre el origen y el bienestar del mundo.

Por lo anterior, pensamos que la práctica y experiencia de producir arte rupestre se relacionó con la activación de un espacio central, produciendo el balance necesario para poner en movimiento los diferentes pares opuestos del mundo en un espacio central. De esta manera, estos sitios no están sólo mediando entre humanos, sino también entre humanos y otros no-humanos que son también parte de estos colectivos. Contrario a lo que discutimos para el caso de los cazadores-recolectores y sus pinturas, los petroglifos se constituirían en un nivel diferente y separado de los humanos en esta malla de relaciones. El arte rupestre activó espacios a través de su presencia y producción, y estos espacios mediaron entre todos los distintos segmentos del mundo y sus participantes.

Moverse a través de estos espacios produciendo arte rupestre, entonces, es relacionarse con una serie de fuerzas, energías y otros actantes que son la base para el despliegue del mundo. Los conjuntos sensoriales de estos sitios, asociados a los estímulos producidos por actantes no-humanos, reafirmarían la experiencia de habitar un mundo donde coexisten otras fuerzas. El golpeteo de las rocas mientras se producen los petroglifos puede ser pensado como parte de este proceso de activación de las energías que permiten la existencia del mundo.

Producto de sus cualidades mediadoras, estos espacios son también multi-temporales, al igual que las experiencias vividas en su interior. Debido a que los sitios con petroglifos están en un constante proceso de grabado y reutilización, diferentes prácticas, objetos y energías previamente activados se relacionan constantemente unos con otros, así como con aquellos sitios que son activados por medio de los nuevos petroglifos. También, estas prácticas conectan gente que produjo arte rupestre en diferentes momentos, ya que las rocas con arte rupestre mantienen un orden y una dinámica específica de las prácticas. Moverse por los sitios, tocar y observar petroglifos previamente manufacturados genera un vínculo con el pasado. Experiencia y campos sensoriales están entonces relacionados a la mediación entre tiempos y actantes, humanos y no-humanos.

Conclusiones

A partir de la comparación de los campos de disposición del arte rupestre a través de la historia, hemos discutido cómo las experiencias y los campos sensoriales están profundamente vinculados a las ontologías y el despliegue histórico de prácticas y relaciones entre humanos, no-humanos y lugares. Aunque hemos abordado un mismo tipo de registro material, que ha sido tradicionalmente enfocado desde una perspectiva centrada en la visión, sus experiencias y sensorialidades fueron completamente diferentes, siendo resultado de la manera en la cual el arte rupestre articuló una red de relaciones que van más allá de su materialidad. En este capítulo, hemos tomado en cuenta los estímulos sensoriales en los cuales la práctica de producir y relacionarse con el arte rupestre ocurrió, destacando su carácter multi-sensorial, siguiendo las propuestas de Skeates (2010) para caracterizar los diferentes tipos de arte rupestre producidos en la región.

Con el fin de entender estas sensorialidades detrás de las prácticas y experiencias, hemos evitado usar nuestras propias sensaciones y experiencias como recursos interpretativos. Por el contrario, nos hemos enfocado en las ontologías que las hacen significativas, ontologías que a su vez fueron producidas y reproducidas por las sensorialidades debido al carácter ontogénico de los conjuntos sensoriales (Hamilakis 2013).

En este proceso, el cuerpo ocupó un rol central en el despliegue de estas experiencias y sensorialidades. Sin embargo, es necesario entender cómo las diferentes subjetividades participan en una serie de prácticas, lugares y contextos materiales con el fin de acceder a las experiencias y sensorialidades histórica y espacialmente situadas. Es en esta relación entre los grabados hechos por los cuerpos y sus relaciones con un conjunto de otros actantes (humanos y no-humanos) que podemos comenzar a entender la complejidad de tales experiencias y sensorialidades desde sus propias ontologías. Esto implica que una arqueología de la sensorialidad necesita ir más allá del mero sentir y actuar en el presente, para abordar lo que podríamos llamar una descripción densa de los movimientos y relaciones establecidos por cuerpos, materias y fenómenos en el pasado (Hamilakis 2013; Skeates 2010).

En este caso, hemos usado como herramienta heurística los modelos ontológicos propuestos por Descola (2013). Somos conscientes de que ellos corresponden a modelos universalistas que en modo alguno abarcan la diversidad de las ontologías históricas. Sin embargo, pensamos que estos modelos ofrecen un marco analítico para entender las experiencias del pasado. En tal sentido, ha sido la identificación de un conjunto de patrones específicos lo que nos ha permitido asociar los dos grupos de arte rupestre con ontologías particulares del modelo de Descola (2013) (enfoques similares pueden observarse en Boric 2013; Shapland 2013). Por supuesto, el uso de este modelo no implica que nuestra interpretación no pueda ser profundizada; las ontologías históricas pueden ser comprendidas en mayor detalle, y la caracterización general en términos de animismo o analogismo no es más que un intento por discutir y comprender ontologías específicas, históricas y contextuales. La comprensión de otros conjuntos sensoriales, prácticas y experiencias permitirá una caracterización más específica de las ontologías y sensorialidades pasadas, las que sobrepasan los modelos y principios generales sobre los cuales se despliega nuestra vida postmoderna.

Agradecimientos

Esta investigación fue financiada por los proyectos Fondecyt 1110125 y 1150776, y por la Iniciativa Bicentenario Juan Gómez Millas. Agradecemos a los editores de este volumen por su invitación a participar en él. También queremos agradecer a Tim Pauketat, Jacob Skoubsen y Amanda Butler por sus conversaciones que influyeron en este traajo. Mientras escribimos este capítulo, Andrés Troncoso se encontraba en una pasantía de investigación en el Departamento de Antropología de la Universidad de Illinois en Urbana-Champaign y Felipe Armstrong en una beca doctoral de Becas Chile en UCL. Cualquier error u omisión son de nuestra entera responsabilidad.

Bibliografía

Alberti, B. y I. Marshall. "Animating Archaeology: Local Theories and Conceptually open-ended Methodologies." *Cambridge Archaeological Journal* 19 (2009): 344-356.

Ampuero, G. y M. Rivera. "Excavaciones en la Quebrada El Encanto, Departamento de Ovalle (Informe Preliminar)." En *Actas del III Congreso Internacional de Arqueología Chilena, Arqueología de Chile central y áreas vecinas*, 207-218.Viña del Mar: Sociedad Chilena de Arqueología, 1964.

—. "Excavaciones en Quebrada El Encanto, Nuevas Evidencias." En *Actas del v Congreso Nacional de Arqueología Chilena*, 185-206. La Serena: Museo Arqueológico La Serena, 1969.

—. "Secuencia Arqueológica del Alero Rocoso de San Pedro Viejo de Pichasca." *Boletín del Museo Arqueológico de La Serena* 14 (1971): 45-69.

Bird David, N. "Animistic Epistemology: Why do Some Hunter Gatherers not Depict Animals?" *Ethnos: Journal of Anthropology* 71, no. 1 (2006): 33-50.

Boric, D. "Theater of Predation: Beneath the Skin of GöbekliTepe Images." En *Relational Archaeologies: Humans, Animals, Things*, editado por C. Watts, 42 64. Oxford: Routledge, 2013.

Bray, T. "An Archaeological Perspective on the Andean Concept of Camaquen: Thinking through Late Pre-Columbian Ofrendas and Huacas." *Cambridge Archaeological Journal* 19 (2009): 357-366.

Bruck, J. "In the Footsteps of the Ancestors: A Review of Christopher Tilley's A Phenomenology of Landscape, Places, Paths and Monuments." *Archaeological Review from Cambridge* 15, no. 1 (1998): 23-36.

—. "Experiencing the Past? The Development of a Phenomenological Archaeology in British Prehistory." *Archaeological Dialogues* 12, no. 1 (2005): 45–72.

Cereceda, V. "Aproximaciones a una Estética Andina: de la Belleza al Tinku." En *Raíces de América, El Mundo Aymara*, editado por X. Albo, 283–363. Madrid: Alianza Editorial, 1988.

Csordas, P. "Embodiment as a Paradigm for Anthropology." *Ethos* 18, no. 1 (1990): 5–47.

Descola, P. "La Fabrique des Images." *Anthropologie et Sociétés* 30, no. 3 (2006): 167–182.

—. *Beyond Nature and Culture*. Chicago: University of Chicago Press, 2013.

Fleming, A. "Phenomenology and the Megaliths of Wales: A Dreaming Too Far?" *Oxford Journal of Archaeology* 18, no. 2 (1999): 119–125.

González, P. "Patrones Decorativos y Espacio: el Arte Visual Diaguita y su Distribución en la Cuenca del Río Illapel." *Chungara* 36, no. 2 (2004): 767–781.

Hamilakis, Y. *Archaeology and the Senses: Human Experience, Memory and Affect*. Cambridge: Cambridge University Press, 2013.

Hamilton, S., R. Whitehouse, K. Brown, P. Combes, E. Herring y M. Seager. "Phenomenology in Practice: Towards a Methodology for a `Subjective' Approach." *European Journal of Archaeology* 9, no. 1 (2006): 31–71.

Harris, O. y T. Bouysse-Cassagne. "Pacha, en torno al Pensamiento Aymara." En *Raíces de América, El Mundo Aymara*, editado por X. Albo, 217–282. Madrid: Alianza Editorial, 1998.

Harris, O. y J. Robb. "Multiple Ontologies and the Problem of the Body in History." *American Anthropologist* 114, no. 4 (2012): 668–697.

Herva, V. P. "Living (with) Things: Relational Ontology and Material Culture in Early Modern Northern Finland." *Cambridge Archaeological Journal* 19 (2009): 388–397.

Ingold, T. *Being Alive: Essays on Movement, Knowledge and Description.* Oxon: Routledge, 2011.

—. *Making: Anthropology, Archaeology, Art and Architecture.* Oxon: Routledge, 2013.

Marshall, Y y B. Alberti. "A Matter of Difference: Karen Barad, Ontology and Archaeological Bodies." *Cambridge Archaeological Journal* 24, no. 1 (2014): 19–36.

Martínez, J. L. y M. A. Arenas. "Problematizaciones en torno al Arte Rupestre Colonial en las Áreas Centro Sur y Meridional Andina." En *Crónicas sobre la Piedra. Arte Rupestre de las Américas,* editado por M. Sepúlveda, L. Briones y J. Chacama, 129–140. Arica: Universidad de Tarapacá, 2008.

Merleau-Ponty, M. *Fenomenología de la Percepción.* Barcelona: Editorial Península, 1997 [1945].

Méndez, C. y D. Jackson. "Ocupaciones Humanas del Holoceno Tardío en Los Vilos (IV región): Origen y Características Conductuales de la Población Local de Cazadores-Recolectores del Litoral." *Chungara* 36, no. 2 (2004): 279–293.

Meskell, L. "Writing the Body in Archaeology." En *Reading the Body: Representations and Remains in the Archaeological Record,* editado por A. E. Rautman, 13–21. Philadelphia: University of Pennsylvania Press, 2000.

Moya, F. "Variabilidad Tecnológica de las Pinturas Rupestres de la Cuenca del Río Limarí." Memoria para optar al título profesional de Arqueólogo, Universidad de Chile, 2015.

Moya, F., F. Armstrong, M. Basile, G. Nash, A. Troncoso y F. Vergara. "On Site and Post Site Analysis of Pictographs within the San Pedro Viejo de Pichasca Rock Shelter, Limari Valley, North-central Chile." *Proceedings of the University of Bristol Spelealogical Society* 26, no. 2 (2014): 171–184.

Nash, G. "A History of Handy Works." *Minerva* 23, no. 6 (2012): 26–28.

Ouzman, S. "Seeing and Deceiving: Rock Art and the Non Visual." *World Archaeology* 33, no. 2 (2001): 237–256.

Robb, J. "History in the Body: The Scale of Belief." En *Big Histories, Human Lives: Tackling Problems of Scale in Archaeology*, editado por J. Robb y T. Pauketat, 77–99. Santa Fe: SAR Press, 2012.

Robb, J. y T. Pauketat. "From Moments to Millenia: Theorizing Scale and Change in Human History." En *Big Histories, Human Lives: Tackling Problems of Scale in Archaeology*, editado por J. Robb y T. Pauketat, 3–33. Santa Fe: SAR Press, 2012.

Schiappacasse, V. y H. Niemeyer. "Excavaciones de un Conchal en el Pueblo de Guanaqueros (Provincia de Coquimbo)." En *Actas del Tercer Congreso Chileno de Arqueología*, 235-262. Viña del Mar: Sociedad Chilena de Arqueología, 1964.

—. "Excavaciones de Conchales Precerámicos en el Litoral de Coquimbo, Chile (Quebrada Romeral y Punta Teatinos)." *Revista Universitaria* L-LI, no. II (1965-1966): 277–313.

Shapland, A. "Shifting Horizons and Emerging Ontologies in the Bronze Age Aegean." En *Relational Archaeologies: Humans, Animals, Things*, editado por C. Watts, 190–208. Oxford: Routledge, 2013.

Skeates, R. *An Archaeology of the Senses*. Oxford: Oxford University Press, 2010.

Tarlow, S. "The Archaeology of Emotions and Affect." *Annual Review of Anthropology* 41 (2012): 169-185.

Tilley, C. A. *Phenomenology of Landscape*. Oxford: Berg, 1994.

—. *Body and Image: Explorations in Landscape Phenomenology 2*. Walnut Creek: Left Coast Press, 2008.

—. *Interpreting Landscapes: Geologies, Topographies, Identities. Explorations in Landscape Phenomenology 2*. Walnut Creek: Left Coast Press, 2010.

Tilley, C. y W. Bennett. *The Materiality of Stone: Explorations in Landscape Phenomenology*. Walnut Creek: Left Coast Press, 2004.

Troncoso, A.. "Arte Rupestre y Camélidos en el Norte Semiárido de Chile: Una Discusión desde el Valle del Choapa." *Boletín del Museo Chileno de Arte Precolombino* 17, no. 1 (2012): 75-93.

Troncoso, A., F. Armstrong, F. Vergara, P. Urzúa y P. Larach. "Arte Rupestre en el Valle El Encanto: Hacia una Reevaluación del sitio-tipo del Estilo Limarí." *Boletín del Museo Chileno de Arte Precolombino* 13, no. 2 (2008): 9-36.

Troncoso, A., F. Vergara, P. González, P. Larach, M. Pino, F. Moya y R. Gutierrez. "Arte Rupestre, Prácticas Socio-Espaciales y la Construcción de Comunidades en el Norte Semiárido de Chile (Valle de Limarí)." En *Distribución Espacial en Sociedades no Aldeanas: del Registro a la Interpretación Social*, editado por F. Falabella, L. Sanhueza, L. Cornejo e I. Correa, 89-115. Santiago: Monografías de la Sociedad Chilena de Arqueología 4, 2014.

Troncoso, A., F. Vergara, D. Pavlovic, P. González, M. Pino, P. Larach, A. Escudero, N. Lamura, F. Moya, I. Pérez, R. Gutierrez, D. Pascial,

C. Belmar, M. Basile, P. López, C. Dávila, M. Vásquez y P. Urzúa. "Dinámica Espacial y Temporal de las Ocupaciones Prehispánicas en la Cuenca Hidrográfica del Río Limarí (30° Lat. S)." *Chungara* 48, no. 4 (2016): 199-224.

Vergara, F. y A. Troncoso. "Rock Art, Technique and Technology: an Exploratory Study of Hunter Gatherer and Agrarian Communities in Prehispanic Chile (500 to 1450 CE)." *Rock Art Research* 32, no. 1 (2015): 31-45.

Vergara, F., A. Troncoso y F. Ivanovic. "Time and Rock Art Production: Explorations on the Material Side of Petroglyphs in the Semiarid North of Chile." En *Paleoart and Materiality: the Scientific Study of Rock Art*, editado por R. Bednarick, D. Fiore y M. Basile. 2016. En prensa.

Viveiros de Castro, E. *Metafísicas Caníbales*. Barcelona: Katz Editores, 2010.

Wallis, R. "Re-enchanting Rock Art Landscapes: Animic Ontologies, Nonhuman Agency and Rhizomic Personhood." *Time and Mind: The Journal of Archaeology, Consciousness and Culture* 2, no. 1 (2009): 47-70.

Whitley, D., R. Dorn, J. Simon, R. Rechtman, y Tamara K. Whitley. "Sally's Rockshelter and the Archaeology of the Vision Quest." *Cambridge Archaeological Journal* 9 (1999): 221-247.

Capítulo Once

Arqueología contaminante: Narrativas y una crítica a la falacia del distanciamiento del arqueólogo y su objeto de estudio en la experiencia antártica

Andrés Zarankin
María Jimena Cruz

La lágrima que no seca.

Durante la cena del tercer día en nuestro campamento en Byers, noté que casi todos los miembros del equipo me miraban y susurraban entre ellos. Al principio no les presté mucha atención, pero después de varias otras veces en las que ocurrió lo mismo, les pregunté qué estaba pasando. Hubo un pequeño silencio, y después Jimena dijo: "es que desde hace unos días tenés una gota, que parece una lágrima, en la parte superior de tu mejilla derecha". Respondí: "¿una qué?" Pedí un espejo, ya que en Antártida no acostumbro mirarme casi nunca la cara, y ahí la vi: una gota transparente, algo que podría llamar una lágrima cerca de mi ojo. Agarré una servilleta y la pasé por encima para secarla. Para mi sorpresa, la gota continuó en el lugar. Acerqué la punta de mi dedo y pude sentir su humedad, pero por más que lo intenté no pude quitarla. Uno a uno los integrantes del equipo se acercaron y probaron pasar alguna cosa, pero la lágrima siguió inamovible.

Esa noche me fui a dormir preocupado, esperando que a la mañana la gota que todos terminaron por llamar "lágrima" hubiese desaparecido. Pero no, al día siguiente seguía ahí "¿Y ahora qué hago? ¿Llamo al médico en el barco y le explico la situación a ver qué me dice? Van a pensar que estoy loco... mejor espero un poco más".

Ese día, durante la excavación, nadie se animó a decir nada. A pesar de que había más silencio que de costumbre, salieron los temas clásicos sobre qué cosas podríamos cocinar, cuánto tiempo tardarían en venirnos a buscar, cómo sería el día de mañana, y qué objetos nos gustaría encontrar. Al final de la tarde volvimos al campamento, y yo me fui directo a mi carpa sin cenar. La lágrima continuaba en su lugar. Pasaron los días y éstos se hicieron semanas, y tanto yo como los demás empezamos a acostumbrarnos a la presencia de esa lágrima que no secaba...

El último día de campo, antes de que vinieran a buscarnos, nos ocupamos de desmontar el campamento. Fue un trabajo duro y complejo. Poner todo dentro de cajas, desarmar las carpas, revisar que no quedara ningún material suelto, poner las etiquetas a las cajas, etc.

Cuando subí al barco, como acostumbro hacer cada vez que llego después de semanas o meses de campamento, me fui directo al camarote a tomar un largo y cálido baño. Me saqué la ropa que ya estaba oscura de suciedad, y en el momento en que iba a entrar en la ducha pasé por el espejo: ahí noté que la lágrima ya no estaba, se había ido. Como estaba desnudo, revisé todo mi cuerpo para ver si había cambiado de lugar; pero no, había desaparecido... Una sensación de sobresalto se apoderó de mí. "¿Qué pasó, dónde está la lágrima? ¿Por qué desapareció?" Esa noche, a pesar del cansancio extremo no conseguí dormirme, así que decidí ir al puente del barco para intentar distraerme. Mirando a través de los vidrios blindados del navío vi *icebergs* con un brillo tan intenso que parecían tener iluminación interna; una ballena mostraba su cola en el momento de sumergirse al lado de una bandada de pingüinos pescando. Fue en ese momento que una idea atravesó mi cabeza: la lágrima ya no precisaba mostrarse ni llamar la atención; finalmente había entendido su significado. Aquella lágrima no era más que todas las lágrimas que nacieron y murieron durante mis estadías en Antártida, las memorias, el pasado, los sentimientos; en otras palabras, el universo de experiencias de haber estado ahí. Lágrimas e historias negadas y olvidadas cuando vuelvo a mi "normalidad" de arqueólogo académico; especialmente, cuando escribo sobre el pasado de Antártida, en el cual yo mismo soy invisible. Asumo las lágrimas, soy las lágrimas... (A. Z., 2014).

Introducción

Tal vez algunos, al leer el título del capítulo, habrán pensado en un trabajo elaborado desde un enfoque biológico, e interesado por discutir los efectos de alguna epidemia del pasado. Nada más alejado de nuestra intención. La "arqueología contaminante" es, como queda explícito en la historia con la que iniciamos el trabajo, una propuesta de búsqueda de una disciplina que nos contagie con ideas, sensaciones, emociones e historias que nos transformen a nosotros mismos y a quien nos escuche.

A partir de esta propuesta decidimos escribir un capítulo en un formato y lenguaje que, en cierta manera, escapa a los parámetros tradicionales de un trabajo científico. A través de narraciones ficcionales (o semi-ficcionales), discutimos algunas cuestiones relativas a estudios artefactuales, alimentarios y por qué no emocionales que estamos trabajando dentro del proyecto internacional "Paisajes en Blanco; Arqueología y Antropología Antárticas", con sede en el Laboratorio de Estudios Antárticos en Ciencias Sociales (LEACH-UFMG).

Arqueología y sus principios de distanciamiento

Desde sus comienzos, la arqueología definió su agenda de estudio en función de la dimensión material de las diferentes culturas. De esta forma, se diferenció de otras áreas, como la antropología o la historia, porque su objeto de investigación era la materialidad (Renfrew y Bahn 1998; Trigger 2004).

Al mismo tiempo, como la mayoría de las disciplinas surgidas a finales del siglo XIX, la arqueología fue construida en un contexto donde los presupuestos de la modernidad estaban en auge. Esto implicó la adopción de dicotomías cartesianas generadas a partir de enfoques positivistas propios de la época. Así, las divisiones humano/no-humano, objeto/sujeto, naturaleza/cultura, cuerpo/mente pasaron a ser naturalizadas y, por lo tanto, no discutidas (Thomas 2005). Los arqueólogos también apelaron a la cientificidad y al conocimiento objetivo, siendo formados para interpretar y generar conocimiento, en principio sobre el pasado humano, a partir de la cultura material. Esta visión se consolidó aún más con la "nueva arqueología" (Binford 1962, 1983), que pensaba la arqueología como una disciplina más cercana a las llamadas "ciencias duras" que a las humanas. Bajo este marco, la manera de generar interpretaciones a partir de los restos materiales era seguir los pasos del método científico clásico, que permitía generar leyes generales sobre el comportamiento humano (Hempel 1966).

Esta idea de legitimización de los discursos generados por los arqueólogos a partir de una supuesta cientificidad ha sido discutida ampliamente (Haber 2005, 2012; McGuire 2008; entre otros) Por su parte, también consideramos superadas las críticas efectuadas a las supuestas limitaciones de las "arqueologías interpretativas" a partir de las propuestas que separan un relativismo epistémico de otro de juicio. Este último parte de la base de que todo argumento tiene que ser respaldado por discursos y evidencias, para que el lector pueda decidir si concuerda o no con una determinada idea o propuesta (Shanks y Hodder 1995). A fin de cuentas, lo importante es que ahora ya no existe una legitimización autoritaria por parte de una fuerza sobrehumana llamada ciencia.

Dentro de esta línea de pensamiento, nos parece una pérdida de tiempo continuar intentando separarnos como personas del conocimiento que producimos, conseguir una distancia emocional con nuestro objeto de estudio. Esta subjetividad que, como discutimos antes, para muchos ha sido la gran limitadora de las ciencias humanas y sociales para la construcción de un conocimiento científico serio, es desde nuestro punto de vista la gran posibilidad que tenemos de repensar el pasado, de generar miradas críticas frente a abordajes ortodoxos, de dejarnos contagiar por un pasado que "contamina" el presente (y viceversa). También es la oportunidad que tenemos de crear lazos con las personas que se encuentran fuera del mundo académico mediante un lenguaje que les resulte atractivo e interesante. Sin duda, lo que nos vuelve humanos son las experiencias que vivimos; las historias nos contaminan y transforman.

Pasado – Reminiscencias y arqueología

Rossi (2003) diferencia memoria, reminiscencia y olvido: tres aspectos indisolubles a partir de los cuales podemos pensar el pasado. La memoria se caracteriza como la recuperación de situaciones puntuales de lo pretérito; la reminiscencia, como un recuerdo imprevisto que se vuelve presente de forma no intencional; y finalmente, el olvido no es otra cosa sino la pérdida –temporal o definitiva– de la memoria.

Precisamente nos interesa pensar la arqueología como una forma de producción de memorias y reminiscencias sobre cuestiones que refuerzan el vínculo pasado-presente, y que –hasta podríamos decir– hacen desaparecer estas diferencias temporales.

Pensemos, por ejemplo, en una canción asociada a nuestro pasado: ¿cuál es el efecto que tiene sobre nosotros? Una canción que nos marcó en el pasado puede ser un disparador de emociones que nos transportan en el tiempo. Al escucharla se produce un efecto difícil de explicar, en el cual se mezclan sensaciones corporales diversas (táctiles, olfativas, etc.) e imágenes mentales que crean una dimensión que decidimos llamar "presente contaminado". Por el tiempo que dura la canción (y a veces, como resultado de un efecto que puede prolongarse por mucho más), pasado y presente se conjugan, y de alguna forma podemos decir que volvemos en el tiempo sin salir del presente. Este efecto de un presente contaminado tiene características transformadoras.

Una historia puede tener el mismo resultado. Pensemos en los libros, cuentos, películas, entre otros, que escuchamos o vimos. Cuántas de estas historias influyeron o influyen en nuestra visión del mundo, en las decisiones que tomamos, en la forma en que nos expresamos. Nos relacionamos de manera dinámica con las historias, estableciendo un diálogo implícito o explícito en el que buscamos sentidos, explicaciones, justificaciones, respuestas para nuestra propia existencia.

¿Quién puede negar que la arqueología es una forma de construcción de historias sobre el pasado y, al mismo tiempo, sobre el presente (para el cual estas historias son pensadas y creadas)? Sin embargo, una de sus mayores limitaciones ha sido su estructura narrativa, a partir de la cual se intentó esconder su dimensión humana, subjetiva y subversiva (Praetzellis 2011; Sinclair 1989; Zarankin y Senatore 2013). Obviamente esto parte, como ya discutimos, de ciertos principios epistemológicos mucho más profundos, que suponen considerar la arqueología como una disciplina científica que descubre objetivamente el pasado (Binford 1983). En nuestro caso, preferimos una visión mas próxima a las propuestas de Shanks y Tilley (1987), quienes entieden a la arqueología como una forma de construcción, interpretación o hasta invención del pasado.

Objetos como sujetos

Desde no hace mucho tiempo, la arqueología –partiendo de propuestas generadas por la antropología– viene discutiendo la utilidad del concepto de agencia en distintos contextos socioculturales, cuestionando el presupuesto cartesiano que sostiene que el sujeto constituye la única entidad con la racionalidad necesaria para comprender y actuar sobre el mundo. A partir de obras como las de Latour (2005, 2007) y Gell (1998), se han elaborado críticas y construido propuestas que suprimen las diferencias entre sujetos y objetos. De todas formas, existe una diferencia entre estos abordajes, ya que mientras Latour considera que los seres inanimados tienen agencia propia, Gell propone que los objetos contienen la agencia de sus creadores (Miller 2005). En este caso, el mundo material se puede transformar en una extensión de la propia persona (Bowden 2004).

Siguiendo estos principios, nos propusimos el desafío de pensar formas alternativas de utilizarlos para contar y discutir diversas cuestiones que investigamos dentro del proyecto de arqueología y antropología en Antártida. Sin embargo, antes de entrar en esto, es necesario que mencionemos brevemente los presupuestos estructurantes sobre los cuales fueron construidas las narrativas antárticas.

El proyecto de arqueología y antropología en Antártida

La articulación de los eventos del pasado se describe principalmente a partir de narrativas históricas, algunas de las cuales resultan más aceptadas, difundidas y sostenidas a través del tiempo. En el caso de Antártida, las narrativas que dan cuenta de su historia se centran en el hecho puntual del descubrimiento como principal foco de interés. Existen diferentes versiones de este evento, especialmente en lo que respecta a fechas y protagonistas (ver ejemplos en Miers 1920; Ossoniak Garibaldi 1950). Las mismas se relacionan con el contexto geopolítico de Antártida y la necesidad de fundamentar reclamos de soberanía. Más allá de esta primera lectura, puede decirse que todas las versiones refieren al descubrimiento como un hecho fortuito y aparentemente desconectado de otros procesos. De esto puede interpretarse una cierta desconexión histórica, social, política y económica. La crítica de este principio de desconexión ha sido uno de los puntos de partida de nuestro proyecto, que busca entender el descubrimiento y la explotación de las tierras antárticas como parte de un mismo proceso de expansión capitalista.

De hecho, cuando iniciamos nuestro proyecto postulamos que para comprender la dinámica de incorporación de estas nuevas tierras era necesario tener en cuenta el contexto global de fines del siglo XVIII. Así, entendimos que la presencia del ser humano en Antártida se relacionaba con la dinámica de expansión capitalista. La incorporación de la región no fue resultado de naciones interesadas en expandir sus fronteras, sino de empresas que buscaban obtener un provecho económico, mientras explotaban simultáneamente distintas partes del mundo. Desde este punto de vista, la presencia humana en tierras antárticas estuvo dirigida por una lógica determinada y formó parte de una estrategia económica que podía ser comparada al proceso de incorporación de otras áreas marginales al sistema; por ejemplo, las islas del Índico (Richards 1992), el sur de Patagonia y las Islas del Atlántico Sur (Senatore 1999; Silva 1985).

Las empresas anteriormente referidas llevaban a cabo una explotación de recursos puntuales (específicamente, de mamíferos marinos como lobos y elefantes marinos) cuya comercialización ofrecía importantes ganancias. La distancia y la dificultad de acceso brindaban posibilidades de baja competencia, generando expectativas de alto rendimiento económico. El sistema resultaba impulsado por el afán de obtener "ganancias", que se alcanzaban sobre la base de una ecuación entre costo y beneficio. Así, los emprendimientos llevados a cabo por estas compañías lograron extender cada vez más los límites de lo conocido y explotado. La incorporación de Antártida a la dinámica capitalista consistió en la ampliación del rango de acción de estas empresas. Por su parte, la explotación de los recursos animales también siguió esta lógica.

Sobre la vida de las personas que desembarcaron y trabajaron en Antártida se ha escrito muy poco. Stackpole (1955) publicó parte de los libros de bitácora de tres embarcaciones pertenecientes a empresas que estuvieron en las Shetland del Sur en 1820 (uno de los documentos fue conservado por la Biblioteca del Congreso de los Estados Unidos). Allí se describe la dispersión de grupos de hombres en distintos puntos de la costa. Pero la selección de Stackpole no hace referencia a la vida cotidiana, a la cantidad de operarios desembarcados en cada campamento o a sus aspectos sociales.

Las investigaciones arqueológicas en las Islas Shetland del Sur fueron iniciadas en la década de 1980 por el equipo chileno dirigido por Rubén Stehberg (Stehberg y Lucero 1985a, 1985b; Stehberg y Nilo 1983). Desde mediados de 1990, formamos un equipo internacional de arqueólogos para trabajar la problemática de la ocupación humana de Antártida (Zarankin y Senatore 2007). A partir de las excavaciones efectuadas en distintos sitios se determinó su funcionalidad como espacios productivos y de habitación (refugios). A pesar de estar vinculados entre sí, los capamentos presentan una marcada diversidad en su organización (Zarankin y Senatore 1999). Los artefactos asociados fueron datados como de fines del siglo XVIII y principios del siglo XIX (ver Moreno 1999), consistiendo en herramientas de trabajo, restos de vestimenta y otros elementos que formaron parte de la vida cotidiana. A través de diversos trabajos se han estudiado las prácticas de quienes ocuparon temporalmente esas tierras (Cruz 2011, 2014; Radicchi 2015; Salerno 2006, 2011; Senatore y Zarankin 1999; Senatore *et al.* 2008; Zarankin y Senatore 2005, 2007; Zarankin *et al.* 2011). Se identificó la utilización de materias primas locales tanto en la construcción de refugios como en la manufactura de diversos artefactos (Senatore y Zarankin 1997).

Las problemáticas y procedimientos tradicionales en arqueología fueron planteadas y respetadas dentro del proyecto, pero aún obteniendo múltiples resultados sentimos que lo que terminamos construyendo era una distancia ficticia con aquello que estudiábamos (Salerno y Zarankin 2014). Estamos lejos de ser los mismos que iniciamos los estudios. Años de trabajo, de vivencias en el campo y el laboratorio, de manipulación de materiales, de contacto con otros investigadores, de "lágrimas", han ayudado a construir una relación afectiva con nuestro objeto de estudio. Es por esto que una de las líneas recientes en la que venimos trabajando propone reflexionar críticamente sobre los discursos e historias que construimos (Salerno 2011, 2015; Salerno y Zarankin 2014; Zarankin 2014, 2015; Zarankin y Salerno 2016; Zarankin y Senatore 2013).

Así surgió la idea y la necesidad de buscar formas alternativas para transponer los límites de un trabajo arqueológico tradicional; por ejemplo, explorando diferentes formas de contar historias, considerando la relación afectiva con los objetos que estudiamos, incluyéndonos en las narrativas, trayendo historias que usualmente no contamos en un artículo o en un congreso (pero que son igualmente relevantes). En síntesis, la propuesta es explorar una gama de posibilidades que humanicen nuestros trabajos.

Memorias de un estómago viajero

Soy el estómago de uno de los marinos que navegaban los mares del planeta en busca de pieles de lobos marinos, aceite de ballenas y elefantes marinos, a inicios del siglo XIX. Quiero contarles mi historia, la historia de un estómago que recorrió tierras lejanas, visitó lugares extremos y diversos, y acabó transformándose de todas las formas posibles.

No puedo empezar mi narración de otra forma que no sea hablando de mi ciudad natal, Martha's Vineyard, un pueblito sobre la pacífica costa de los

Estados Unidos a principios del siglo XIX. Mis memorias más lejanas están asociadas a comidas simples y predecibles, generalmente guisos, alguna carne de baja calidad y la cerveza o ron que acompañaba esos platos.

Esta rutina cambió radicalmente cuando cumplí 17 años. Recuerdo que una noche, mientras esperaba los alimentos de siempre, noté algo diferente. No estaba seguro de qué se trataba. Un sentimiento de incertidumbre y ansiedad se apoderó de mí. Los recuerdos son borrosos, ya que esa noche el *whisky* y el ron llegaron en cantidades abismales, y poco a poco fui perdiendo el conocimiento. El próximo día no fue mucho mejor. Cuando desperté, sentí algo que nunca antes había experimentado, incluso después de otras noches de borrachera. Todo se movía de un lado al otro; era como si estuviera en un terremoto. La resaca del día anterior se intensificó, y el mareo y la confusión comenzaron a aumentar.

En medio de esos sufrimientos, llegó el horario en que generalmente almorzaba. Si bien estaba muy mareado, la llegada del alimento siempre me hacía sentir mejor. Además, pensé que no me vendría mal reconfortarme con la familiaridad de las refecciones de siempre. Cuál fue mi sorpresa al percibir que esa comida, si bien tenía algunos ingredientes conocidos, como la carne de segunda calidad o las batatas, era diferente. Tal vez fuese algún condimento o la forma de preparación. No tuve mucho tiempo de analizar esos alimentos, ya que el movimiento y el alcohol del día anterior me obligaron a vomitar. Esta situación se repitió por varios días, sin hablar de la diarrea...

En ese contexto, la comida, aquello que siempre había sido motivo de alegría, se volvió nauseabunda y desagradable. Sentía el olor de la carne y el arroz, y no podía evitar retorcerme; no estaba siendo capaz de procesarlos. Intenté con las papas hervidas, pero tampoco lo conseguí. Los vómitos duraron unas semanas y por más que lo intenté, esas provisiones y el movimiento constante me causaban rechazo. El malestar se mezclaba con la sensación de desesperación; no había forma de escapar, sólo esperar.

Por suerte, me fui acostumbrando a esos nuevos víveres y al movimiento constante. Con el paso del tiempo, todo fue tranquilizándose y empecé a reconocer en esas comidas nuevas texturas y sabores que nunca antes había experimentado. Entonces me pregunté qué estaba pasando y si esto continuaría así por mucho tiempo. ¿Sería capaz de aguantar? ¿Conseguiría aprender a que me gustaran?

En ese momento recordé la comida a la que estaba acostumbrado y, de repente, esos alimentos que hasta entonces me habían resultado insulsos, se me presentaron como un banquete que nunca más volvería a probar.

Después de algunos meses, comencé a notar por primera vez diferencias sutiles que antes no había percibido en las comidas. La mayoría de los ingredientes usados parecían haber sido hechos para durar mucho, como carne seca, arroz o bizcochos. Eso me hizo pensar que tal vez estaba en un lugar donde era difícil aprovisionarse, aunque algunas veces había alguna verdura o fruta fresca en los platos, muchas de las cuales nunca antes había probado. También había carnes de diferentes animales con gustos fuertes o suaves. Esos ingredientes nuevos empezaron a mezclarse con los otros, y empecé a asociar a cada uno de ellos al lugar en que me encontraba.

Luego de casi seis meses, mi vida volvió a dar un giro inesperado. Hacía unas semanas que había comenzado a sentir frío, hasta que el mismo se volvió casi insoportable. Ni el invierno más crudo en Martha's Vineyard se comparaba con esto. Lo único bueno que recuerdo, es que junto con esa temperatura cesaron el balanceo y los mareos. A ese clima extraño se le sumaron nuevos ruidos; parecían gritos de algún tipo de animal que nunca antes había escuchado. El sonido era muy fuerte. Imagino que había muchos de esos animales. Ese lugar era tan distinto. Al menos ahora la sensación de movimiento había parado. Sentía como si estuviese de nuevo en suelo firme.

Otro cambio fuerte que percibí fue la comida; algo que nunca olvidaré. Si bien al principio todo parecía "normal"; carne seca con unas batatas y "galleta de marinero" (o sea, *biscuit*), no pude evitar notar que algo era diferente ¿Era el sabor? ¿La textura? ¿Por qué esos alimentos que ya conocía estaban proporcionándome formas diferentes de concebirlos? Así, entendí que una cosa eran los ingredientes con los cuales se preparaban las comidas, y otras las formas de cocinarlos, las formas de consumirlos; en fin, las relaciones que esas comidas mantenían con los lugares y conmigo.

Fue en medio de estas reflexiones que fui sorprendido por algo novedoso durante el almuerzo. Era un tipo de carne, pero nunca antes había probado su textura y sabor. La carne parecía ser roja, con mucho sabor a grasa. Imaginé que el animal debía ser muy grande y gordo. El hambre extrema que estaba sintiendo se mezclaba con el profundo rechazo que este comestible me producía. A veces sentía que se parecía a algo familiar; otras, no. De la misma forma que con los alimentos "conocidos" que me hacían sentir en casa cuando estaba en el barco, pude entender que esa carne implicaba muchas otras cosas y relaciones que iban más allá de su sustancia. Así pasaron los días, fui acostumbrándome a esas provisiones antes desconocidas y comencé a categorizarlas como "comida".

No tardé mucho en decidir que uno de mis platos favoritos era lo que parecían ser las aletas o las patas fritas de ese animal extraño. Me hacían acordar a las viejas alas de pollo que comía en mi infancia y que tanto me gustaban. Había días, sin embargo, en que el frío era tan intenso que no podía digerir esos alimentos y acababa vomitando todo. Una bebida caliente o un ron siempre eran buenos en esos casos.

Después de algún tiempo, semanas o meses, no sé decir bien, desperté nuevamente sintiendo aquel balanceo ya familiar. Entendí que de alguna forma había vuelto a ese lugar en el cual había pasado meses; y me alegré porque eso significaría volver a la rutina alimentaria anterior, con los alimentos más "familiares" y conocidos. Sin embargo, cuando probé la comida, una sensación de desconcierto se apoderó de mí. No estaba sintiendo lo mismo que antes; no sabía si era el sabor, si era el condimento. Finalmente me di cuenta que no era la comida la que resultaba diferente; era yo mismo. Mi experiencia en ese lugar extraño y frío me había cambiado. Mi forma de sentir, de relacionarme con esos alimentos me había transformado. De alguna manera, creo que maduré, me fortalecí y aprendí. Ahora podía asociar lugares, alimentos y sensaciones a contextos diferentes. No tengo dudas de que fue en ese momento que finalmente me transformé en el estómago de un foquero (Fig. 11-1), y todos esos alimentos y experiencias se volvieron parte de mí, y yo parte de ellos (J. C. 2016).

Fig. 11-1: Foqueros preparando una comida.

Recortando para producir sentido:
El *collage* como recurso arqueológico

El *collage* es una técnica artística que consiste en pegar sobre una superficie fragmentos de cosas distintas. La palabra *collage*, que viene del francés, significa "pegar" y remite justamente a la acción que marca la técnica. Quien logre aplicar con cierta destreza esta técnica tendrá ante sí posibilidades creativas prácticamente ilimitadas, ya que tiene entre sus características primordiales eclecticismo y heterogeneidad, que se traducen en una herramienta que permite producir nuevos sentidos.

En el caso de la arqueología, esto constituye un gran aporte: el *collage* se presenta como una técnica que permite construir historias distintas, dejando de lado el "miedo" a crear interpretaciones distorsionadas, que en determinados contextos académicos resultan evidentes. Esto nos libera de los discursos disciplinares cargados de la fantasía de que podemos construir visiones arqueológicas carentes de subjetividad.

Nuestra propuesta de contaminación tiene esta base, una serie de recortes de historias diversas, superpuestas, que se encuentran en el presente para construir nuevos significados. Así, las informaciones arqueológicas se entrelazan con documentos históricos, con nuestras propias historias y subjetividades, en busca de nuevas matrices que permitan dar un soporte narrativo adecuado (Fig. 11-2).

Es justamente la forma de construir estas historias contaminadas lo que nos impregna la memoria, atravesándonos de diferentes modos y fomentando un verdadero trabajo reflexivo. Al liberarnos de modelos preconcebidos respecto de lo que significa "hacer una buena arqueología", un *collage* de historias –como parte de un proceso interpretativo– nos permite adueñarnos de la historia y los discursos asociados a ella. Sin embargo, las diversas narrativas enlazadas en el montaje carecen de significación autónoma: es la manera en que se presentan en conjunto la que aporta su nuevo significado.

De este modo, un punto central del trabajo del arqueólogo consiste en su destreza técnica para maniobrar el recorte, el desplazamiento y la resignificación de estas historias diversas, y la construcción de un determinado sentido. Este tipo de ejercicio práctico, entre otras cosas, puede evitarnos enfrentar la frustración de producir textos aburridos y deshumanizados. Podemos crear historias que tengan unidad de sentido, donde se condensen búsquedas y cuestionamientos críticos.

Fig. 11-2: Componentes de las historias contaminadas en Antártida.

En síntesis, el *collage* como recurso creativo nos permite armar nuevas composiciones (historias) mediante diversos relatos del pasado y el presente, "cortando, moviendo y pegando". Foqueros, arqueólogos, documentos, cultura material, historias, emociones, se transforman en los ingredientes de un pasado/presente contaminado.

Palabras finales

Sin duda la arqueología precisa sacudirnos, sacarnos de nuestra comodidad, para hacernos cuestionar certezas. En consecuencia, no tenemos otra opción más que repensar nuestras convicciones, para terminar cuestionando si no pasan de simples ilusiones.

En este trabajo exploramos formas a partir de las cuales la arqueología puede buscar ese "choque", ese impacto en el lector. Una alternativa para ello consiste en contaminar intencionalmente las historias arqueológicas con fragmentos de nuestro lado humano, ideas, sensaciones, emociones, materializados a través de palabras y narraciones que abandonan los estilos ortodoxos característicos de la disciplina.

En el caso específico de Antártida, integramos estos enfoques para reflexionar críticamente sobre la historia oficial del continente, marcada por grandes héroes y exploradores. Así, la historia de un estómago o de una lágrima se transforman en metáforas que actúan como base de un *collage* de voces relativas a otros grupos, silenciados y marginados de las *master narratives* antárticas. Las historias que buscamos contar sobre el continente austral son diversas, plurales y, sobre todo, contaminadas (Fig. 11-3).

Fig. 11-3: Historias contaminadas.

Agradecimientos

Queremos agradecer a la Universidade Federal de Minas Gerais (UFMG), CNPq y al programa Antártico Brasilero (Proantar) por hacer posible nuestra investigación. Agradecemos también a nuestros colegas del *Laboratorio de Estudos Antárticos em Ciências Humanas* (LEACH) y a Melisa Salerno.

Bibliografía

Binford, L. R. "Archaeology as Anthropology." *American Antiquity* 28, no. 2 (1962): 217–225.

—. *In Pursuit of the Past: Decoding the Archaeological Record*. Londres: Thames and Hudson, 1983.

Bowden, R. "A Critique of Alfred Gell on Art and Agency." *Oceania* 74, no. 4 (2004): 309–324.

Cruz, M. "Aproximaciones a las Prácticas Alimenticias de los Grupos Foqueros (Islas Shetland del Sur, siglo XIX)". Tesis de Licenciatura, Universidad de Buenos Aires, 2011. Ms.

—. "Incorporando Comidas e Contextos. A Alimentação e o Corpo nos Grupos Foqueiros nas Shetland do Sul (Antártica, Século XIX)". Tesis de Maestría, Universidade Federal de Minas Gerais, 2014. Ms

Gell, A. *Art and Agency. An Anthropological Theory*. Oxford: Clarendon Press, 1998.

Haber, A. "*Una Arqueología Indisciplinada.*" En *Primer Congreso Latinoamericano de Antropología*, 359–364. Rosario: Facultad de Humanidades y Artes, 2005.

—. "Un-disciplining Archaeology." *Archaeologies: Journal of the World Archaeological Congress* 8, no. 1 (2012): 55–66.

Hempel, C. G. *Philosophy of Natural Science*. Englewood Cliffs: Prentice-Hall, 1966.

Latour, B. *Reassembling the Social. An Introduction to Actor-Network Theory*. New York: Oxford Press, 2005.

—. *Nunca Fuimos Modernos: Ensayo de Antropología Simétrica*. Buenos Aires: Siglo XXI Editores, 2007.

McGuire, R. *Archaeology as Political Action*. Los Angeles: University of California Press, 2008.

Miers, J. "Account of the Discovery of New South Shetland, with Observations on its Importance in Geographical, Comercial and Political Point of View: with Two Plates." *Edimburgh Philosophical Review* 3 (1920): 367-380.

Miller, D. *Materiality*. Durham: Duke University Press, 2005.

Moreno, P. "Botellas de la Península Byers, Isla Livingston, Shetland del Sur." En *Actas del IV Congreso Argentino de Americanistas*, 207-228. Buenos Aires: Universidad del Salvador, 1999.

Ossoniak Garibaldi, E. *Cronología de los Viajes de las Regiones Australes. Antecedentes Argentinos*. Buenos Aires: Universidad de Buenos Aires Instituto de la Producción, 1950.

Praetzellis, A. *Death by Theory; A tale of Mystery and Archeological Theory*. Lanham: Altamira Press, 2011.

Radicchi, G. A. "Os sapatos lobeiros-baleeiros: práticas de calçar no século XIX nas Ilhas Shetland do Sul (Antártica)" Tesis de Maestría, Universidade Federal de Minas Gerais, 2014. Ms.

Renfrew, C. y P. Bahn. *Arqueología: Teorías, Métodos y Practicas*. Madrid: Akal. 1998.

Richards, R. *The Commercial Exploitation of sea Mammals at Iles Crozet and Prince Edward Islands before 1850. Polar Monographs 1*. Cambridge: Scott Polar Research Institute, 1992.

Rossi, P. *El Pasado, la Memoria, el Olvido. Ocho Ensayos de Historia de las Ideas*. Buenos Aires: Nueva Visión, 2003.

Salerno, M. *Arqueología de la Indumentaria: Prácticas e Identidad en los Confines del Mundo Moderno (Antártida, siglo XIX)*. Buenos Aires: Del Tridente/ Panorama Gráfica y Diseño, Colección Científica. 2006.

—."Persona y Cuerpo–Vestido en la Modernidad: Un Enfoque Arqueológico". Tesis de Doctorado, Universidad de Buenos Aires, 2011. Ms.

—. "Sealers Were not Born but Made: Sensory–Motor Habits, Subjetivities, and the Nineteenth-Century Voyages to the South Shetland Islands". En *Coming to Senses: Topics in Sensory Archaeology*, editado por J. R. Pellini, A. Zarankin y M. Salerno, 11-20. Newcastle upon Tyne: Cambridge Scholars Publishing, 2015.

Salerno, M. A. y A. Zarankin. "En Busca de las Experiencias Perdidas. Arqueología del Encuentro entre los Loberos y las Islas Shetland del Sur (Antártida, Siglo XIX)". *Revista Vestigios* 8, no. 1 (2014), 129-158.

Senatore, M. X. "*Reflexiones sobre los Europeos en Patagonia.*" En *Desde el País de los Gigantes. Perspectivas Arqueológicas en Patagonia*, editado por J. Belardi, F. Carballo y S. Espinosa, vol. 1, 269–282. Río Gallegos: Universidad Nacional de la Patagonia Austral, 1999.

Senatore, M. X., A. Zarankin, M. A. Salerno, I. V. Valladares y M. J. Cruz. "Historias Bajo Cero. Arqueología de las Primeras Ocupaciones Humanas en la Antártida". En *Arqueología del Extremo Sur del Continente Americano*, editado por L. A. Borrero y N. V. Franco, 251–283. Buenos Aires: Editorial Dunken, 2008.

Senatore, M. X. y A. Zarankin. "Arqueología Histórica en Antártida. Avances en la Investigación." En *Actas del II Congreso Argentino de Americanistas*, Tomo II, 585-603. Buenos Aires: Sociedad Argentina de Americanistas, 1999.

Shanks, M. e I. Hodder. "Processsual, Postprocessual and Interpretive Archaeologies." En *Interpreting Archaeology; Finding Meaning in the Past*, editado por I. Hodder, M. Shanks, A. Alexandri, V. Buchli, J. Carman, J. Last y G. Lucas, 3–29. London: Routledge, 1995.

Shanks, M. y C. Tilley. *Social Theory and Archaeology*. Oxford: Polity Press, 1987.

Sila, H. *La Pesca y Caza de Lobos y Anfibios. La Real Compañía Marítima de Pesca en Deseado (1970-1807). Historia Marítima Argentina*, tomo IV. Buenos Aires: Departamento de Estudios Históricos Navales, Armada de la Republica Argentina, 1985.

Sinclair, A. "This is an Article about Archaeological Writing." *Archaeological Review from Cambridge* 8 (1989): 212–33.

Stackpole, E. *The Voyages of the Huron and the Huntress: the American Sealers and the Discovery of the Continent of Antartica*. Mystic: The Marine Historical Association, 1955.

Stehberg, R. y V. Lucero. "Contexto Arqueológico del Hallazgo de Restos Humanos en Cabo Shirref, Isla Livingston." *Serie Científica del Instituto Antártico Chileno* 45 (1985a): 59–66.

—. "Arqueología Histórica de la Isla Desolación. Evidencias de Coexistencia entre Cazadores de Lobo de Origen Europeo y Aborígenes del Extremo Sur Americano, en la Segunda Década del Siglo Pasado." *Serie Científica del Instituto Antártico Chileno* 45 (1985b): 67–88.

Stehberg R. y L. Nilo. "Procedencia Antártica de dos Puntas de Proyectil." *Boletin Antartico Chileno* 3, no. 1 (1983): 2–21.

Thomas, J. "Materiality and the Social." En *Archaeological Theory: Contextual Voices and Contemporary Thoughts*, editado por P. P. Funari, A. Zarankin y E. Stovel, 11–18. New York: Kluwer Academic/Plenum Publishers, 2005.

Trigger, B. *Historia do Pensamento Arqueológico*. São Paulo: Odysseus, 2004.

Zarankin, A. "A persistência da memória? histórias não-lineares de arqueólogos e foqueiros na antártica". Revista de Arqueologia (Sociedade de Arqueologia Brasileira) v. 27 (2014): 36-45.

—. "Archaeology of a Tear: Delusions in a Tent in a Stormy Day in Antarctica". En *Coming to Senses: Topics in Sensory Archaeology*, editado por J. R. Pellini, A. Zarankin y M. Salerno, 11-20. Newcastle upon Tyne: Cambridge Scholars Publishing, 2015.

Zarankin, A. y M. Salerno. "So Far, So Close. Approaching Experience in the Study of the Encounter Between Sealers and the South Shetland Islands (Antarctica, Nineteenth Century)". En *Antarctica and the Humanities*, editado por R. Peder, L.M. Van der Watt y A. Howkins, 79-103. Nueva York: Palgrave Macmillan UK, 2016.

Zarankin, A. y M. X. Senatore. "Archaeology in Antarctica, 19th century capitalism expansion strategies". *Internacional Journal of Historical Archaeology*, V.9, no 1 (2005):43-56.

—. *Historias de un Pasado en Blanco. Arqueología Histórica Antártica*. Belo Horizonte: Argumentum, 2007.

—. "Storytelling, Big Fish e Arqueologia. Repensando o Caso da Antartida." En *Tempos Ancestrais*, editado por W. Morales y F. Moi, 281–301. São Paulo: Annablume, 2013.

Zarankin, A., S. Hissa, M. Salerno, Y. Froner, G. Radicchi, L. G. Resende de Assis y A. Batista. "Paisagens em Branco: Arqueologia e Antropologia Antárticas– Avanços e Desafios". *Vestígios* 5, no. 2 (2011): 9–51.

Capítulo Doce

El ingrediente secreto:
La memoria en el cocinar y el comer

María Marschoff

Aunque no todos disfrutemos de cocinar, creo que la mayoría sabemos apreciar un buen plato de comida. En este capítulo, una suerte de ensayo gastronómico, exploro los vínculos entre las múltiples experiencias sensoriales involucradas en el cocinar, el comer y la memoria. Busco poner en juego mi propia subjetividad y experiencia con la de personas del pasado que disfrutaban de las mismas cosas. Espero que el lector logre involucrarse también en este mundo de sabores, movimientos y recuerdos.

Introducción

¿Soy una arqueóloga a la que le gusta cocinar o una cocinera devenida arqueóloga? Esa es una pregunta que por momentos no puedo responder. Y por eso aclaro, desde un principio, que es desde ese lugar ambiguo de mi propia identidad, gustos y actividades diarias que escribo este ensayo. Además, si bien este texto lo he escrito yo, contiene una serie de reflexiones, deducciones y comentarios de enseñanzas y experiencias que no son mías, sino de cuatro cocineros del pasado a quienes admiro mucho.

Los tres primeros son realmente de épocas antiguas, ya que vivieron y escribieron entre los siglos XV y XVIII. Sus libros, leídos y releídos innumerables veces, así como también analizados y discutidos por varios investigadores, fueron los *best-sellers* de cocina en España hasta el siglo XIX inclusive. Los leí por primera vez cuando estaba preparando mi tesis de licenciatura, ya que pensaba que me iban a indicar cómo ocurrieron los cambios en la culinaria hispana y qué sentido adoptaron. Y efectivamente pude hacer una serie de deducciones, a mi entender interesantes, siguiendo esa línea. En este ensayo me he vuelto a reencontrar, más de 10 años después, con estos cocineros desde otra lectura, una que presta más atención a la forma en que cuentan sus experiencias en la cocina y, a partir de ella, sus vínculos con la/s memoria/s.

La cuarta cocinera era una mujer, y nada de lo que he escrito y escribo sobre alimentación y cocina habría sido posible sin ella, mi abuela Elvira. Ella no sólo me enseñó a cocinar antes de haber aprendido incluso a leer; más importante aún, me transmitió el placer que reside en esta actividad tan creativa y me dio permiso para explorar por mi cuenta. Si al lector le gusta cocinar, y tiene además la fortuna de que ese aprendizaje práctico haya sido iniciado de la mano de un maestro muy querido, va a poder entender perfectamente a qué me estoy refiriendo. Pero si resulta que quien lee esto es una de esas personas que detesta la cocina y ama el *delivery* espero que, si tiene la paciencia de leer hasta el final, pueda ver con otros ojos esta actividad cotidiana y quizás, sólo quizás, se anime a intentarlo.

Memoria en la cocina y memorias de cocina: Libros culinarios antiguos

El libro de Ruperto de Nola fue el primer libro de cocina publicado en España, pero no en castellano, sino en catalán, en 1520. Poco se sabe de este cocinero, salvo que era oriundo de la región de Aragón y que trabajaba en Italia (que en ese momento era el centro de innovación culinaria) para el rey Fernando I. Su obra se llamó *Libro de guisados, manjares y potajes intitulado Libro de cocina*. Francisco Martínez Montiño también fue un cocinero de los llamados cortesanos, ya que era jefe de cocina de Felipe II y sus sucesores, aunque no se sabe de qué región provenía. Su libro, *Arte de cozina, pastelería, vizcochería y conservería*, junto con el de Ruperto de Nola, fue citado como autoridad en el primer diccionario de la Real Academia Española. Este trabajo fue el de más popularidad, ya que habiendo sido editado en 1611, se siguió publicando hasta al menos 1822. En 1745 se publicó otro libro que, llamativamente, se intituló *Nuevo Arte de Cocina*. Su autor fue un monje franciscano que firmó su obra como Juan Altamiras, y también era de Aragón. La obra pretendía ser diferente a las otras, como lo indicaba el adjetivo "nuevo" del título. Según el monje, ello era porque intencionalmente presentaba preparaciones más económicas que las de los "cocineros de monarcas", como él los llamaba, que lo antecedían. El libro estaba dirigido a los religiosos que recién comenzaban en la cocina, pero también "... quisiera fuese de alguna utilidad al bien común, y más principalmente a gente de economía" (Altamiras 1994: 45).

Los tres autores indicaron qué los llevó a escribir sus libros, presentaron su "currículum"; es decir, explicaron por qué se consideraban con autoridad para escribir sobre cocina y enumeraron las características de un buen cocinero. En las tres introducciones aparece la noción de memoria, pero en contextos distintos y con significados diferentes.

Para ellos, la cocina era un arte y escribieron sus libros con objetivos didácticos explícitos. En el caso de Ruperto de Nola, decía haber emprendido la tarea de redactar su obra por orden de su Majestad, "... porque quedase de mí alguna memoria a mis criados..." (De Nola 1997: 231), ya que nadie conocía el gusto de su señor como él, que tenía una práctica de años a su servicio. El libro tenía el fin práctico de enseñar cómo satisfacer a una persona particular, pero las sucesivas adiciones a la introducción (específicamente las realizadas entre 1520 y 1529) ampliaron el público a quien estaba dirigido. Para de Nola, el buen cocinero debía ser ante todo limpio, también debía conocer el gusto del señor para quien cocinaba, tener las manos recias, estar dotado de buen entendimiento y cierta dosis de creatividad; además, no debía temer ni enojar al fuego o el humo. En definitiva, para este autor, escribir el libro era dejar memoria; era la forma de seguir sirviendo a su señor desde la tumba.

A Francisco Martínez Montiño también lo instaron a embarcarse en la tarea de redactar su libro. En la introducción escribió: "El intento que he tenido en escribir este librito, ha sido no haber libros por donde se puedan guiar los que sirven el oficio de la cocina, y que todo se encarga a la memoria: solo uno he visto y tan errado, que basta para echar a perder a quien usare de el..." (Martínez Montiño 1611: I). Se refería probablemente al libro de Diego Granados, con quien evidentemente tenía una cierta disputa, porque no hacía más que indignarse con él a lo largo de toda su obra (aunque decía no conocerlo personalmente). Montiño escribió porque le gustaba enseñar, para que sirviera a los más inexpertos, a los aprendices. Además de sus años al servicio del Rey, garantizaba que todo lo que escribía no fallaba porque "... son cosas mías, y ninguna escrita por relación de nadie, y muchas de ellas son de mi inventiva..." (Martínez Montiño 1611: IV) y las había experimentado personalmente. Para Montiño, el buen cocinero debía ser limpio (en su persona, en primera instancia, así como en su cocina), tener gusto (no necesariamente se refería al del señor, como de Nola), presteza, disposición y entendimiento. Y también memoria, en el sentido de qué cosas había que tener en cuenta para cada una de las preparaciones que se estaba ejecutando de manera simultánea. La memoria a la que refiere este autor no es exactamente la misma de la que habla de Nola: acá se trata de recordar cómo se hacen las cosas y, en este sentido, el libro es una ayuda; pero la obra también habla de la memoria y atención que hay que tener ante lo que se está haciendo en un determinado momento.

Juan Altamiras, como buen religioso, fue harto humilde en su introducción. Se puede colegir que se hizo cargo de la cocina por obediencia más que por vocación, y no tuvo quien le enseñara. Para que eso no le sucediera a otros decidió escribir su "cartilla", consultando amigos de experiencia y habiendo "...leído Libros y Manuscritos en la materia, y la aplicación y ejercicio me ha dado luz para esta pequeña Obra..." (Altamiras 1994: 45). Para él, un buen cocinero debía ser extremado en su limpieza (su vestimenta, lo que guisara y la cocina) y ordenado; debía "... guardar en memoria la especie, número y tiempo, que tienen sus manjares en el fuego, para cocerse, no sea que su olvido, y la voracidad del fuego los consuma" (Altamiras 1994: 46). No debía fiarse sólo de su habilidad ni ser presumido, y finalmente debía ser económico y concienzudo en el gasto. Con Altamiras queda muy claro a qué se refería Montiño con memoria: atención a lo que se está haciendo.

Resumiendo, dos sentidos de **memoria** emergen de las introducciones. Los tres cocineros son conscientes de que su obra, su arte, se consume y desaparece. Lo que "la memoria de mí" de Ruperto de Nola nos está indicando es esa búsqueda por "fijar" lo que ya ha desaparecido a través de la posibilidad de replicarlo. Esto se vincula a la noción de memoria de Montiño, la **memoria de lo hecho**; no sólo para que otros puedan replicarlo, sino que también constituye una memoria para uno mismo, un recuerdo. Otro sentido de la palabra memoria, usado tanto por Altamiras como por Montiño, podríamos decir que es de más corto plazo. Con él, los cocineros nos introducen en la práctica misma del arte y nos advierten que hay que tener memoria, **prestar atención**, a todas las actividades que están ocurriendo simultáneamente en la cocina. En las secciones siguientes me gustaría explayarme un poco en las implicancias y la forma en que estos dos últimos tipos de memoria aparecen en los libros.

Cocinar: el arte de narrar experiencias culinarias y la memoria

Quisiera que hagamos un experimento: a continuación transcribo una preparación de cada uno de estos cocineros y agrego una cuarta, sacada de un sitio *web* de cocina actual. Las he elegido porque me parecen representativas del estilo en que están escritas casi todas las preparaciones de estos libros antiguos y la mayoría de las recetas de cocina publicadas en la República Argentina actualmente. Me gustaría que las leamos con cuidado e intentemos imaginar lo que está pasando en cada cocina y el tipo de preparación que resulta.

Ruperto de Nola (1529): Cazuela de carne

"Has de tomar la carne y cortarla a pedazos tamaños como una nuez, y sofreirla con gordura de buen tocino; y después de bien sofreída echarle buen caldo; y cueza en una cazuela, y echarle de todas salsas finas y azafrán y un poco de zumo de naranja o agraz; y cueza muy bien hasta que la carne se comience a deshacer y que quede solamente un poco de caldo: y tomar entonces tres o cuatro huevos batidos con zumo de naranjas o agraz, y échalo en la cazuela, y cuando quisieres comer, darle cuatro o cinco vueltas con un cucharón, y luego se espesará, y desque esté espeso apartarlo del fuego, y hacer escudillas; y sobre cada una echar canela. Empero, algunos hay que no quieren echarle huevos ni salsa sino sola canela y clavos y cuezan en la carne, como arriba dije: y échale vinagre porque tenga sabor; y así mismo hay otros que toda la carne la ponen entera en una pieza llena de canela y de clavos enteros, y en el caldo salsas molidas, y esto hase de volver de rato en rato, porque no cueza más de un cabo que de otro; y así no es menester sino clavos y canela, y esto de buena manera."

Francisco Martínez Montiño (1611): Artaletes de ave

"Tomarás para un plato dos pechugas de aves, y harás las chulletas muy delgadas; de manera, que de cada pechuga hagas ocho, o diez chulletas, y golpearlas con la vuelta del cuchillo: y tendrás dos docenas de huevos cocidos duros, y sacarles has las yemas, y pícalas sobre el tablero, y picaras un poco de hierbabuena, y echársela has; y sazonarás con pimienta, y nuez, y jengibre, y cuatro yemas de huevos crudos, y un poco de zumo de limón, y un poco de sal. Luego pondrás las chulletas tendidas sobre el tablero, y picarás un poco de tocino gordo muy picado y pondrás un poquito sobre cada una de ellas, y tenderlo has por toda la chulleta: luego echarás del batido de las yemas de huevos, y arrollarlas has cada una de por sí: y así harás todos los artaletes. Luego tomarás unas broquetillas de caña muy delgadas, y iráslos metiendo de cuatro en cuatro, y ponlos en una tortera, untada con manteca, y cúbrela con su cobertera: y echa lumbre abajo y arriba, y cuézanse. A este relleno podrás echar azúcar, y canela, si quisieres, y un poco de pasta de mazapán, mezclado con los huevos, y sírvelos sobre una sopilla dorada: y si no fueren dulces basta mojar la sopilla con un poco de caldo, y un poco de agrio, sin huevos, ni otra cosa. He puesto esta manera de artaletes, no porque son los mejores, sino porque son los que su Majestad come mejor."

Juan Altamiras (1745): Zanahorias

"Es comida simple, y bestial; si te gustan las zanahorias, las pondrás a cocer con agua, y sal, y las harás rajas; con cebolla frita las pondrás en una cazuela, y sazonándolas de todas especies, y sal, las echarás agua caliente hasta cubrirse; las pondrás dulce de azúcar, o miel, y vinagre, que estén bien dulces, y agrias; luego freirás un poco de harina, que este bien quemada, la desatarás con el mismo caldo de las zanahorias, y se trabará en un hervor, con que de alimento brutal pasará a racional sustento, siempre ingrato, y de poca substancia."

Anónimo (2015): Pastel de papas

"Ingredientes
- 1 kg. de Papas Blancas
- 1 kg. de Carne Picada
- 250 ml. de Leche
- 25 grs. de Manteca

- 1 Ají Colorado
- 2 Cebollas
- 80 grs. de Aceitunas verdes
- ½ Taza de Pasas de uva
- 3 Huevos Duros
- 1 Huevo
- 100 grs. de Mozzarella o Queso Cremoso
- Sal y Pimienta"

Pelar, cortar y hervir las papas con una pizca de sal gruesa. Una vez que estén bien blandas, colarlas, colocarlas nuevamente en la olla y pisarlas. Agregar la manteca, la leche, sal y pimienta. Mezclar bien a fuego bajo, y revolver.

En otra olla dorar con aerosol vegetal el ají y las cebollas bien picados, con una pizca de sal. Apenas salteado agregar la carne y volver a agregar sal. Mezclar bien y revolver a cada rato. Una vez precocida la carne agregar las aceitunas picadas, las pasas de uva previamente hidratadas en agua, y el huevo duro cortado en trozos pequeños. Cocinar 5 minutos más y retirar todo el líquido de la preparación.

Colocar la mezcla de la carne sobre una fuente con el piso enmantecado. Agregar el huevo previamente batido, y aplastar bien la preparación contra el fondo. Encima de la carne colocar el puré de papas y colocar encima el queso o mozzarella. Llevar a horno medio durante 30 minutos o hasta que el queso se dore bien."

¿Con cuál pudieron imaginarse cocinando? ¿Cuál resulta más fácil de llevar a cabo? Personalmente, a la primera pregunta tengo que responder que con las preparaciones antiguas; y a la segunda, con la moderna. Ahora,

¿por qué tengo esa sensación? En realidad, ¿por qué tengo esa sensación a pesar de la distancia temporal, lingüística, técnica y de sabores que existe entre mi práctica culinaria y la de estos tres cocineros?

Creo que esta cuestión se relaciona con la forma en que cada una de estas cuatro preparaciones está escrita. Una de las primeras apreciaciones que salta a la vista es que los cocineros antiguos se permiten hacer comentarios personales, especialmente Altamiras en el ejemplo elegido. Eso definitivamente vuelve más interesante lo que escriben; lo "humaniza", si se quiere. Nos da la sensación de que quien escribe es otra persona como uno. No hay lista de ingredientes al principio. Existe una suerte de suspenso, y no es hasta el final que nos enteramos del aspecto final de la preparación y que podemos imaginar su sabor.

Pero, y creo que esto es muy importante, las preparaciones antiguas usan la forma imperativa de la segunda persona en casi todos los verbos (aunque Montiño y Altamiras usan ocasionalmente la primera persona). Con el imperativo los autores nos involucran en lo que sucede; nos ordenan, como si fuésemos sus aprendices, qué hay que hacer. De hecho, nos instan a hacerlo. Aunque, si quisiésemos llevarlo a cabo, tendríamos que releer la descripción con cuidado. En cambio, con la receta moderna (más allá de que entendamos mejor a qué cosas refiere) organizarse es más fácil. La lista de ingredientes al principio, el paso a paso impersonal en infinitivo (a pesar de que en otros países de habla hispana se usa el imperativo), todo está claro desde una primera lectura, sin suspenso, sin emoción, sin comentarios personales. Hacer la preparación depende de nuestra voluntad, no hay invitación ni orden a probarlo, a experimentarlo.

En algunos casos, pocos como dije, los cocineros antiguos también usan la primera persona, especialmente cuando refieren a sus experiencias personales y/o a sus opiniones. Por ejemplo, Montiño, refiriéndose al laurel, dice "… por eso uso pocas veces de él, y de romero ninguna, sino es para enramar, porque son cosas muy fuertes, y suelen echar a perder la vianda" (Martínez Montiño 1611: 104) o "Los nabos no es muy buena potajería: yo trato de ellos de mala gana" (Martínez Montiño 1611: 158v). Cuando lo noté, intenté redactar alguna de mis propias "creaciones" culinarias. Obviamente, resultaron descripciones al estilo de la cuarta receta. Pero me di cuenta que cuando recordaba cómo hacía la preparación, para luego escribirla, surgía un relato parecido al de los cocineros antiguos, que yo después transformaba en oraciones en infinitivo y en una lista de ingredientes. Y es que las preparaciones de Ruperto de Nola, Montiño y Altamiras son, en realidad, sus recuerdos de cómo las elaboraban, "en crudo", o más "en crudo" que cuando yo transcribo mis preparaciones en un formato que me es habitual.

Otro de los indicios que apuntan a que las descripciones antiguas son recuerdos es que si los cocineros se olvidan de algo (un ingrediente o un consejo práctico), aunque ya esté terminada la enumeración de pasos, lo agregan. Es a partir de estos indicios que me animaría a decir que estos escritos son la narración del recuerdo de acciones que llevaron a la creación de una preparación; no son recetas. Es este uno de los sentidos de memoria que mencioné arriba, y que Montiño destaca como necesario para la actividad culinaria: recordar cómo se hacen las cosas, aunque haya pasado mucho tiempo desde la última vez que se hicieron.

El formato antiguo para describir la forma de preparar las comidas que ha quedado por escrito se asemeja también a la forma que uno usa hoy día para trasmitir una receta de cocina oralmente: "Hervís los cabos de acelga, los pasás por huevo batido y después por harina. Después agarrás y los freís. Y listo". Esa es una receta de mi abuela (¡que encontré también en el libro de Altamiras!). Cuando leo los libros antiguos de cocina, que usan el imperativo, no puedo evitar recordarme ayudándola en la cocina: "Traé eso, limpiá aquello, ahora cortá lo otro…". Es por eso que a mi entender, lo que en los libros de cocina antiguos se lee son los recuerdos de los cocineros, escritos en el formato didáctico que les era más conocido: el oral, la enseñanza en vivo, personal y en la práctica.

Otra de las diferencias importantes que se observa, y que también hace a que lo que escribieron los autores antiguos sean preparaciones y no recetas, es la ausencia casi total de unidades de medida de tiempo, peso, temperatura, etc. Muy pocas están indicadas en cada uno de los libros, y sólo para el caso de preparaciones "emblemáticas", como el manjar blanco del que voy a escribir un poco en la sección que sigue. Estas mínimas referencias nos indican que, excepto la temperatura, el tiempo (en horas o en "padrenuestros"), los líquidos y los sólidos (adarmes, libras, escudilla, proporciones relativas, etc.) podían medirse de forma precisa en aquella época. Sin embargo, la medición es algo que recién empezó a aparecer regularmente en los libros de cocina en el siglo XIX. ¿Si pueden, por qué entonces no lo indican? Porque la mayoría de las veces lo dejan al criterio del que los lee o porque suponen que el lector se las va a arreglar por sí mismo.

De hecho, así lo dejan en claro. De Nola (1997: 288) sólo libra al criterio del lector algunos condimentos y el echar dulce en las preparaciones: "... no hay necesidad de echar sobre las escudillas azúcar; empero nunca el azúcar daña la vianda, y en esto está el primor; que cada uno hace según su gusto". Montiño y Altamiras también dejan esa elección al que va a cocinar. Pero, además, Montiño tiene frases como "... echarás membrillos cortados largos, como quien corta cebolla larga..." (Martínez Montiño 1611: 35v) o "... harás un batido como para hacer ostias, luego calentarás un poquito de manteca en una sartén como para hacer una tortilla de huevos: y cuando esté caliente echa el batido dentro en la sartén..." (Martínez Montiño 1611: 121v). Con esas indicaciones que refieren a otras preparaciones, el autor apela directamente a la experiencia culinaria de quien lo lee. Tanto Montiño (1611: 90v), cuando dice "... podrás hacer fruta de masa, haciendo bollos un poco más delgados: y luego cortarlos de la manera que te pareciere...", como Altamiras (1994: 52) cuando señala "... hazte cargo de especies, y demás recado, proporcionándolo al guisado, y su cantidad, porque no te puedo dar regla fija, y se queda a tu prudencia", hacen explícito este supuesto de que quien los lee tiene un criterio basado en experiencias previas. Un conocimiento práctico que siempre se acrecienta, tal como señala Montiño (1611: 91): "Quiero dejar agora los bollos, porque se pueden hacer de tantas maneras que sería cosa muy larga: y sabiendo hacer los que tengo dicho, siempre el oficial hace algo más de lo que le enseñan". De este modo, estos autores antiguos nos involucran de manera directa, nos invitan a participar y aprender, dejando a nuestro criterio algunas cosas y apelando a nuestra experiencia. Nuestra experiencia práctica como cocineros, pero también como comensales, como se pudo ver.

A mi entender, cada preparación que describen estos tres cocineros es un recuerdo, relatado con el propósito de ser didácticos, "como si" fueran instrucciones orales, en un tono de escritura que busca involucrar al lector –a quien se considera alguien con experiencia (aunque sólo sea como comensal)– e instalo a que haga la preparación. En el momento de lectura, la memoria de los autores y la nuestra entran en diálogo, sensación que se diluye en la forma de redacción moderna de recetas de cocina. Son memorias de formas de hacer, prácticas, sabores, olores, temperaturas; son recuerdos de experiencias sinestésicas. Y es ahí donde surge el vínculo con el otro tipo de memoria que los autores mencionan en las introducciones a sus libros.

Esta memoria práctica, la de ellos y la nuestra, que entra en juego al leer las preparaciones, involucra memorias del cuerpo. Refiriéndose a unas rebanadas de pan conservadas, Montiño dice que "... aunque son un poco dificultosas, después que hayas hecho la experiencia, las harás con mucha facilidad" (Martínez Montiño 1611: 281v). Otro ejemplo de Altamiras indica que: "... pondrás más fuego en la parte superior, que inferior (ya supongo, que las has de haber cubierto)..." (Altamiras 1994: 105). Es el tipo de memoria que impide cortarse cuando uno está picando cebolla, y entra en juego cuando prestamos atención. Y es que cocinar algo es prestar atención no sólo a uno mismo, sino también a que la preparación no se queme, a que tenga la consistencia justa, el sabor adecuado. Eso requiere de una atención corporal más que "mental", si se quiere. Porque ¿cómo sabemos que algo está lo suficientemente espeso? Por la resistencia que hace la cuchara al revolver. ¿Cómo saber cuando una carne está lista? Porque al cortarla no presenta el color de la carne cruda, pero, ¿cuándo están listas una sopa o una salsa? Eso es más difícil de responder si no se está siguiendo una receta (con minutos preestablecidos). En las preparaciones sin receta, como las antiguas, uno saca algo del fuego en un determinado momento y ya está; salió bien o mal, pero está listo.

Son las falencias en mi memoria corporal, mi falta de experiencia práctica con el mundo culinario de esa época, lo que hace que no pueda entender algunas preparaciones. Por ejemplo, aún no logro captar esta parte de la preparación de una fruta de sartén: "... ve haciendo rollitos delgados, como cera hilada; luego tomarás uno de estos rollitos, y retorciendo con los dedos, cogiéndo la puntilla, y torciendo saldrá un prestiño de la hechura de un piñón..." (Martínez Montiño 1611: 130). El problema es que nunca he hecho, ni visto, ni probado, un pestiño del siglo XVII o actual. Pero mucho de lo que escriben sí logro inteligirlo cuando pongo en juego mi experiencia y mi memoria corporal. En la sección que sigue me voy a centrar en dos aspectos de la cocina de los siglos XVI al XVIII que, a mi entender, son muy característicos y en cierta forma la definen: la consistencia y los sabores; particularmente, el uso de condimentos. Estos aspectos permiten ampliar el sentido de memoria que se entremezcla en la cocina.

Comer: Un festín de los sentidos

Estos libros abundan en descripciones sensoriales y permiten rastrear a lo largo de tres siglos los cambios y continuidades de sabores, consistencias y formas de hacer –muchos de los cuales nos acompañan hoy en nuestra vida. ¿Cómo caracterizar la culinaria de estos tres libros? Por culinaria me refiero específicamente al tipo de comidas y sabores que mejor los definen. En otros trabajos me dediqué a cuantificar diferentes ingredientes y formas de prepararlos (algunas conclusiones serán resumidas acá), pero el sabor es algo más difícil de establecer. En tanto no hay indicaciones específicas de cantidades, lo que sigue respecto al gusto de las comidas es aproximado. También hay que tener en cuenta que los tres autores escriben en una época en la que leer y escribir (y adquirir libros de cocina) es una capacidad restringida a ciertos grupos de la sociedad. Sin embargo, sus lectores no son las élites que jamás cocinaron, sino un conjunto intermedio de personas alfabetizadas que no necesariamente se restringe a los "profesionales del rubro".

Empecemos con los ingredientes más nombrados, antes de ocuparnos de los sabores. Las carnes de diferentes animales terrestres, incluyendo algunos que hoy no comeríamos (como gatos o cisnes), son la base de la mayoría de las preparaciones de los tres libros. De hecho, la proporción de recetas a partir de aves y mamíferos aumenta con el tiempo en relación al pescado, lo que indica un relajamiento de las prescripciones religiosas (hay que recordar que las restricciones alimentarias del calendario eclesiástico eran importantes). Por otro lado, se observa que la proporción de recetas que tienen hortalizas y legumbres como ingredientes principales aumenta, así como también la diversidad utilizada de este tipo de productos. Este hecho suele vincularse a una revalorización de los productos vegetales, que durante la Edad Media se asociaban al campesinado, a la comida de los "pobres", no apta para el estamento "noble y guerrero", ligado a la carne y a la caza. En este sentido, no llama la atención que los productos americanos llevados a Europa (que fueron, sobre todo, de origen vegetal), recién figuren en el libro de Juan Altamiras publicado en el siglo XVIII.

Estas nociones y asociaciones se remontan incluso al origen de la culinaria europea, una mezcla de la "civilización" romana agricultora y los "bárbaros" invasores y carnívoros. La división entre carne y verdura sigue vigente en la cultura alimentaria contemporánea, pudiéndose citar numerosos ejemplos (desde las tendencias e ideologías relacionadas al vegetarianismo; a la tradición del "asado argentino", donde los hombres son los que prototípicamente hacen el asado, mientras las mujeres se ocupan de las ensaladas).

Pero me interesa más centrarme en el sabor de las comidas (sin considerar las preparaciones exclusivamente dulces), para lo cual es necesario analizar el uso de condimentos. Este uso va más allá del sabor como lo entendemos hoy en día, y se enlaza –al igual que todos los alimentos– a una dietética que incluso hasta el siglo XIX sigue vinculada a la "teoría de los humores" y a una serie muy cuidada de combinaciones recomendables para cada tipo de persona y dolencia. Se pueden distinguir varios conjuntos de sabores en estos libros: por un lado, lo salado (agregando sal) y lo dulce (azúcar o miel); por otra parte, lo agrio y lo ácido (vinagre, limón, naranja, agraz, vinos, jugo de tomate, etc.). Además se utilizan "especias finas", como las llama Altamiras, incluyendo las que se incorporan secas y molidas, generalmente de origen importado (pimienta, canela, jengibre, clavo, nuez moscada, cardamomo, azafrán, etc.), y las "especias bastas", provenientes de la huerta, frescas o secas (cilantro, hierbabuena, ajo, perejil, mejorana, orégano, etc). En los libros antiguos estos cinco conjuntos de sabores se combinan entre sí, utilizándose un mínimo de dos de ellos por preparación.

Pero, ¿qué sabores se prefieren? De Nola, el más antiguo, indica de forma pareja el uso de sal y/o azúcar o miel (en alrededor del 60% de las preparaciones). Con el paso del tiempo, Montiño en 1611 señala más veces el uso de sal que el de endulzantes, lo que se acentúa aún más en el libro posterior de Altamiras. Lo agrio-ácido frecuentemente se incorpora con lo dulce. Es interesante que esta combinación de agridulce es el único sabor sobre el que los autores comentan explícitamente. Así, por ejemplo, recomendando una salsa para pájaros pequeños asados a personas enfermas, Montiño dice: "... porque todo lo que es agridulce es muy buen gusto" (Martínez Montiño 1611: 64v). Altamiras también se hace eco de esta asociación en una salsa para pavos asados: "... y para enfermos, porque los más gustan de ella, pues todo lo agridulce es muy gustoso" (Altamiras 1994: 76). En general, los alimentos de buena calidad, y en particular, las aves y lo agridulce, se recomiendan a enfermos en las teorías dietéticas de la época; pero en estos comentarios además se trasluce que lo agridulce también era un sabor placentero para las personas sanas.

Mucho se ha escrito (ver la lista al final de este capítulo) sobre el rol de las especias en la cocina de esas épocas y sus consecuencias, que derivan incluso de los viajes de Cristóbal Colón y el "descubrimiento" de América. Se ha explicado de varias formas la funcionalidad de las especias en las comidas, pero aquí no me interesa discutir para qué las usaban sino que evidentemente les gustaba agregarlas a sus alimentos de la forma en que lo hacían. Los tres autores usan especias en casi todas sus preparaciones, muchas veces más de una o en combinación con hierbas frescas o secas, sal, dulce y agrio.

Ruperto de Nola es quien usa una mayor diversidad de especias (a las que se suma también el agua de rosas y de azahar). Si bien el azafrán, el comino y el anís ya se producían en España en el siglo XVI, la mayoría de estas especias era importada. De las catorce que lista, las que menciona más veces son la canela, el jengibre, la pimienta y el clavo de olor, adicionándose a todo tipo de preparaciones (carnes, pescados, verduras). A pesar de ser el más antiguo, este autor es el único que ofrece proporciones exactas en las que estas especias deben ser combinadas en lo que él llama "salsas". Un análisis realizado por Juan Cruz Cruz (1997), quien escribió la introducción a la edición del *Libro de guisados,* compara las diferencias entre la edición en catalán y en castellano, observando que de una a la otra cambian las proporciones de jengibre y canela, predominando en la edición más moderna la canela. Cruz Cruz encuentra dos posibles explicaciones: por un lado, que en el ámbito castellano se haya preferido la canela, y por el otro, que el jengibre haya sido menos usado en el Renacimiento que en la Edad Media. En lo que respecta al uso de hierbas, indica una diversidad igual a la de especias, pero las menciona tres veces menos. Entre sus hierbas "favoritas" se encuentran en primer lugar el cilantro, luego el perejil, la hierbabuena y la mejorana.

El libro de Montiño, pese a ser el que mayor cantidad de preparaciones diferentes y variantes contiene, es, de los tres, el que más deja al albedrío del lector el uso de las especias. Para una determinada comida sólo indica las que considera principales, las que marcan el sabor, y deja las accesorias sin determinar. Pimienta, canela, nuez moscada y jengibre son las que más veces menciona de las doce que incluye. Es el autor que más diversidad de hierbas de huerta usa, incluso omitiendo las que –como transcribí más arriba, no le gustan: el laurel y el romero. Sus "favoritas" son la hierbabuena, la mejorana, el ajo y el cilantro verde. Es importante destacar que Altamiras comenta que el ajo es considerado "condimento de pobres", y que lo use el cocinero de Felipe II, a quien no le gustan los condimentos "fuertes", no es una cuestión menor. En su uso de las especias y las hierbas pareciera que remite la preferencia por las primeras a favor de las segundas. Sin embargo, las especias se mencionan casi el doble de veces que las hierbas.

Altamiras es de los tres cocineros el que menos diversidad de especies y hierbas usa. Tan sólo cinco: pimienta, canela, azafrán, clavo de olor y anís. Es quien indica una clara división entre especies bastas y finas, y las menciona casi la misma cantidad de veces. De las que él llama "bastas" sólo nombra ocho, y sus "favoritas" son el perejil, el ajo, la hierbabuena, el hinojo y el orégano.

En resumen, cuando leemos los libros de manera consecutiva, se puede observar cómo se pasa de un predominio de comidas más dulces y agrias, con fuertes acentos de especias combinadas, a platos cada vez más salados y con más uso de condimentos del huerto, más disponibles y con aromas y sabores más claros y acentuados. En la actualidad, la mayoría de las especias finas ha sido relegada a la cocina dulce, a algunos platos especiales como los navideños. De esos sabores y aromas exóticos sólo integran nuestras preparaciones saladas la pimienta, que ya desde el siglo XVII es la más mencionada. Estas dos tendencias, la de separar lo dulce de lo salado y la de preferir las hierbas a las especias, se unen a otras que se relacionan al aspecto y la consistencia de las comidas que se consumen.

¿Qué tipo de comidas se hacen con esos aromas exóticos y sabores agridulces? En los tres libros se mencionan potajes (escudillas o "comida de cuchara"), algo más espesos que las actuales sopas crema. También hay guisados y sofritos, así como estofados (que eran como los guisados, aunque sus ingredientes estaban cortados más grandes y eran cocidos con una tapa hermética, que se lograba poniendo masa de pan entre la tapa y la boca del recipiente). Las empanadas tienen un lugar especial, no siendo como las actuales empanadas de Argentina sino más bien tartas; es decir, una preparación más o menos elaborada sobre la base de carne, que se colocaba dentro de una masa, cociéndose al horno con o sin molde o tortera (en esa época los hornos no se encontraban en las cocinas, ni siquiera en las más opulentas, como la de Montiño; por el contrario, se localizaban en el exterior). Otro tipo de comida que se menciona son las costradas, que se hacían con un guisado al que se le agregaba un elemento ligante como los huevos y se llevaba al horno hasta que formara "costra" en su superficie; en lugar de horno, en esa época se las ingeniaban haciéndolo en sartén y poniéndole tapa con brasas arriba. Las carnes de tamaños grandes o en raciones se cocían a la parrilla o al asador, que sí se encendían en el interior de las cocinas (al revés de lo que sucede desde la invención de la cocina económica a fines del siglo XIX, que tenemos el horno en la cocina y el asador al aire libre). Estos libros casi no dan maneras de preparar asados lo que indica lo común que era esto, pero sí dan algunas indicaciones para asados más elaborados como aves rellenas o trozos grandes mechados. Una técnica de conservación, pero que además servía para el consumo directo, era el adobo o escabeche, diferentes carnes troceadas y condimentadas, sumergidas en abundante aceite y vinagre, y que bien tapados y en lugar fresco se conservan por bastante tiempo. Finalmente, también se registran frituras, en especial frutas de sartén, que por lo general eran dulces o se acompañaban con dulce.

Esto en lo que refiere a las preparaciones comunes a los tres cocineros. Pero además Montiño y de Nola tienen unos asados especiales que son "empanadas al asador", donde la carne preparada se espetaba en un asador y se cocía untándola continuamente con una masa líquida hasta que se formaba una costra. Montiño tiene una preparación exclusiva que son los artaletes y que consistía en una carne cortada muy fina a la que se le ponía un relleno en el centro y se envolvía (parecido al matambre argentino actual). Los hacía de diferentes tamaños y los cocía de todas maneras: al horno, en sartén, a la parrilla, en cazuela, etc. Finalmente, Altamiras y Montiño explican como hacer albóndigas de diferentes carnes y también sopas, que no eran como las de ahora, que para ellos serían caldos, sino que consistían en pan cortado en rebanadas y puesto en un recipiente, a veces junto con otros ingredientes, y que se bañaba con una salsa que el pan absorbía.

Estos son, a grandes rasgos, los distintos tipos de comidas que se leen en estos libros, algunas muy parecidas a las nuestras, otras no tanto. En lo que refiere a consistencia y textura podríamos clasificar las preparaciones de lo más homogéneo y líquido (donde no se identifican los ingredientes que las componen), como los potajes tipo papilla, pasando por los guisados y estofados; a lo más sólido y heterogéneo (una gallina asada, por ejemplo), donde por sabor y aspecto se sabe perfectamente de qué está hecho el plato. En este esquema continuo, las empanadas y costradas ocuparían un lugar intermedio, ya que tienen un relleno homogéneo pero son sólidas.

Pensando las comidas de este modo y teniendo en mente que los tres libros son una secuencia temporal, hay que notar que el más antiguo tiene la mayor proporción de preparaciones homogéneas y líquidas, donde predominan los potajes por sobre los guisos. De Nola preparaba sus potajes moliendo todos los ingredientes muy bien en mortero o almirez, pasándolos por un cedazo y cociéndolos varias veces. En cambio en Montiño y Altamiras predominan por mucho los guisos; y cuando preparan potajes, si bien muelen los ingredientes, no los pasan por cedazo, lo que hace que su textura en la boca no sea tan suave y homogénea.

Por supuesto, en contrapartida, las comidas más sólidas que no son guisos, ni potajes, ni estofados, se presentan en Montiño y Altamiras en cantidades superiores que en de Nola. Sin embargo, en los tres, los guisos y papillas ocupan un lugar llamativamente destacado en el total de preparaciones, con un mínimo del 39% del total. Hoy, ese tipo de preparaciones casi no figura en los libros de recetas genéricos; sin embargo es una de nuestras comidas más comunes: juntar dos o tres ingredientes y hacer un sofrito o guiso, si le agregamos más líquido, a veces acompañado por una carne o pasta, por ejemplo.

Considero ésta una de las tendencias de cambio más importantes a lo largo del tiempo: la paulatina "solidificación" de las preparaciones, el aumento de su heterogeneidad (no es lo mismo una papilla que un guiso) y la consecuente capacidad de distinguir con la vista, el gusto y el "tacto en la boca" (la textura) qué se está comiendo. En ese sentido, se pueden interpretar las albóndigas como un guiso sólido, las sopas de Montiño y Altamiras como potajes más consistentes, o los purés (que empiezan a aparecer en los recetarios del siglo XIX) como una papilla con menos líquido. Estos cocineros eran muy conscientes de las texturas ya que, por ejemplo, Montiño gusta de combinar sopas con artaletes (algo blando con algo sólido), especialmente al momento de la presentación; es por eso que esta "solidificación" representa, a mi entender, un cambio en las preferencias en lo que a sensaciones perceptivas de la comida se refiere.

Esto nos lleva al último punto que voy a considerar con respecto al aspecto de las comidas: la presentación. Estamos acostumbrados hoy a que la forma de arreglar la comida en el plato sea muy importante, la comida nos "entra por los ojos". En estos libros la presentación no es relevante. De Nola ni siquiera la menciona, y si bien Montiño y Altamiras hablan un poco de ellas e insinúan algunas propuestas para acomodar las viandas en los platos y les interesa que, por ejemplo, las costradas y empanadas salgan doradas y apetitosas, en términos generales de eso casi no se habla en sus libros.

Sin embargo, otras fuentes como la pintura o los relatos de viajeros nos indican que este no era un aspecto descuidado, al menos en los grandes banquetes. Durante la Edad Media se comía en tablas, con cuchillos a lo sumo y se llevaban las escudillas ya servidas a los comensales. Y es que en esa época la comida se cataba antes de pasar a los demás, habiendo servido primero a la persona de más categoría. Nunca aparecían las fuentes sobre la mesa, sino que se iban sucediendo y así lo testifica de Nola. Para este cocinero el color era importante, siendo el favorito el amarillo logrado con azafrán, pero nada dice acerca de la decoración. Por otras fuentes se sabe que en los grandes banquetes la decoración de estos platos era fantasiosa, imitando la naturaleza e inspirados en los grandes banquetes romanos ridiculizados por Petronio. Hay descripciones que dicen que las carnes cocidas eran recubiertas con las pieles y plumas originarias del animal, o animales que ya cocidos eran "transformados" en otros o en seres mitológicos. Incluso se mencionan carnes cocidas que contenían aves vivas dentro, que al cortarse quedaban libres y volaban por el salón del festín.

A partir de Montiño y también con Altamiras hay indicaciones sobre combinaciones de platos que se servían juntos y se colocaban en forma de "servicios" que, dependiendo de la cantidad de comensales y el tamaño de las mesas, requerían repetición de preparaciones para que todos pudiesen acceder a la diversidad de comidas dispuestas. Esta forma de servir las mesas, con la comida presente al momento de tomar asiento, se habría iniciado en Francia y conllevaba el comienzo del uso de platos playos y tenedores individuales, así como también a una mayor importancia del aspecto visual del arreglo de las comidas. La decoración en estos casos, si bien también era elaborada, ya no imitaba la naturaleza, sino que se buscaba realzar la pericia del cocinero e incitar al consumo.

Resumiendo, el aroma de los platos era cargado y exótico, y el sabor general de la comida tendiendo a lo agridulce y especiado. El sabor específico de los ingredientes con el tiempo empieza a ser importante, de ahí que las preparaciones se "solidifiquen", los productos se muelan menos, las especias se usen con más moderación y se favorezcan las hierbas frescas. Las texturas se vieron afectadas con la solidificación y la disminución de la molienda, apareciendo la combinación y la heterogeneidad en la boca. Todo esto fue acompañado por cambios en la forma de presentar y consumir los alimentos: de las tablas, escudillas, cuchillos y cucharas del reparto de dones medieval a la batería de tenedores, cuchillos, cucharas, platos y platitos, fuentes y salseras del individualismo del comensal del siglo XVIII y XIX. Y acá aparece el problema del huevo y la gallina: ¿qué fue primero?, ¿cambiaron las comidas o cambiaron los utensilios? A mi entender, y luego del análisis de los libros antiguos y el rastreo de largo plazo de estas tendencias, diría que primero cambió la comida y luego la parafernalia de consumo y presentación.

Cambios, memorias y tiempos posibles

Los tres autores destacaron el lugar importante que en el acto de cocinar juega la memoria: en la práctica concreta de prestar atención a lo que se está haciendo y en el recordar lo ya hecho alguna vez para poder repetirlo. Pero además los tres buscaron enseñarnos lo que sabían, a su modo, y con sus peculiaridades. Enseñar es llegar a la memoria de otros, entrar en ella. Lo hicieron de la forma que creían más efectiva: acompañándonos en el proceso, dándonos instrucciones y consejos. Quisiera ahora ocuparme de otro sentido más de memoria que surge del análisis de las propias comidas que hice en la sección anterior.

Allí vimos que algunos aspectos de la culinaria hispana, nos parecen muy ajenos, raros. Otros, en cambio, nos resuenan mucho. Las técnicas en realidad no han variado demasiado, particularmente si pensamos en nuestra alimentación cotidiana: todos hemos comido guisos, albóndigas, empanadas. Estudiar esta culinaria al detalle, observar cómo se fue desenvolviendo, mutando, incorporando cosas y eliminando otras nos permite en primer lugar desnaturalizar nuestros propios hábitos, encontrar el punto en el tiempo en que empezamos a usar tenedores y lo que eso implicó, descubrir cómo el gusto de hoy se fue conformando, incorporando algunos condimentos y descartando otros. Relativizar el sabor cuando reconocemos que en otro momento nuestros antepasados preferían las cosas más dulces, por ejemplo, implica aceptar que la manera en que percibimos es una construcción social de siglos.

Al mismo tiempo, poder llevar adelante este análisis implica que algo en común tenemos con la gente de esa época. No sólo compartimos la capacidad de "gustar" una comida (sus olores, sus sabores, sus texturas, etc.), sino que además las formas de preparar de de Nola, Montiño y Altamiras "nos suenan", nos recuerdan cosas. Y es que en el caso particular de la culinaria hispana, ésta es un componente importante de la cultura alimentaria argentina de hoy, a la que pertenezco y en la cual fui enseñada a cocinar por mi abuela Elvira. Déjenme dar un ejemplo de esto con una preparación común a los tres autores y a la culinaria actual.

El manjar blanco era una comida emblemática del siglo XVI-XVII y posiblemente en tiempos anteriores también en diferentes lugares de Europa. El hecho de que la denominaran manjar significa que para ellos era realmente deliciosa y tan popular que hasta la vendían los vendedores ambulantes. Como siempre pasa con ese tipo de preparaciones, probablemente existiesen cientos de formas de hacerlo (cómo sucede hoy con, por ejemplo, las empanadas en Argentina). Ruperto de Nola pone un cuidado primoroso en explicar cómo se hace y es una de sus pocas recetas donde especifica proporciones exactas, por lo que no resulta difícil imaginar el gusto y el aspecto que tendría. Se trata de un potaje, obviamente de color blanco, que requería de varias etapas de preparación: primero ordena hervir pechugas de gallina en una olla nueva, luego hay que deshacerlas, remojarlas en agua rosada y volverlas a hervir junto con leche de cabras o de almendras, agregando de a poco harina de arroz, removiendo continuamente para que no se pegue y cuidando que no le dé humo. Luego dice que hay que añadirle azúcar (en bastante cantidad) y seguir removiendo, agregando leche hasta que espesase. Lo dejaba reposar y luego lo servía en escudillas con azúcar por arriba.

Para Montiño el manjar blanco es algo muy común, y casi considera que no lo debería incluir en su libro. Lo hace prácticamente del mismo modo, pero no le echa agua de rosas y no aclara qué tipo de leche se ha de utilizar; en cambio, además de azúcar, agrega sal. Indica los mismos cuidados y precauciones que de Nola.

Altamiras no incluye en su cartilla una receta para manjar blanco, pero tiene una preparación parecida que llama manjar de ángeles y dice que es muy trabajosa. Hierve leche por un lado y hace una infusión con canela por otro. Aparte disuelve la harina de arroz con leche y azúcar y, sobre el fuego, le agrega huevos enteros y yemas. Dice que hay que revolver sin cesar e ir añadiendo leche, la infusión de canela, y caldo de carne y tocino sin especias pero salado. Lo sirve en escudillas espolvoreado con canela molida y azúcar. La versión de cuaresma que da reemplaza la leche animal por leche de almendras, y omite los huevos y el caldo. En comparación con los dos anteriores, este autor agrega canela y reemplaza el pollo por huevos y caldo.

En Argentina un postre habitual y tradicional es el arroz con leche. Figura como postre en varios relatos de viajeros y memorias del siglo XIX y hoy en día se lo vende incluso en potes de porciones individuales elaborado industrialmente. Mi amiga Mariana me explicó cómo prepara ella el arroz con leche. Yo nunca lo he hecho, aunque lo he probado en mi infancia, porque no me gusta comer cosas con consistencia tipo papilla o rissotto. Ella hierve la leche primero, luego la vuelve a hervir con azúcar, una rama de canela y, opcionalmente, cáscara de naranja. Luego agrega el arroz y, al igual que los tres cocineros antiguos me dijo que hay que revolver continuamente para que no se pegue.

Considero que esta preparación, a pesar de sus mutaciones, sigue siendo la misma. Es una pasta que se transformó hoy en un rissotto (granos de arroz enteros y no en forma de harina) clasificable como "postre", y que en el camino perdió todos los productos de origen animal excepto la leche. En la forma de preparar de los siglos XVII y XVIII se le agrega sal, finalmente la canela la incorpora Altamiras. Pero sigue siendo esencialmente lo mismo: una preparación donde predomina el sabor dulce, hecha a base de arroz y leche, que se comía y se come aún con cuchara.

En este ejemplo de secuencia se puede ver claramente la escisión, con el tiempo, de lo salado y lo dulce y la tendencia a preparaciones más sólidas, con menos aspecto de papilla. Como éstas hay muchas otras, en donde se puede rastrear que un autor "copia" al otro, pero, ¿es realmente una "copia", un "plagio"? En este sistema de enseñanza y aprendizaje de la cocina, en este devenir de las preparaciones dentro de una cultura culinaria ¿hay un autor? Creo que no, nada es del todo nuevo en la cocina. La "cocina de autor" es una ilusión (aunque me odien por escribirlo) y está basada en esta forma de entender la cocina del siglo XIX como un laboratorio químico de experimentos/recetas perfectos siempre replicables.

Pero creo que la consecuencia más importante que se deriva del ejemplo del manjar blanco/arroz con leche es que constituye un caso de una preparación que permanece, cuyo sabor perdura a través de los siglos, a pesar de las modificaciones y a pesar de ser producto de un contexto culinario específico distinto al nuestro y constituir una preparación favorita de otros tiempos. Me gustaría bautizarlo como una "memoria de sabor" o una "memoria de sentidos". El cuerpo tiene memoria, pero aquí no me estoy refiriendo únicamente a la memoria sensorial (o de movimiento), sino a ese tipo de memoria con un plus que trasciende al individuo y a las generaciones y que no se explica únicamente por el hecho de ser parte de un *habitus* reproducido y trasmitido, ya que, si a eso vamos, el arroz con leche es un "anacronismo" en nuestra cultura alimentaria actual.

Tampoco puede ser definido simplemente, o no sólo, por ser parte de un patrimonio alimentario y como tal digno de ser preservado. Se preserva por sí mismo porque es un sabor activo, vigente, con vida propia, porque ha sobrellevado un proceso de cambios, y es preparado y reformulado una y mil veces por todos quienes lo cocinan. ¿Porque "se lo ha dejado ser" y no se lo intentó resumir en una fórmula?

Si no hay autor, si las preparaciones derivan unas de las otras pero sin dejar de ser reconocibles, si podemos entender y vincularnos con "sabores lejanos", por poseer una "memoria de sabor" que trasciende a la memoria de nuestro cuerpo y nuestras experiencias, así como también a las limitaciones y lineamientos de nuestro propio contexto culinario, ¿estamos realmente hablando de memoria? Todavía no se me ocurre una respuesta para esta pregunta u otro nombre que ponerle a este fenómeno. Lo que me ha quedado es la sensación de que el tiempo en las memorias de cocina y de los sentidos no es sólo lineal (otro "invento" occidental reciente), ni tampoco es únicamente individual o grupal sino que es más complejo, abarcativo y omnipresente.

Ya he llegado al final provisional de lo que me había propuesto escribir, con algunas respuestas y con más preguntas. Esto es como la cocina, no hay fin, siempre hay otra cosa para hacer, ollas para lavar; hasta la próxima comida, donde todo empieza de nuevo, tal vez con otros ingredientes y otros comensales. Espero que el lector al que no le gusta cocinar, o el que piensa que cocinar es sólo unir ciertos ingredientes precisos y seguir instrucciones para comer algo rico, no esté ahora tan seguro de lo que pensaba. Y a los que les gusta cocinar, mi mayor deseo es que tras leer esto lo disfruten aún más sintiendo que participan en algo más grande, complejo, fascinante y que nos define y vincula de forma directa a otras personas que incluso no pertenecen a nuestros tiempos.

Agradecimientos

Este ensayo está dedicado a mi abuela Elvira por supuesto, porque fue ella la que me enseñó lo más importante en la cocina: seguir el instinto. Tengo que agradecer varias charlas, discutiendo algunas ideas aquí presentadas, que tuve con Héctor y mi amiga Mariana, gran cocinera y editora de lujo, que me orientó también con el estilo. No quiero dejar de agradecer a los editores de este libro por la oportunidad de explorar formas de escribir distintas en un tema que me encanta. Pocas veces es posible en este ámbito seguir el gusto de uno al escribir y ellos lo han permitido. Especialmente agradezco también a Beatriz Bixio, Melisa Salerno y Silvana Buscaglia por sus opiniones ante distintos borradores del trabajo.

Este artículo fue creado en el marco de mi proyecto como investigadora de CONICET.

Bibliografía

Albala, K. *Food in Early Modern Europe*. Connecticut: Greenwood Press, 2003.

Altamiras, J. *Nuevo Arte de Cocina*. Huesca: La Val de Onsera, 1994 [1758].

Anónimo. *Pastel de Papas*. Disponible en: http://www.recetascocina.com.ar/recetas-comidas/receta-de-pastel-de-papas/ Acceso 1/15/2015.

Bourdieu, P. *Meditaciones Pascalianas*. Barcelona: Editorial Anagrama, 1999.

Brillant-Savarin, J. A. *Fisiología del Gusto*. Buenos Aires: Ediciones Andrómeda, 2005 [1826].

Civitello, L. *Cuisine and Culture. A History of Food and People*. New Jersey: Wiley, 2008.

Cruz, J. C. "Introducción." En *La Cocina Mediterránea en el Inicio del Renacimiento*, editado por J. C. Cruz, 9–123. Huesca: La Val de Onsera, 1997.

Csordas, T. "Somatic Modes of Attention." *Cultural Anthropology* 8, no. 2 (1993): 135–156.

De Nola, R. "Libro de Guisados." En *La Cocina Mediterránea en el Inicio del Renacimiento*, editado por J. C. Cruz, 227–375. Huesca: La Val de Onsera, 1997 [1525].

Elias, N. *El Proceso de la Civilización. Investigaciones Sociogenéticas y Psicogenéticas*. México: Fondo de Cultura Económica, 1987.

—. *La Sociedad Cortesana*. México: Fondo de Cultura Económica, 1996.

Flandrin, J. L. "La Distinción a Través del Gusto." En *Historia de la Vida Privada. El Proceso de Cambio en la Sociedad de los siglos XVI-XVIII*, editado por P. Ariès y G. Duby, 266–309. Madrid: Taurus, 1992.

Flandrin, J. L. y M. Montanari. *Food: a Culinary History from Antiquity to the Present*. New York: Columbia University Press, 1999.

Girard, A. "Le Triomphe de "la Cuisiniére Bourgeoise". Livres Culinaires, Cuisine et Société en France aux XVII et XVIII siècles." *Revue d'Histoire Moderne et Contemporaine* XXIV (1977): 499–523.

Goody, J. *Cocina, Cuisine y Clase. Estudio de Sociología Comparada*. Barcelona: Gedisa, 1995.

Gracia Arnáiz, M. "Aproximaciones para Explicar el Cambio Alimentario." *Agricultura y Sociedad* 82 (1997): 153–181.

Hamilakis, Y. "Experience and Corporeality. Introduction." En *Thinking Through the Body. Archaeologies of Corporeality*, editado por Y.

Hamilakis, M. Pluciennik y S. Tarlow, 99–103. New York: Kluer Academic/Plenum Publishers, 2002.

—. "Afterword: Eleven Theses on the Archaeology of the Senses." En *Making Senses of the Past: Toward a Sensory Archaeology*, editado por J. Day, 409–419. Carbondale: Southern Illinois University Press, 2013.

Ingold, T. *Being Alive: Essays on Movement, Knowledge and Description*. London: Routledge, 2011.

Jackson, M. "Knowledge of the Body." *Man* 18, no. 2 (1983): 327–345.

—. "Introduction. Phenomenology, Radical Empiricism, and Anthropological Critique." En *Things as They Are. New Directions in Phenomenological Anthropology*, editado por M. Jackson, 1–50. Bloomington: Indiana University Press, 1996.

—. "Familiar and Foreign Bodies: A Phenomenological Exploration of the Human-Technology Interfase." *The Journal of the Royal Anthropological Institute* 8, no. 2 (2002): 333–346.

Laurioux, B. "Entre Savoir et Pratiques: le Livre de Cuisine à la fin du Moyen Age." *Médiévales* 7, no. 14 (1988): 59–71.

Le Goff, J. y N. Truong. *Una Historia del Cuerpo en la Edad Media*. Buenos Aires: Paidós, 2006.

Liguoro, D. "El Estudio del Consumo de Pescado en la España de la Edad Moderna (XVII-XVIII-XIX)." 2012. Ms.

Martínez Montiño, F. *Arte de Cozina, Pasteleria, Vizcocheria y Conserveria*. Madrid: Luis Sanchez, 1611. Disponible en: https://books.google.com.ar/books?id=tVMQ2Dsmv-8C Acceso 08/08/2016.

Marschoff, M. "La Alimentación Española del XVI al XIX: una Perspectiva desde los Sentidos." En *II Jornadas de Interdisciplina "Fuentes e interdisciplina"*, 67–75. Buenos Aires: IMHICIHU-CONICET, 2007.

—. "El Cuerpo y la Corporización como Herramientas Metodológicas para el Estudio de la Cultura Material." En *Temas y Problemas de la Arqueología Histórica*, editado por M. Ramos, A. Tapia, F. Bognanni, M. Fernández, V. Helfer, C. Landa, M. Lanza, E. Montanari, E. Néspolo y V. Pineau, Tomo II, 369–382. Luján: Publicaciones del Programa de Arqueología Histórica y Estudios Pluridisciplinarios, Departamento de Ciencias Sociales, Universidad Nacional de Luján, 2011.

—. "Sociabilidad y Alimentación. Estudio de Casos en la Transición hacia el Siglo XIX en el Virreinato del Río de La Plata.", editado por A. Izeta. Cambridge: South American Archaeological Series, British Archaeological Reports Internacional Series, 2014.

Merleau-Ponty, M. *Fenomenología de la Percepción*. México: Fondo de Cultura Económica, 1994.

Mintz, S. W. *Tasting Food, Tasting Freedom. Excursions into Eating, Culture and the Past*. Boston: Beacon Press, 1996.

Montanari, M. *El Mundo en la Cocina. Historia, Identidad, Intercambios*. Buenos Aires: Paidós, 2003.

—. *Food is Culture*. Columbia: Columbia University Press, 2004.

Pérez Samper, M. de los A. "Los Recetarios de Mujeres y para Mujeres. Sobre la Conservación y Transmisión de los Saberes Domésticos en la Época Moderna." *Cuadernos de Historia Moderna* 19 (1997): 121–154.

—. "La Alimentación en la Corte Española del siglo XVIII." *Cuadernos de Historia Moderna* Anejo II (2003): 153–197.

Pisa Villarroya, J. M. "Delantal." En *Nuevo Arte de Cocina*, 9–38. Huesca: La Val de Onsera, 1994.

Polkinghorne, D. E. *Narrative Knowing and the Human Sciences*. Albany: State University of New York Press, 1988.

Real Academia Española. 1726-1899. *Academia Usual y Autoridades*. Disponible en: http://www.rae.es/ Acceso 08/08/2016.

Revel, J. F. *Un Festín en Palabras. Historia Literaria de la Sensibilidad Gastronómica desde la Antigüedad hasta Nuestros Días*. Barcelona: Tusquets, 1996.

Sarti, R. *Vida en Familia. Casa, Comida y Vestido en la Europa Moderna*. Barcelona: Crítica, 2003.

Seremetakis, C. N. "The Memory of the Senses, Part I: Marks of the Transitory." En *The Senses Still. Perception and Memory as Material Culture in Modernity*, editado por C. N. Seremetakis, 1-18. Chicago: The University of Chicago Press, 1994.

Simon Palmer, M. del C. *Libros Antiguos de Cultura Alimentaria (s. XV-1900)*. Córdoba: Imprenta provincial, 1994.

Sobal, J. y B. Wansink. "Kintchenscapes, Tablescapes, Platescapes, and Foodscapes. Influences of Microscale Built Environments on Food Intake." *Environment and Behavior* 39, no. 1 (2007): 124-142.

Sutton, D. "Food and the Senses." *Annual Review of Anthropology* 39 (2010), 209-223.

Tannahill, R. *Food in History. New, Fully Revised and Updated Revision*. New York: Crown Publishers, 1988.

Thomas, J. *Time, Culture and Identity*. London: Routledge, 1996.

Lista de autores

Felipe Armstrong.
Institute of Archaeology, University College of London, Reino Unido.
felipearmstrong@gmail.com

Patricio Barría.
Instituto de Antropología de Córdoba, Consejo Nacional de Investigaciones Científicas y Técnicas. Facultad de Filosofía y Humanidades, Universidad Nacional de Córdoba, Argentina.
patriciomomberg@gmail.com

Layra Blenda.
Laboratório de Arqueologia Sensorial, Departamento de Arqueologia, Universidade Federal de Sergipe, Brasil
layrab.oliveira@gmail.com

María Jimena Cruz.
Universidade Federal de Minas Gerais, Brasil
jimenacrz@gmail.com

Charles Garceau.
Arqueólogo Independiente.
charles.garceu@gmail.com

Guillermo Gardenal.
> Instituto de Antropología de Córdoba, Consejo Nacional de Investigaciones Científicas y Técnicas. Facultad de Filosofía y Humanidades, Universidad Nacional de Córdoba, Argentina.
> guillogardenal@gmail.com

María Marschoff.
> Instituto de Humanidades, Consejo Nacional de Investigaciones Científicas y Técnicas, Argentina.
> mmarschoff@hotmail.com

Caroline Murta Lemos.
> Programa de Pos-graduación en Arqueología, Universidade Federal de Sergipe, Brasil.
> carolmurta@hotmail.com

M. Bernarda Marconetto.
> Instituto de Antropología de Córdoba, Consejo Nacional de Investigaciones Científicas y Técnicas. Facultad de Filosofía y Humanidades, Universidad Nacional de Córdoba, Argentina.
> bernarda.marconetto@gmail.com

José Roberto Pellini.
> Universidade Federal de Minas Gerais, Brasil.
> jrpellini@gmail.com

Mariana Petry Cabral.
> Universidade Federal de Minas Gerais, Brasil.
> nanacabral75@gmail.com

Romina C. Rigone.
Instituto Multidisciplinario de Historia y Ciencias Humanas, Consejo Nacional de Investigaciones Científicas y Técnicas, Argentina.
rominarigone@hotmail.com

Melisa A. Salerno.
Instituto Multidisciplinario de Historia y Ciencias Humanas, Consejo Nacional de Investigaciones Científicas y Técnicas, Argentina.
melisa_salerno@yahoo.com.ar

Andrés Troncoso.
Departamento de Antropología, Universidad de Chile, Chile.
atroncos@gmail.com

Ricardo Vasquez Rivera.
Egresado de la carrera de Arqueología de la UMSA, Bolivia.
ricardinskiy@gmail.com

Juan Villanueva Criales.
MUSEF, Unidad de Investigación, Bolivia.
juan.villanuevacriales@gmail.com

Andrés Zarankin.
Universidade Federal de Minas Gerais, Brasil.
zarankin@yahoo.com